ASTROLOGIA OCULTA NO
LIVRO VERMELHO
DE CARL JUNG

Liz Greene

ASTROLOGIA OCULTA NO LIVRO VERMELHO DE CARL JUNG

Uma Jornada Cósmica sobre
Mitos, Arquétipos, Daimons e Deuses

Tradução
Marcos Malvezzi

Editora Pensamento
SÃO PAULO

Título do original: *The Astrological World of Jung's Liber Novus.*
Copyright © 2018 Liz Greene.
Tradução autorizada da edição em inglês publicada pela Routledge, uma divisão da Taylor & Francis Group.
Copyright da edição brasileira © 2024 Editora Pensamento-Cultrix Ltda.
1ª edição 2024.
Todos os direitos reservados. Nenhuma parte desta obra pode ser reproduzida ou usada de qualquer forma ou por qualquer meio, eletrônico ou mecânico, inclusive fotocópias, gravações ou sistema de armazenamento em banco de dados, sem permissão por escrito, exceto nos casos de trechos curtos citados em resenhas críticas ou artigos de revistas.
A Editora Cultrix não se responsabiliza por eventuais mudanças ocorridas nos endereços convencionais ou eletrônicos citados neste livro.

Editor: Adilson Silva Ramachandra
Gerente editorial: Roseli de S. Ferraz
Preparação de originais: Alessandra Miranda de Sá
Consultoria técnica: Verbenna Yin
Gerente de produção editorial: Indiara Faria Kayo
Editoração eletrônica: Join Bureau
Revisão: Adriane Gozzo

Dados Internacionais de Catalogação na Publicação (CIP)
(Câmara Brasileira do Livro, SP, Brasil)

Greene, Liz
  Astrologia oculta no livro vermelho de Carl Jung: uma jornada cósmica sobre mitos, arquétipos, daimons e deuses / Liz Greene; tradução Marcos Malvezzi. – São Paulo: Editora Pensamento, 2024.

  Título original: The astrological world of jung's liber novus.
  Bibliografia.
  ISBN 978-85-315-2365-6

  1. Astrologia 2. Jung, Carl Gustav, 1875-1961. Livro Vermelho 3. Psicologia junguiana I. Título.

24-199452   CDD-150.1954

Índices para catálogo sistemático:
1. Jung: Psicanálise: Psicologia 150.1954
Eliane de Freitas Leite – Bibliotecária – CRB 8/8415

Direitos de tradução para a língua portuguesa adquiridos com exclusividade pela EDITORA PENSAMENTO-CULTRIX LTDA., que se reserva a propriedade literária desta tradução.
Rua Dr. Mário Vicente, 368 — 04270-000 — São Paulo, SP — Fone: (11) 2066-9000
http://www.editoracultrix.com.br
E-mail: atendimento@editoracultrix.com.br
Foi feito o depósito legal.

Sumário

Imagens 9

Uma nota sobre as referências 13

Agradecimentos 15

Introdução: contatos imediatos com *daimons* 17

1. Questões marciais 39

    O Cavaleiro Vermelho 39

    O diabo nos detalhes 45

    A transformação do Cavaleiro Vermelho 47

    Siegfried, o Herói 51

2. O "Sol espiritual central" 59

    O sol na paisagem 60

    O gigante Izdubar 64

    Sunthemata de Izdubar 70

  A centelha divina 75
  A transformação de Izdubar 78

3. **A *anima*, a lua e a serpente** 89
  A *anima* como destino 90
  Salomé 93
  O planeta invisível 95
  A Sacerdotisa 97
  A Filha do Estudioso 101
  A Cozinheira 105
  Hécate, a Deusa Tríplice 107

4. **Saturno, o eremita – Parte 1: Os solitários** 121
  Profecia e magia: Elias 122
  Solidão e dor: o Velho Estudioso 126
  Teologia e filosofia: o Anacoreta 130
  O Bibliotecário e o Professor 134
  As pinturas: (1) a mandala 136
  As pinturas: (2) Atmavictu 138
  As pinturas: (3) o despejador de água 143

5. **Saturno, o eremita – Parte 2: ΦΙΛΗΜΩΝ e o "*daimon* pessoal"** ... 151
  O Velho Sábio 152
  A gênese de Filêmon 157
  O Filêmon cabalístico 160
  A invocação de Filêmon 163
  O Filêmon hermético 165
  O Filêmon solar 175
  O Filêmon aquariano 178
  Filêmon, o mago 180
  Planetas e processos 189

6. *ΦΑΝΗΣ*, "Aquele que Trouxe o Sol" 207
    A criança divina 207
    Fanes como cosmocrator 213
    Fanes e Abraxas 217

7. O *Systema Munditotius* e o horóscopo natal de Jung 227
    Estrutura do *Systema* 227
    Primeira polaridade: espírito e matéria 231
    Segunda polaridade: escuridão e luz 245
    Os *glifos* planetários 249
    O *Systema* e o horóscopo de Jung 254
    O horóscopo e o *Aion* de Jung 261

Conclusão 275
    Liber Novus e a *Hypnerotomachia* 276
    A jornada planetária da alma de Jung 283

Bibliografia 291
Índice remissivo 323

Imagens

Figuras

2.1. À esquerda, desenho de Izdubar-Gilgamesh feito por Roscher. À direita, uma versão assíria de Gilgamesh do século VIII a.C. ... 66

2.2. Glifos do signo zodiacal de Leão 71

2.3. Izdubar com glifos de Leão destacados em preto 72

2.4. "Salamandra dos Filósofos", de Michael Maier 73

3.1. Carta da Suma Sacerdotisa no tarô de A. E. Waite 100

3.2. Carta da Lua no Tarô Waite-Smith 103

3.3. Carta do Pendurado no Tarô Waite-Smith 112

4.1. Carta do Eremita no Tarô Waite-Smith 128

4.2. Mandala com a Pedra Filosofal 137

4.3. Escultura de Atmavictu no jardim de Jung 139

5.1. Primeira pintura de Filêmon feita por Jung, criada em 1914 157

5.2. Saturno de uma perna só presidindo o *nigredo* alquímico em *Philosophia Reformata*, de Johann Mylius, Emblema 6 165

5.3.	Pedra em Bollingen esculpida em 1950	169
5.4.	Carta do Sol no Tarô Waite-Smith	178
5.5.	Carta do Mago no Tarô Waite-Smith	182
6.1.	Fanes, o "Deus recém-aparecido"	208
6.2.	Fanes-Telésforo	212
6.3.	O deus primordial órfico Fanes	215
7.1.	O diagrama original de *Systema Munditotius*, produzido em janeiro de 1916	228
7.2.	Os pontos cardeais do *Systema*	232
7.3.	O hemisfério superior do *Systema*	236
7.4.	À esquerda, o ponto sul do diagrama do *Systema*, reino dos "deuses estelares". À direita, o ponto sul da pintura do *Systema*, reino do Erikepaios Phanes (Fanes), acompanhado por três estrelas de cada lado	237
7.5.	O hemisfério inferior do *Systema*	238
7.6.	À esquerda, o ponto norte do diagrama do *Systema*, o reino das "estrelas de Abraxas". À direita, o ponto norte da pintura do *Systema*, o reino de Abraxas, Senhor do Mundo	239
7.7.	À esquerda e no centro, a silhueta no diagrama junguiano do *Systema*; à direita, a serpente com cabeça de leão em um amuleto mágico da Antiguidade Tardia	241
7.8.	Os hemisférios leste e oeste do *Systema*	246
7.9.	Horóscopo de C. G. Jung	257

Gravuras – Caderno de imagens

1.	Anjos planetários de Marte	1
2.	O gigante Izdubar	1
3.	A apoteose solar de Izdubar	2

4. Salomé, Elias, a serpente negra e, à esquerda, o "Eu" de Jung 3
5. A *Anima* 3
6. O castelo na floresta sob a Lua crescente 4
7. Atmavictu 4
8. O "despejador de água sagrada" de Jung 5
9. Filêmon 6
10. Mandala que retrata o Velho Sábio (acima) e Mercúrio (abaixo) 6
11. Fanes recebendo o fogo do Sol 7
12. *Systema Munditotius* de Jung em sua versão final 8

Uma Nota sobre as Referências

As obras de C. G. Jung citadas no texto são apresentadas nas notas finais pelo número do volume nas *Obras Completas* [*The Collected Works of C. G. Jung*], acompanhadas pelo número do parágrafo. Por exemplo: Jung, CW13, par. 82-4. As informações editoriais completas são dadas na Bibliografia. As obras citadas de Jung não inclusas nas *Obras Completas* são mencionadas nas notas finais pelo título principal, volume (se houver) e número da página, com dados editoriais completos na Bibliografia. Por exemplo: Jung, *Visions Seminar* I:23. A autobiografia *Memórias, Sonhos, Reflexões* [*Memories, Dreams, Reflections*] é citada nas notas finais pela sigla do título em inglês, MDR, com detalhes de publicação citados na Bibliografia.

As obras de Platão e outros autores da Antiguidade citadas no texto em tradução inglesa (nesta edição brasileira, com tradução livre para o português) são dadas nas notas finais de acordo com o título da obra e a referência padronizada do parágrafo, com informações completas, que incluem tradução e publicação, na Bibliografia. Por exemplo: Platão, *O Banquete*, 52a-56c; Jâmblico, *De Mysteriis*, I:21.

Quando uma obra mencionada tem subtítulo longo, apenas o título principal é mencionado nas notas finais, com os detalhes de publicação e referência de página, embora o título completo conste na Bibliografia.

Agradecimentos

Minha calorosa gratidão ao professor Sonu Shamdasani, pela criteriosa leitura do manuscrito e pelo apoio e sugestões úteis oferecidas ao longo desse processo. Também quero agradecer a Andreas Jung e sua mulher, Vreni, pela gentil permissão para examinar o conteúdo dos arquivos privados e da coletânea de documentos particulares de Jung, bem como pelo interesse e apoio para a escrita deste livro.

Introdução

Contatos Imediatos com *Daimons*

Eles [os *daimons*] são os enviados e intérpretes que se deslocam entre o céu e a terra, levando para o alto nossa veneração e nossas preces, e descendo com respostas e ordens celestes [...]. Constituem-se os intermediários das artes proféticas, dos ritos sacerdotais de sacrifício, iniciação e encantamento, de adivinhação e feitiçaria, pois o divino não se mistura diretamente com o humano, e só por intermédio do mundo espiritual é que pode o homem ter qualquer relação, em vigília ou durante o sono, com os deuses. E o homem versado nessas questões é considerado aquele que tem poderes espirituais.[1]

– Platão

O que chamo de aceitação do inconsciente os alquimistas chamavam de "meditação". Ruland assim explica: "Meditação: O nome da Conversa Interna de uma pessoa com outra invisível, como na invocação da Divindade, ou a comunhão consigo mesmo, ou com o bom anjo pessoal". Essa definição um tanto otimista deve ser logo qualificada por uma referência às relações do adepto com seu *spiritus familiaris*, o qual só podemos esperar que seja bom.[2]

– C. G. Jung

No ano de 2009, uma nova obra de C. G. Jung, intitulada *O Livro Vermelho – Liber Novus*, foi publicada postumamente em uma belíssima edição em capa dura, com escrita caligráfica e pinturas originais reproduzidas de maneira impecável, junto a uma tradução para a língua inglesa, contendo um grande volume de notas.[3] Pouco antes de morrer, em 1961, Jung enfatizou a importância crucial do período de sua vida em que se dedicou à criação do *Liber Novus*:

> Os anos em que passei perscrutando minhas imagens interiores foram os mais importantes de minha vida; neles, tudo de essencial foi decidido. Foi quando tudo começou. Os detalhes posteriores são meros suplementos e esclarecimentos do material que brotava do inconsciente e, a princípio, me sufocava. Aquilo era a *prima materia* para o trabalho de uma vida.[4]

Liber Novus, conhecido como *O Livro Vermelho* por causa da encadernação de couro vermelho, foi a revisão cuidadosa feita por Jung de uma série de diários particulares conhecidos como *Os Livros Negros*. Ele trabalhou continuamente no material entre 1913, ano da ruptura definitiva com Freud, até 1932. Praticamente quase todas as páginas da obra contêm uma imagem colorida com primor, e a escrita caligráfica, à semelhança dos manuscritos medievais, que vinham com iluminuras no começo de cada seção, é, por si só, um trabalho artístico maravilhoso. A narrativa dominante do *Liber Novus* é a jornada de Jung partindo de um estado interior de alienação e depressão, até a restauração de sua alma, por um processo longo e doloroso de integração de um conflito aparentemente irreconciliável em sua natureza: a dicotomia entre razão e revelação, o mundo exterior e o interior, fatos e profecias, e entre o cientista e o visionário, ambas as facetas vivenciadas por ele como dimensões autênticas, complexas e mutuamente exclusivas de seu ser. Mas a resolução do conflito pessoal de Jung é apenas uma das dimensões da obra. *Liber Novus* é também uma narrativa profética da psique humana coletiva em sua jornada do inconsciente rumo à consciência maior da dicotomia interior de bem e mal, às vésperas da passagem de uma grande era astrológica, a de Peixes, para a seguinte, de Aquário.

No período da vida em que criou essa extraordinária obra visionária, Jung se dedicava com profundidade ao estudo de numerosas correntes religiosas, desde a Antiguidade. A literatura disponível gerada por essas correntes – gnóstica, hermética, platônica e neoplatônica, judaica, órfica, estoica, mitraica – insinua ou descreve, de fato, um cosmos simbolizado por padrões celestiais e deles infundido, refletindo o que se compreendia por *Heimarmene*: as compulsões astrais que constituem o destino. Jung referia-se com frequência em sua obra a esse antigo conceito de destino, e também imergiu no estudo da astrologia, embora essa dimensão crucial de seu trabalho raramente seja discutida na literatura biográfica atual.[5] Inspirado, em parte, pelas práticas rituais descritas em textos religiosos da Antiguidade Tardia como meio para a transformação individual, Jung passou a formular uma técnica psicoterapêutica que viria a chamar de "imaginação ativa". Essa abordagem do inconsciente, que Jung preferia articular em linguagem psicológica em vez de religiosa, apropriava-se de métodos desenvolvidos e descritos de forma sistemática pelos magos-filósofos neoplatônicos da Antiguidade Tardia versados na cultura astrológica. Embora a terminologia psicológica seja mais apropriada para a modernidade, a imaginação ativa é quase indistinguível do que aqueles autores antigos chamavam de teurgia: "trabalho de deus", ou práticas rituais que facilitavam o contato transformativo entre a alma humana e o reino divino por intermédio da imaginação.

As visões de *Os Livros Negros* eram os frutos concretos dos experimentos de Jung nesse reino liminar mágico-psicológico. Sua introdução e posterior imersão nos estudos astrológicos e o desenvolvimento da técnica da imaginação ativa são discutidos em detalhes no meu livro *Jung's Studies in Astrology*.* Seu envolvimento com a astrologia e as concomitantes correntes filosóficas, religiosas e teúrgicas parecem tê-lo ajudado a conter, compreender e integrar o "ardente caos" das visões que ele vivenciava e transcrevia, a

---

* *Jung, o Astrólogo – Um Estudo Histórico sobre os Escritos de Astrologia na Obra de Carl G. Jung*. São Paulo: Pensamento, 2023.

princípio, em *Os Livros Negros*, e na forma final, lapidada, que ele intitulou *Liber Novus*.⁶ A astrologia junguiana era utilizada de diversas maneiras: como ferramenta para determinar estruturas psicológicas inatas ou "complexos" em suas raízes arquetípicas, tanto no indivíduo quanto de modo coletivo; como método de esclarecimento de outros sistemas simbólicos, por exemplo, alquimia e tarô; e como forma de hermenêutica que o ajudava a interpretar suas visões e a relacioná-las a seu horóscopo e às iminentes mudanças psicológicas e religiosas na psique coletiva que ele continuava a prever com apreensão, desde as primeiras décadas do século XX até o momento de sua morte, em 1961. A astrologia também parece ter contribuído de maneira inestimável para a formulação de suas teorias psicológicas mais importantes: os arquétipos, os tipos psicológicos, os complexos e o processo de individuação, que ele acreditava poderem levar à integração final da personalidade como um todo.

Jung atribuiu as ideias implícitas em toda a sua obra posterior ao período em que trabalhou no *Liber Novus*. Diante da importância da astrologia para ele, por toda a sua vida, torna-se crucial incluirmos essa perspectiva da imersão de Jung nessa esfera liminar de estudo e prática em qualquer pesquisa sobre sua vida e obra. As fontes de onde Jung extraía seu conhecimento astrológico, os textos religiosos e filosóficos que absorvia e citava nas cartas, nos escritos e nas primeiras publicações, bem como nas *Obras Completas* (*Collected Works*), e as evidências de seu envolvimento profundo observadas na enorme coletânea de obras astrológicas em sua biblioteca, além dos documentos astrológicos e horóscopos em arquivos particulares, são abordados em detalhes em *Jung, o Astrólogo*. O *Liber Novus* oferece um modo diferente, porém igualmente esclarecedor, de observarmos como Jung usava seus conhecimentos de astrologia – em particular as dimensões míticas e simbólicas – para estruturar, compreender e articular o material visionário caótico que registrou em *Os Livros Negros*. O mundo astrológico do *Liber Novus* junguiano explora a jornada planetária de Jung reproduzida nessa obra notável e investiga o modo como ele utilizava imagens astrológicas, muitas das quais refletindo antigos contextos teúrgicos e religiosos, como uma lente interpretativa para mostrar a estrutura simbólica por meio da qual a lapidação final, o aprimoramento e a ilustração do *Liber Novus* foram concebidos.

O *Liber Novus* não é um manual astrológico. Não há nele delineações específicas dos signos do zodíaco nem referências diretas a configurações planetárias ou interpretações reconhecíveis de horóscopos. Embora eu explique neste livro que tudo isso está presente no *Liber Novus*, esse conteúdo não se apresenta na forma de "livro de receita" que os estudiosos de astrologia tanto costumam consultar para aprender a interpretar horóscopos. Tampouco o *Liber Novus* é um retrato intelectualmente construído e dissimulado da jornada planetária arquetípica da alma, que despertou interesse tão grande de Jung pela literatura gnóstica, neoplatônica e hermética da Antiguidade e pelas obras alquímicas e literárias do período medieval e do início da era moderna, as quais ele associava ao processo de individuação. Há, de fato, uma jornada planetária no *Liber Novus*, mas é intensamente pessoal e não segue uma ordem reconhecível de passos ou estágios. O livro se assemelha mais a uma ópera de Wagner, com nuances de a *Flauta Mágica* de Mozart, que se utiliza de um escopo enorme de instrumentos musicais e uma corrente repetitiva de *leitmotifs* específicos, criando, assim, uma obra complexa, impossível de ser reduzida a um acorde único. É improvável que Jung pretendesse criar algum tipo de estrutura planetária no *Liber Novus*; ao contrário, parece, pelas próprias descrições, que os *daimons* planetários relevantes em seu horóscopo natal* o perseguiam, vestindo os trajes de conflitos interiores de sua vida pessoal.

Apesar da natureza profundamente pessoal do *Liber Novus*, Jung também reconhecia a universalidade e a dimensão bastante individual de suas visões, associando-as à espécie de torrente criativa que acreditava emergir do artista quando experiências primordiais "rasgam de cima a baixo a cortina sobre a qual se pinta o cenário de um mundo organizado".[7] O *Liber Novus* apresenta uma jornada celestial da alma, representada por um elenco de personagens tanto celestiais quanto terrenos, além de descrever o contato

---

* O termo "horóscopo" (no original, *horoscope*) é usado no livro com sentido de "mapa natal". (N. da P.).

com aqueles que no mundo da Antiguidade Tardia seriam vistos como *daimons* planetários ou deuses planetários. O *Liber Novus* reflete a jornada pessoal junguiana partindo da fragmentação – "depois que minha alma voou para fora de mim"[8] – até a unidade e dos limites de uma racionalidade científica determinada e irregular até o que ele entendia como redescoberta da completude de sua natureza plena. É um trabalho repleto de dor, crises, desespero e uma visão de esperança, refletindo, de diversas maneiras e em variados níveis, o profundo sofrimento interno de um homem que era, ao mesmo tempo, um pensador racional e um visionário poético, e que levou décadas para encontrar um meio de conciliar esses opostos dentro de si.

O *Liber Novus* é também uma obra mágica. Descrevi com detalhes em *Jung, o Astrólogo* essa dimensão do livro. Rachel Elior, estudiosa de literatura esotérica judaica da Antiguidade Tardia, descreve magia como uma série de práticas rituais com o objetivo específico de desenvolver e manter "o sistema de vínculos e relações entre os mundos revelado e oculto".[9] Segundo o próprio Jung, esse desenvolvimento e manutenção de vínculos e relações entre o consciente e o inconsciente não revelado eram seu interesse primário, embora, por razões óbvias, ele preferisse usar uma linguagem psicológica para descrevê-los. Sugerir que a imaginação ativa é um ritual teúrgico não agrada aos atuais segmentos mais científicos da comunidade psicológica, nem mesmo no universo aparentemente mais receptivo da psicologia analítica; e Jung, por certo, não teria sido aplaudido nos meios psiquiátricos em que trabalhava nas primeiras décadas do século XX. Foi com amigos como o teosofista G. R. S. Mead e o astrólogo John M. Thorburn, aos quais faço várias referências em *Jung, o Astrólogo,* que ele encontrou o apoio intelectual necessário para suas incursões pelo mundo liminar.

Jung estava disposto a explorar qualquer abordagem da psique humana que produzisse conhecimento e resultados úteis, entre elas a dos mundos aparentemente pouco credenciados da astrologia, da magia, do espiritualismo, da teosofia e dos antigos cultos de mistério. Fundamentou-se em numerosas obras da Antiguidade Tardia e da Idade Média que tratavam de magia e teurgia, utilizando o ritual e os respectivos símbolos para invocar e explorar suas visões, sempre vendo essas abordagens como ferramentas ou técnicas na busca perene da meta psicológica de totalidade ou integração que ele definia como o *Self*. O texto e as pinturas do *Liber Novus* são repletos do que os neoplatônicos chamavam de *sunthemata*: símbolos considerados "lembretes" de uma essência divina que os próprios deuses planetários haviam inserido na realidade manifestada, e por meio dos quais, ao utilizar o instrumento da imaginação como ponte entre humano e divino, o indivíduo podia se aproximar, em segurança, do reino eterno do que Jung entendia como arquétipos. Os *sunthemata* não são apenas mágicos, mas também astrológicos, pois sustentam a ideia ancestral de empatia cósmica que Jung mais tarde definiria como "sincronicidade".

Jung também não era avesso a aprender o que fosse possível acerca dos níveis mais profundos da psique, com base no interesse crescente por magia ritual que se espalhava pelo mundo à sua volta nas primeiras décadas do século XX, em especial pelas correntes ligadas à "revitalização do oculto" na Grã-Bretanha e seus praticantes. G. R. S. Mead escreveu muito, não só a respeito de práticas rituais mais antigas em contextos gnósticos, órficos, herméticos e mitraicos, mas também do trabalho com magia, emergente no próprio ambiente teosófico. Diversas obras escritas por membros de sociedades ocultas, como a Ordem Hermética da Aurora Dourada, lançavam luz sobre o uso de rituais para gerar estados alterados de consciência. Os textos dos mais notórios magos britânicos do fim do século XIX e início do XX – Samuel Liddell MacGregor Mathers, Aleister Crowley, Dion Fortune – não aparecem na biblioteca de Jung, embora isso não signifique necessariamente que ele não os conhecesse, mesmo porque adquirira obras de outros membros da Aurora Dourada e seus dissidentes, como Arthur Machen, A. E. Waite e Algernon Blackwood. Mas Dion Fortune, bastante influenciada pelas primeiras publicações de Jung em inglês, expressava ideias sobre magia ritual que poderiam ter sido escritas pelo próprio Jung, com apenas ligeiras alterações, em terminologia mais neutra:

> O passado racial permanece vivo no subconsciente de cada um de nós [...] mas pode ser evocado para manifestação visível de maneira que nenhum psicólogo ortodoxo conhece. Essa evocação do passado

racial é a chave para determinadas formas de magia cerimonial cujo objetivo seria a evocação de Principados e Potestades.[10]

Jung não acreditava, como muitos sociólogos de hoje creem, que os símbolos fossem construtos sociais. Assim como os neoplatônicos e, mais próximo de sua época, os escritores românticos alemães, ele considerava os símbolos "constatados" ou "descobertos", em vez de gerados por atividade humana para oferecer uma forma de coesão social. Para Jung, os símbolos eram impregnados de significado ontológico intrínseco, independentemente da cultura ou época histórica; e as imagens astrológicas, assim como as alquímicas, poderiam, portanto, servir de intermediários imaginários entre o consciente e o inconsciente, tão eficazes hoje quanto o eram na Antiguidade. O *Liber Novus* é repleto de imagens astrológicas, não só em relação aos personagens em si, mas também nos cenários em que Jung tem contato com eles. Parece que, assim como seus predecessores neoplatônicos, Jung também compreendia a aplicação evocativa dos símbolos atuantes, para ampliar a consciência, como ferramenta viável que facilita a quebra das correntes do destino astral:

> No mesmo grau [...] em que a individuação implica autonomia, essa "compulsão" dos complexos e das estrelas se esvai.[11]

Jung não buscava essa "autonomia" para si ou seus pacientes só com o intuito de alcançar poder, sucesso e felicidade mundana, embora, sendo humano, sem dúvida tais motivos ajudassem a motivar seus esforços. Mas via o processo de individuação como meio de trabalhar as compulsões inconscientes simbolizadas pelo horóscopo natal, a fim de vivenciar, com criatividade, seus padrões inatos e o indivíduo completo retratado por esse processo. Com esse objetivo, Jung parecia dar grande ênfase ao desenvolvimento da máxima cooperação possível com aquilo que os neoplatônicos consideravam o *daimon* pessoal ou "Mestre da Casa", que Jung, em *Liber Novus*, chamou de "psicagogo", Filêmon.

A matéria-prima para as três partes do *Liber Novus* foi escrita entre 1913 e 1916, e essa "correnteza enigmática" passou por revisão e reformulação em um período de quase vinte anos.[12] A torrente inicial foi de fato espontânea, embora sem dúvida impregnada, mesmo sem intenção, de temas e imagens dos muitos textos mitológicos, filosóficos e astrológicos que Jung vinha lendo. Entretanto, embora as visões fossem espontâneas, o procedimento prático de "exercícios de esvaziamento da consciência", para permitir que as imagens se constelassem e desenvolvessem, era intencional.[13] A primeira "camada" espontânea do *Liber Novus* parecia não ter qualquer inclusão deliberada de simbolismo astrológico específico ou, nesse sentido, qualquer reflexão sobre o significado psicológico das visões.[14] Eram apenas registradas conforme surgiam. Os aspectos mais autoconscientes da obra, formando uma espécie de segunda "camada", desenvolveram-se a partir de 1916, e foi então que temas astrológicos específicos e os *sunthemata* começaram a aparecer de maneira mais elaborada, acompanhados de reflexões sobre a dimensão psicológica das visões.

Alusões de significado astrológico envolvendo o Sol e a Lua, bem como criaturas de significado zodiacal como o leão, podem ser observadas na "camada" primária e espontânea do *Liber Novus*. Mas Sol, Lua e animais como leões e touros não se limitam a associações zodiacais. Considerados símbolos, refletem vasto repositório de significados e conexões para os quais a astrologia oferece apenas um ponto de entrada, embora riquíssimo e muito dinâmico. Apesar de convencido de que os ciclos astrológicos forneciam a base para os mitos mais antigos, e de que astrologia era "indispensável à devida compreensão da mitologia",[15] é incorreto e contrário ao raciocínio de Jung presumir que o único método válido para interpretar os múltiplos significados do mito seja por meio do simbolismo astrológico. Ademais, como Jung já mergulhara na astrologia desde 1911, o surgimento de conteúdo astrológico relevante na "camada" espontânea do *Liber Novus* não é mais surpreendente que um tema astrológico aparecer em um sonho, já que a abordagem analítica básica dos sonhos – e, para Jung, suas visões eram como ter um "sonho acordado" – presume que eles se utilizem do conteúdo da vida pessoal cotidiana do indivíduo, abrangendo suas esferas de interesse intelectual, para encobrir seu significado mais profundo.

A inclusão deliberada de símbolos astrológicos precisos em torno de personagens específicos parece ter certa relação com o uso que Jung faz da astrologia como forma de hermenêutica na segunda "camada" do *Liber Novus*: Jung compreendia a hermenêutica como método para

> Acrescentar mais analogias às já existentes pelo símbolo [...]. O símbolo inicial é muito ampliado e enriquecido por meio desse procedimento, resultando em um quadro bastante complexo e multifacetado.[16]

Os símbolos astrológicos, usados como meio de "acrescentar mais analogias" às visões, ajudavam Jung a encontrar sentido psicológico nelas e relacioná-las não só aos padrões de seu horóscopo natal, mas também aos ciclos maiores de coletividade, como os Aions (ou eras) astrológicos e suas concomitantes mudanças em representações religiosas. Na verdade, o *Liber Novus* começa com uma pintura que retrata o movimento do ponto equinocial a partir da constelação de Peixes até a de Aquário, reflexão celestial simbólica de uma iminente mudança de eras;[17] Jung parece enxergar sua jornada pessoal em um contexto de uma jornada coletiva maior, prestes a acontecer no que entendia como um ponto perigoso de crise. O uso que Jung fazia dos *sunthemata* astrológicos em uma espécie de obra teúrgica com as figuras no *Liber Novus* não exclui o uso que faz da astrologia como ferramenta hermenêutica que o auxiliava a compreender os significados pessoal e universal de suas visões, ou, ao mesmo tempo, como método para entender as próprias compulsões psíquicas, bem como as dos pacientes, por meio de padrões do horóscopo natal. Se refletirmos sobre a profundidade e a extensão de seu conhecimento astrológico, veremos como ele conseguia englobar as dimensões mágica, simbólica, técnica, psicológica e caracterológica do simbolismo astrológico, sem precisar restringir a astrologia a uma abordagem "certa" ou "verdadeira".

Embora muitas das figuras no *Liber Novus* sejam identificadas por um número ou nome relacionado a uma narrativa mítica, eram compreendidas por Jung, pelo menos quando começou a desenvolver a segunda "camada", como aspectos de sua psique e também dominantes arquetípicas. Quando queria se referir à sua consciência do ego ou ao *self* cotidiano no texto, ele citava esse *self* como "eu". Algumas das figuras são atores coadjuvantes no drama, enquanto outras ocupam papéis dominantes. Nem todas recebem descrição visual ou são exemplificadas com imagem. A seguir, há uma lista das principais *dramatis personae*, na ordem em que aparecem:[18]

1. A Alma de Jung
2. O Espírito das Profundezas
3. Siegfried, o Herói
4. Elias
5. Salomé
6. O Vermelho
7. O Velho Estudioso
8. A Filha do Estudioso
9. O Vagabundo
10. O Anacoreta Ammonius
11. Izdubar/o Sol
12. O Bibliotecário
13. A Cozinheira
14. Ezequiel, o Anabatista
15. O Professor
16. O Superintendente
17. O Bobo
18. Fanes
19. Filêmon
20. A Serpente
21. O Corcunda
22. Satanás

Embora esse número específico de figuras pareça peculiarmente relevante ao estudioso da Cabala ou praticante do tarô, uma vez que existem 22 letras no alfabeto hebraico e 22 Arcanos Maiores no baralho de tarô, a lista de figuras pode ser expandida com facilidade, pois existem outros personagens que aparecem brevemente e somem sem nenhum contato direto. No Livro Um do *Liber Novus*, por exemplo, são mencionados um Escaravelho, um Jovem, o Homem Assassinado e o Espírito do Tempo. Essas figuras são citadas como parte de uma visão específica, mas Jung não dialoga com elas. Entretanto, a brevidade relativa do surgimento de muitas das figuras não mede, de forma necessária, a importância delas para Jung. Paralelos entre as figuras, como imagens pintadas e diversos sistemas simbólicos fora da astrologia, como o tarô e a Cabala, podem ser encontrados no *Liber Novus*. A pintura de Jung da inconfundível "mulher com véu" lunar, por exemplo, tem várias semelhanças com a imagem de A. E. Waite da Sacerdotisa, um dos Arcanos Maiores do tarô, bem como com a da *Shekhinah* cabalística, que reflete todas as potências divinas – as dez *sephiroth* – por meio das manifestações da Natureza.[19]

Essas ressonâncias que se identificam com numerosos sistemas simbólicos dificilmente seriam uma coincidência, pois a maioria pertence à segunda "camada" da obra. Sonu Shamdasani comentou que o impacto dos estudos mitológicos junguianos fica evidente no *Liber Novus*, e muitas das imagens e ideias expressas na obra "são provenientes de suas leituras".[20] O mesmo se pode dizer dos temas astrológicos, cabalísticos e do tarô que aparecem relacionados às figuras. Sob a perspectiva de Jung, esses paralelos eram relevantes porque a jornada mítica da alma humana – retratada de diversas maneiras pelos Arcanos Maiores do tarô, pelos "caminhos" das 22 letras hebraicas que unem as dez *sephiroth* da Árvore Cabalística, pelos estágios da obra alquímica e pela ascensão da alma pelas esferas planetárias – é uma expressão em imagem do processo interior arquetípico do desenvolvimento que Jung chamaria depois de individuação, revestido de formas apropriadas para contextos culturais particulares, em épocas específicas da história.

Em um comentário a respeito do *Liber Novus* escrito logo depois de sua publicação, em outubro de 2009, o psicólogo analítico norte-americano Murray Stein sugeriu que um *Agon* (do grego αγων, "disputa") forma o âmago do *Liber Novus*: "Jung luta com anjos, de luz e de trevas", e cada figura "representa um aspecto da psique junguiana".[21] A dimensão interior e subjetiva dessas figuras é inquestionável; são, afinal de contas, expressões imaginárias da psique de um indivíduo. Mas os aspectos mais universais desses seres têm a mesma importância, em particular no contexto do envolvimento profundo de Jung com fontes gnósticas, herméticas, órficas, judaicas, mitraicas e neoplatônicas da Antiguidade Tardia no período em que trabalhou no *Liber Novus*. Jung considerava essas figuras cosmológicas, além de pessoais, embora tendesse a usar o termo "arquetípicas" para descrevê-las. Esse aparente paradoxo de um padrão ao mesmo tempo profundamente individual e universal constitui a base do conceito dos arquétipos de Jung.

Não temos motivos para questionar o fato de que os personagens do *Liber Novus* eram, a princípio, fantasias espontâneas ou deliberadamente evocadas que tiveram permissão para se desenvolver sozinhas, em vez de começarem a vida como construções conscientes calculadas.[22] Para usarmos a linguagem dos neoplatônicos, Jung parecia estar, entre 1913 e 1916, sob o domínio de um poderoso *daimon* que exigia imagens e palavras para se fazer ouvir. A experiência bastante perturbadora de Jung ao escrever *Septem Sermones ad Mortuos* [Sete Sermões aos Mortos] – Livro Três do *Liber Novus*, mais tarde intitulado "Escrutínios" – é testemunho do domínio feroz exercido por esse *daimon*.[23] Ele, porém, continuou a refinar e a moldar as imagens até 1932, além de aperfeiçoar o texto e apresentá-lo em forma caligráfica para o produto final chamado *Liber Novus*. O cuidado e os detalhes com que adornou suas pinturas com símbolos significativos criou um matrimônio fértil entre estados de revelação e a inserção consciente e deliberada de temas com significado não só para Jung, mas também para aqueles cuja linhagem desses símbolos no decorrer da história é familiar. Jung parecia saber muito bem o que tentava alcançar com o *Liber Novus*. Em 1922, enquanto ainda trabalhava no texto e nas imagens, deu uma palestra para a Sociedade de Língua e Literatura Alemã, em Zurique, sobre o tema da psicologia analítica e sua relação com a poesia, e declarou sua opinião sobre o processo criativo:[24]

> O processo criativo, até onde podemos compreendê-lo, consiste na atividade inconsciente de uma imagem arquetípica e na elaboração e manipulação dessa imagem até a obra acabada. Quando lhe dá forma, o artista a traduz para a linguagem do presente, possibilitando-nos, assim, encontrar o caminho de volta às fontes mais profundas da vida.[25]

As imagens podem ser interpretadas de muitas maneiras e por meio de numerosas estruturas simbólicas e psicológicas; e Jung parecia usar essas variadas estruturas para dar clareza ao material. Os capítulos seguintes exploram o uso que Jung fez da astrologia para amplificar as imagens primárias do

Liber Novus. Mas eles não têm o objetivo de demonstrar que só o simbolismo astrológico é relevante à obra; Jung considerava a astrologia algo inclusivo, não exclusivo, adotando diversas abordagens míticas e mânticas relacionadas. Assim como os sonhos ou as sutilezas dos textos cabalísticos, o *Liber Novus,* por certo, continuará a ser uma inspiração para as mais variadas abordagens hermenêuticas de psicólogos analíticos, historiadores, astrólogos e magos. Os atributos astrológicos de muitas das figuras, porém, são identificáveis por qualquer pessoa familiarizada com a história, a linguagem e o simbolismo da astrologia, e Jung deve ter inserido esses atributos de modo deliberado, à medida que refinava, pouco a pouco, sua obra. Ele "reconhecia" as figuras planetárias assim que surgiam e depois lhes dava atributos simbólicos tradicionais, respeitando-lhes a natureza.

Jung era perfeitamente capaz de produzir os tipos de descrições caracterológicas encontradas nos manuais astrológicos de sua época, e muitas das figuras no *Liber Novus* exibem qualidades de temperamento identificáveis de pronto em obras de astrólogos como Alan Leo, cujos livros tinham imensa importância para o estudo que ele fazia da astrologia. A figura do Vermelho, por exemplo, é retratada por Jung como cínica, crítica, provocante e inclinada a discussões sobre temas religiosos, e é justamente isso que Alan Leo tinha a dizer a respeito do planeta Marte localizado no signo zodiacal de Sagitário, como era o caso do horóscopo natal de Jung.[26] Mas, além desse tipo de análise caracterológica, o método de Jung de amplificar símbolos por intermédio de outros símbolos, que ele aplicava com regularidade ao conteúdo dos sonhos de seus pacientes,[27] também se evidencia em suas interpretações astrológicas. Ao relacionar um planeta ou signo zodiacal a imagens e histórias míticas, ele transformava o significador astrológico em uma narrativa dinâmica, revelando o âmago de uma potência arquetípica, com sua teleologia intrínseca e múltiplas possibilidades de expressão.

Tem-se a impressão de que Jung evitou, de forma deliberada, apresentar o elenco de personagens em *Liber Novus* por meio de afirmações astrológicas diretas acerca dos planetas e de seus respectivos significados. Ele tendia a esconder referências astrológicas explícitas sob um manto de símbolos relacionados que revelavam o mesmo significado, mas associavam a astrologia a uma estrutura mítica mais ampla. Isso conferia às suas pinturas fluência estética maior e, talvez tão importante quanto para ele, dava-lhe certa proteção contra as críticas dos colegas. No mapa cosmológico que ele chamava de *Systema Munditotius* ou "Sistema de Todos os Mundos", por exemplo, discutido melhor no Capítulo 7, os sete "deuses-estrelas", designados pelos glifos astrológicos tradicionais em seu desenho original em *Os Livros Negros*, foram representados como grupo na lapidada pintura final, por meio do menorá ou do candelabro de sete braços, que o filósofo platônico judeu alexandrino Filo descreveu no primeiro século da Era Cristã como símbolo do sistema planetário:

> E desse castiçal saem seis hastes, três de cada lado, projetando-se do castiçal no centro, de modo que, juntas, as hastes completam sete [...] sendo símbolos das sete estrelas chamadas planetas pelos homens versados em filosofia.[28]

Jung tinha familiaridade com os escritos de Filo e sabia muito bem o que estava fazendo quando inseriu o menorá em sua pintura. Também conhecia o trabalho do astrólogo Max Heindel, que identificou, de modo explícito, os "Sete Espíritos diante do Trono" com o "Candelabro de Sete Braços" do tabernáculo judaico e os "sete doadores de luz ou planetas".[29] Para quem não conhece a relevância planetária desses sete "Espíritos" celestiais, porém, o candelabro de sete braços não tem a menor relevância astrológica, sendo apenas um símbolo tradicional do judaísmo ou tão somente um objeto que fornece luz.

No *Liber Novus*, alguns dos planetas não parecem ser representados com clareza por um único personagem, exibindo, na verdade, seus atributos tradicionais por meio de diferentes figuras; alguns planetas não aparecem em lugar nenhum. Alguns dos personagens combinam o simbolismo de mais de um planeta; outros, como o Corcunda – "homem simples, feio, com o rosto retorcido", que envenenou os pais e a esposa para "honrar a Deus"[30] –, não têm nenhuma relação astrológica reconhecível, parecendo ter mais afinidade com um ou outro dos Arcanos Maiores do tarô. O

Corcunda de Jung é "um homem enforcado" que pode estar no Inferno, mas não encontrou o diabo. Pode ter relação com a carta do Arcano Maior O Enforcado – o interesse de Jung pelo tarô é evidente quando se considera sua percepção das cartas como narrativa da jornada arquetípica da alma[31] –, apesar da declaração de A. E. Waite, cujo tarô Jung deveria preferir, sobre a carta O Enforcado ter a ver com "o sagrado Mistério da Morte" e o "glorioso Mistério da Ressurreição", descrição muito mais arrebatadora que a narrativa de Jung a respeito de um indivíduo tolo e bem-intencionado, porém destrutivo e autodestrutivo, mesmo que sem intenção.[32] Os nomes dos sete planetas tradicionais nunca são mencionados no *Liber Novus*, exceto o Sol e a Lua. No entanto, os atributos visuais, as personalidades e os cenários da paisagem de figuras como Vermelho, Salomé, Izdubar e Filêmon revelam associações astrológicas específicas que podem ser encontradas nos modernos textos astrológicos que Jung lia na época, bem como em fontes mais antigas, como a obra *Tetrabiblos*, de Ptolomeu, conhecida por Jung. Qualquer tentativa de interpretar a astrologia do *Liber Novus* exige abordagem multifacetada, em vez de busca por paralelos óbvios.[33]

Os astrólogos que esperam ver a ordem das figuras de Jung refletindo a ordem tradicional dos planetas em termos de distância da Terra – Lua, Mercúrio, Vênus, Sol, Marte, Júpiter, Saturno – ficarão decepcionados ao descobrirem que os encontros imaginários de Jung não seguem nenhum esquema astrológico convencional. A ordem do encontro com essas figuras parece refletir um processo bastante individual e espontâneo de confronto psicológico direcionado a uma meta final de integração, amplificada depois por meio da hermenêutica de uma jornada planetária simbólica única do indivíduo que a vivencia, não uma sequência construída de estágios ou processos universais. O contexto não é o da análise técnica de um horóscopo, a menos que o horóscopo seja considerado o mapa simbólico de um processo dinâmico, iniciado com as qualidades do tempo refletidas no instante do nascimento, desenvolvendo seu significado em um padrão labiríntico no curso de uma vida inteira, como, aliás, o próprio Jung assim considerava.

Mas, se o refinamento gradual que Jung fez no *Liber Novus* reflete a interpolação intencional de símbolos astrológicos representativos da própria jornada planetária individual da alma de Jung, a desconsideração da ordem planetária tradicional tem precedentes mais antigos, sobretudo no tocante às narrativas de ascensão celestial dos gnósticos e dos iniciados mitraicos, com os quais ele se familiarizou muito enquanto escrevia o *Liber Novus*. A natureza altamente subjetiva dessas narrativas da Antiguidade Tardia reflete não apenas elementos culturais específicos, mas também a predisposição particular do indivíduo ou do grupo de indivíduos que produz a narrativa.[34] Henry Corbin (1903-1978), renomado estudioso do esoterismo islâmico, cuja obra recebeu forte influência de Jung, comentou que a "dramaturgia" cósmica da ascensão celestial, conforme retratada na Antiguidade Tardia e nos textos medievais, não tem a menor relação com nenhuma explicação astronômica "pré-científica" do cosmos; é um modo de compreensão que tanto transcende quanto precede tais percepções externas.[35] O mesmo também se pode dizer da jornada da alma no *Liber Novus*. Uma vez que não há uma ordem planetária ou zodiacal reconhecida, segundo a qual emergem as figuras no *Liber Novus*, e já que temas planetários únicos costumam se desenvolver por meio de mais de uma figura, as explorações nos capítulos seguintes deste livro também não serão dispostas em ordem tradicional, mas vão enfocar personagens específicos e sua relação com outros personagens, e com o próprio Jung, em termos da importância que parecem ter na narrativa geral.

As figuras do *Liber Novus* são incorrigivelmente mutáveis, como é o caso de entidades psíquicas com vida própria. Algumas desfrutam de uma série de encarnações em diversificadas formas, cruzando e recruzando o caminho uma da outra; e, em certos momentos da narrativa, tornam-se quase indistintas. Embora existam muito mais figuras no *Liber Novus* que planetas, algumas não são tão diferentes de outras como parecem à primeira vista. A figura de Elias, por exemplo, que aparece no início do Livro Um do *Liber Novus*, surge depois como Filêmon, conforme o próprio Jung comenta, mais adiante, no livro,[36] e absorve e transforma elementos das figuras do Velho Estudioso, do Bibliotecário e do solitário Anacoreta Ammonius nessa trajetória. Todas essas *personae* apresentam múltiplos aspectos, sombra e luz, do *senex* ou "velho", que, Jung admitia, se identifica quase sempre na iconografia alquímica com o deus planetário Saturno.³⁷ O gigante Izdubar, que a princípio aparece para Jung como um herói solar inspirado no herói babilônico Gilgamesh, transforma-se no deus-Sol e depois ressurge como a divindade órfica Fanes; e, no primeiro contato de Jung com Izdubar, o gigante tem os chifres do touro que Jung descreveu pela primeira vez em *Memórias, Sonhos, Reflexões*, pintando-o em 1914 como atributo de Filêmon.³⁸

Essas figuras não personificam um destino astral fixo. O destino astral, para Jung, era vivenciado como compulsão psicológica, e, se considerarmos que as figuras no *Liber Novus* personificam as compulsões inconscientes do próprio Jung, suas transformações refletem um processo gradual de consciência e integração. As figuras parecem ser imagens de princípios arquetípicos relevantes, em particular, para a vida de Jung e, não por coincidência, para seu horóscopo. Elas têm atributos míticos, mas também pessoais, porque são arquetípicas:

> A imagem primordial, ou arquétipo, é uma figura – seja um *daimon*, um ser humano ou um processo – recorrente no curso da história e reaparece sempre que a fantasia criativa se expressa de forma livre. Em essência, portanto, ela é uma figura mitológica.³⁹

As figuras de Jung nunca são estáticas; relacionam-se entre si de maneiras sempre mutáveis, exibindo muitas facetas. E o próprio Jung, ao longo de todo o *Liber Novus*, adquire novos discernimentos e vivencia transformações por meio do contato com elas. Entretanto, com o uso que faz da hermenêutica astrológica, as figuras se tornam associadas a seu mapa astral, às vezes de modo bastante específico, e refletem sua confiança no que Ptolomeu chamava de momento "semente", ancorado nas qualidades singulares do tempo, inerentes ao instante do nascimento, semente essa que carrega em si a "causa final" da existência: tornar-se aquilo que potencialmente sempre se foi.

> Pois à semente são dadas, para sempre e desde o começo, as qualidades por graça do ambiente [os céus]; e, embora ela possa mudar à medida que o corpo cresce, pois por processos naturais ela se mistura

ao processo de crescimento somente com matéria que lhe seja igual, assemelha-se mais intimamente ao tipo de sua qualidade inicial.[40]

Com *sunthemata* planetários nos detalhes e em cores de vestimentas, na fisionomia e em cenários da paisagem, as figuras do *Liber Novus* são *daimons*, não traços de personalidade, e suas ações na narrativa de Jung dependem da natureza da reação dele a elas. Isso parece refletir a crença de Jung de que, quanto mais consciente se torna o indivíduo, maior é o livre--arbítrio que ele é capaz de exercer sobre as compulsões de *Heimarmene*:

> A jornada pelas casas planetárias resume-se a nos tornarmos conscientes das qualidades boas e más de nosso caráter, e a apoteose significa nada mais que a consciência máxima, que equivale ao máximo livre-arbítrio.[41]

As pinturas de Jung parecem ser também hieráticas, no sentido usado pelo neoplatônico Jâmblico ao descrever tais imagens: conjuntos de variados *sumbola* ou *sunthemata* que formam parte de uma cadeia específica de correspondências, todas as quais, juntas, criando um objeto ritual de ressonância suficiente com o deus ou o *daimon*, a fim de atrair a divindade e permitir um processo de participação consciente na vida criativa.[42] Portanto, as pinturas podem ser compreendidas como talismãs mágicos que invocam e servem como portais, constituindo aspectos de um ritual teúrgico contínuo que almeja a integração com o *Self*. Esse tipo de magia também pode ser entendido como arte, no sentido definido por Jung:

> A experiência primordial é a fonte da criatividade do poeta, mas é tão obscura e amorfa que necessita do imaginário mitológico para lhe dar forma [...]. Como a expressão nunca pode se equiparar à riqueza da visão e jamais consegue exaurir suas possibilidades, o poeta deve ter à disposição um estoque enorme de material se quiser transmitir ao menos uma fração do que vislumbrou e precisa usar imagens difíceis e contraditórias para expressar os estranhos paradoxos de sua visão.[43]

As variadas dimensões de Jung como artista, mago, astrólogo e psicólogo se fundem nas páginas do *Liber Novus*. Talvez essa seja uma das razões pelas quais os esforços para definir essa obra profundamente liminar de maneira rígida, de acordo com categorias acadêmicas específicas— será ela arte, ciência, psicologia, esoterismo, alucinação psicótica ou visão religiosa? –, estejam sempre fadados ao fracasso.

Notas

1. Platão, *Symposium*, p. 203, trad. Michael Joyce, em Edith Hamilton e Huntington Cairns (orgs.), *The Collected Dialogues of Plato* (Princeton, NJ: Princeton University Press, 1961), pp. 526-74.
2. Jung, CW14, par. 707.
3. Para saber a história da publicação do *Liber Novus*, ver "Introduction", de Sonu Shamdasani, em Jung, *Liber Novus*, pp. viii-xii. Sobre a descrição do próprio Jung da gênese do *Liber Novus*, ver Jung, *MDR*, pp. 194-225.
4. Jung, *MDR*, p. 225.
5. Foi compilado e publicado recentemente um trecho com os comentários de Jung sobre astrologia: C. G. Jung, *Jung on Astrology*, selecionado e apresentado por Keiron le Grice e Safron Rossi (Abingdon: Routledge, 2017).
6. Para o "caos ardente" das visões do artista, ver Jung, CW15, par. 146.
7. Jung, CW15, par. 141.
8. Jung, *MDR*, p. 216.
9. Rachel Elior, "Mysticism, Magic, and Angelology", *Jewish Quarterly Review* 1 (1993), pp. 3-53, também p. 19.
10. Dion Fortune, *Aspects of Occultism* (Wellingborough: Aquarian Press, 1962), p. 5. [Aspectos do Ocultismo. São Paulo: Pensamento, 2003 (fora de catálogo).]
11. Jung, carta a Erich Neumann, 24 de março de 1935, em Jung, *Analytical Psychology in Exile*, p. 95.
12. Jung usou essa expressão em 1957; ver Jung, *Liber Novus*, p. vii.
13. Ver Shamdasani, "Introduction", em Jung, *Liber Novus*, p. 200, n. 69.
14. Para a ideia de "camadas", ver Shamdasani, "Introduction", em Jung, *Liber Novus*, p. 203.

15. Ver Jung, carta a Sigmund Freud, 8 de maio de 1911, em *The Freud-Jung Letters*, p. 412.
16. Jung, "The Conception of the Unconscious", em Jung, *Collected Papers on Analytical Psychology*, p. 469.
17. Para entender a preocupação de Jung com a iminente Era de Aquário, ver Liz Greene, *Jung's Studies in Astrology* (Abingdon: Routledge, 2018), Capítulo 6. [*Jung, o Astrólogo – Um Estudo Histórico sobre os Escritos de Astrologia na Obra de Carl G. Jung*. São Paulo: Pensamento, 2023.]
18. Essa lista muito útil vem de Murray Stein: "Critical Notice: The Red Book", *Journal of Analytical Psychology* 55 (2010), pp. 423-25.
19. A mulher de véu aparece no Livro Dois do *Liber Novus*, p. 155. Para saber mais sobre as semelhanças, ver capítulo 3.
20. Sonu Shamdasani, *C. G. Jung: A Biography in Books* (Nova York: W. W. Norton, 2012), p. 68.
21. Stein, "Critical Notice", p. 423.
22. Segundo Shamdasani em *C. G. Jung: A Biography in Books*, p. 68, de dezembro de 1913 em diante, "Jung usou o mesmo procedimento: evocar de forma deliberada uma fantasia em estado de vigília e, depois, entrar nela como em uma peça teatral".
23. Sobre a descrição de Jung dos fenômenos precedentes à escrita de *Septem Sermones*, ver Jung, *MDR*, pp. 215-16. A descrição foi corroborada por sua filha, Gret Baumann, em conversa pessoal comigo, em 1985. Ela tinha oito anos na época em que ocorreram esses fenômenos.
24. Jung, "Über die Beziehungen der analytischen Psychologie zum dichterischen Kunstwerk", primeira publicação em *Wissen und Leben* XV (1922), pp. 19-20; publicado depois em Jung, CW15, pars. 97-132.
25. Jung, CW15, par. 130.
26. Ver capítulo 1.
27. Sobre "amplificação", ver Jung, CW8, pars. 403-4; Jung, CW10, pars. 618, 646, 733, 771; Jung, CW18, pars. 173-74.
28. Filo, *On Moses*, em *Philo, Vol. VI: On Abraham. On Joseph. On Moses*, trad. F. H. Colson (Cambridge, MA: Harvard University Press, 1935), II:103-4.
29. Max Heindel, *Ancient and Modern Initiation* (Oceanside, CA: Rosicrucian Fellowship, 1931), p. 31. Os Sete Espíritos aparecem em Apocalipse 4:5.
30. Jung, *Liber Novus*, p. 322.

31. Ver Jung, *Visions*, p. 923.
32. A. E. Waite, *The Pictorial Key to the Tarot* (Londres: William Rider & Son, 1910), p. 119.
33. Ver Greene, *Jung's Studies in Astrology*, Capítulos 1 e 2. [*Jung, o Astrólogo – Um Estudo Histórico sobre os Escritos de Astrologia na Obra de Carl G. Jung*. São Paulo: Pensamento, 2023.]
34. A respeito da ascensão planetária mitraica, ver Roger Beck, *Planetary Gods and Planetary Orders in the Mysteries of Mithras* (Leiden: Brill, 1988), pp. 8-11. Sobre a jornada planetária gnóstica, ver Roelof van den Broek, "The Creation of Adam's Psychic Body in the *Apocryphon of John*", em Roelof van den Broek e M. J. Vermaseren (orgs.), *Studies in Gnosticism and Hellenistic Religions* (Leiden: Brill, 1981), pp. 38-57, esp. pp. 41-2. Sobre ordem alquímica, ver Origen, *Contra Celsum*, trad. Henry Chadwick (Cambridge: Cambridge University Press, 1953), 6:22.
35. Henry Corbin, *Avicenna and the Visionary Recital* (Princeton, NJ: Princeton University Press, 1960), p. 17.
36. Jung, *MDR*, p. 207.
37. Sobre o Saturno alquímico como *senex*, ver Jung, CW14, par. 298.
38. Jung, *MDR*, p. 207. Sobre outras versões pintadas de Filêmon, ver capítulo 5.
39. Jung, CW15, par. 127.
40. Ptolomeu, *Tetrabiblos*, organizado e traduzido por F. E. Robbins (Cambridge, MA: Harvard University Press, 1971), III.1.
41. Jung, CW14, par. 309.
42. Ver Greene, *Jung's Studies in Astrology*, Capítulo 4. [*Jung, o Astrólogo – Um Estudo Histórico sobre os Escritos de Astrologia na Obra de Carl G. Jung*. São Paulo: Pensamento, 2023.]
43. Jung, CW15, par. 151.

1

Questões Marciais

Ele [Ares] é o provedor da semente, o fornecedor oculto da Natureza nos três princípios primários e o elo da união deles. Distribui a todas as coisas sua forma, espécie e substância peculiares, para que possa revesti-las de sua própria e específica natureza, e de nenhuma outra.[1]

– Martin Ruland

Ares [Marte] [...] é o "designador que estende sua natureza peculiar a cada espécie, dando-lhe forma individual". Pode, portanto, ser visto como o princípio da individuação em sentido estrito [...]. Ares, enfim, é um conceito intuitivo para um princípio pré-consciente, criativo e formativo, capaz de dar vida a criaturas individuais.[2]

– C. G. Jung

O Cavaleiro Vermelho

Uma das *personae* planetárias descritas por Jung mais fáceis de identificar em detalhes no *Liber Novus* chama-se "O Vermelho". Essa entidade faz sua entrada no início do Livro Dois dessa obra, no momento em que Jung se encontra em estado de apatia, indecisão e depressão:

> Sinto que minha vontade está paralisada e estou possuído pelo espírito das profundezas. Nada posso escolher: não consigo, portanto, querer isto ou aquilo, pois nada me indica se quero isto ou aquilo. Espero, sem saber pelo que estou esperando.³

O surgimento dessa figura anuncia uma mudança ameaçadora. A ameaça se reflete na posição defensiva de Jung como "guarda da torre", de pé sobre "a torre mais alta de um castelo", e no *frisson* que sente ao ver a figura se aproximando:

> Olho ao longe. Vejo um ponto vermelho lá [...]. É um cavaleiro de manto vermelho, o cavaleiro vermelho [...]. Ouço passos na escada, os passos provocam rangidos, ele bate à porta: um estranho medo toma conta de mim: eis que aparece o Vermelho, sua longa figura totalmente trajada de vermelho, até os cabelos são vermelhos. Penso: no fim, ele se tornará o diabo.⁴

O Vermelho não veio por acaso; como diz ele a Jung: "Tua espera me chamou".⁵

Se Jung criou uma representação pictórica dessa entidade, ela foi destruída ou não se concretizou. Mas ele forneceu conteúdo descritivo suficiente para permitir ao leitor reconhecer qual potência astral se apresentara com a possibilidade de combater sua apatia paralisante e romper suas defesas. O epíteto "O Vermelho" poderia ser mera invenção de Jung; porém, é mais provável que tenha sido inspirado por fontes míticas. Os egípcios se referiam ao planeta Marte como *Har décher*, que significa "O Vermelho".⁶ O deus guerreiro com chifres Cocidius, conhecido com base em evidências arqueológicas nas proximidades da Muralha de Adriano e associado pelos romanos a seu deus da batalha, Marte, e o Rudiobus gaulês, também identificado como Marte pelos romanos, eram ambos chamados de "O Vermelho".⁷ Uma poderosa divindade celta chamada Dagda também era conhecida como Ruadh Rofessa, o "Vermelho de Grande Conhecimento".⁸ Como o conhecimento de Jung sobre os mitos de diversas culturas era enciclopédico, é improvável que não tivesse se deparado com esse epíteto para Marte no decorrer de seus estudos. E, mesmo que o nome fosse espontâneo, o planeta em si, quando visto da Terra, parece vermelho.

Em suas incursões posteriores pela alquimia, Jung descobriu e parafraseou muitas descrições do perigoso espírito marcial e sua potencial transformação.[9] Mas, na época em que Jung trabalhava no Livro Dois do *Liber Novus*, os textos alquímicos não tinham assumido a importância psicológica que ganharam mais tarde para ele, sendo provável que se fundamentasse mais nas variadas descrições de Marte feitas por Alan Leo, bem como no *Detailed Lexicon of Greek and Roman Mythology* [Léxico Detalhado das Mitologias Grega e Romana], de Wilhelm Roscher.[10] Leo publicou a seguinte descrição do planeta astrológico Marte em 1912:

> Todas as propensões, sensações, paixões, desejos e apetites animais existem sob a vibração de Marte [...]. Marte é o regente da natureza animal no homem; e a tarefa definida para a humanidade não é apenas subjugar, reger e controlar a natureza animal, mas também *se transmutar em uma força superior àquela que preside a alma animal.*[11]

Leo se referia a um elemento proposital ou teleológico na força marcial, bastante parecido com a descrição mais sucinta, de base alquímica, que Jung articularia muitas décadas depois:

> Astrologicamente, Marte caracteriza a natureza instintual e afetiva do homem. *A subjugação e transformação dessa natureza parece ser o tema da obra alquímica.*[12]

Em 1918, Max Heindel declarou que Marte preside a "função sagrada de gerar" e transmite fertilidade.[13] Sua interpretação está em concordância com a do alquimista Martin Ruland, que afirmou, no século XVII, que Marte é "o provedor da semente";[14] Jung, por sua vez, citou a afirmação de Ruland ao comentar que Marte é "o princípio formativo capaz de dar vida a criaturas individuais".[15] Segundo Heindel: "o brusco" Marte desperta "a paixão que tem resultado em tristeza, pecado e morte", sendo, portanto, "um espírito de Lúcifer".[16] Essa qualidade demoníaca reflete a percepção inicial de Jung do Cavaleiro Vermelho como o diabo. Em um seminário sobre sonhos infantis, realizado em 1936, Jung explorava a transformação histórica da figura do diabo, comentando:

> Quando ele surge em vermelho, tem natureza incandescente, isto é, apaixonada, e resulta em depravação, ódio e amor desregrado.[17]

Heindel, assim como Leo, enfatizava a faceta criativa de Marte quando sua feroz energia instintiva almeja metas mais elevadas. Na visão de Heindel, Marte oferece "constituição forte e resistência física, natureza positiva, independente e autoconfiante, determinada e orgulhosa, generosa e enérgica, engenhosa e rápida no aprendizado".[18] Interessante é o fato de que, no horóscopo de Jung, o planeta Marte, como ele sabia muito bem, estava posicionado no signo zodiacal de Sagitário.[19] Esse signo e a constelação com a qual se relaciona são retratados em iconografia astrológica desde o mundo babilônico até os dias atuais na forma de um centauro – metade humano e metade cavalo – carregando um arco.[20] Quando o Vermelho aparece pela primeira vez no *Liber Novus*, está montado em um cavalo. Sob o ponto de vista junguiano, o cavalo em si, assim como Marte, é um símbolo do lado instintivo do ser humano, podendo até mesmo personificar o diabo.[21] No texto que acompanha o horóscopo preparado pelo analista freudiano Johan van Ophuijsen para Jung, em 1911, citando parágrafos interpretativos de *The Key to Your Own Nativity* [A Chave para sua Própria Natividade], de Alan Leo,[22] Jung recebeu uma descrição de Marte em Sagitário que faz lembrar o Cavaleiro Vermelho, e um aspecto importante dele próprio, com exatidão perturbadora:

> Você tem coragem de ter as próprias ideias e opiniões, que nem sempre são como as das pessoas à sua volta [...]. Em termos religiosos, essa posição faz com que um indivíduo não muito ortodoxo ou então muito ativo se converta em devoto, talvez beirando até a militância [...].

Estão favorecidas as viagens, as mudanças de opinião, de ocupação e de moradia [...]. Discussões e disputas são prováveis.[23]

Em obra anterior, Alan Leo ofereceu um retrato semelhante de Marte em Sagitário, enfatizando a qualidade do ceticismo religioso agressivo:

Uma mente ativa raramente concorda com outras, pois se concentra e tem convicção nas próprias ideias, e costuma questionar opiniões convencionais. Em termos religiosos, é militante, agressiva, inconformista ou cética [...]. Tal indivíduo é mental e moralmente corajoso, ousado, e não teme as opiniões alheias. Essa configuração faz dele uma espécie de viajante, andarilho, cavaleiro, marinheiro ou atleta.[24]

A descrição que Heindel faz de Marte no signo zodiacal de Sagitário também pode ser relevante. Esse posicionamento "permite disposição argumentativa e gosto por debater assuntos de natureza séria, como direito, filosofia e religião". Além disso, Marte em Sagitário "proporciona língua ferina e predisposição para discussões".[25] A personalidade do Vermelho reflete de modo exato essas descrições astrológicas: ele é agressivo, argumentativo, inconformista, cético e irritantemente anticristão, além de seu diálogo com Jung se concentrar particularmente em "filosofia e religião". Jung, ofendido pela atitude "fria e debochada" do Vermelho, pergunta-lhe: "Nunca tiveste o coração partido pelos mistérios mais sagrados de nossa religião cristã?". O Vermelho responde: "Interpretas literalmente o que dizem as escrituras; do contrário, não me julgarias com tanto rigor".[26]

Nas *Obras Completas*, e de modo mais específico nos três volumes sobre alquimia,[27] Jung tinha muito a dizer a respeito de Marte, embora essas descrições tenham sido escritas muito depois de o *Liber Novus* estar completo. Esse belicoso deus planetário, segundo Jung, equivale ao metal ferro, à cor vermelha (que Jung considerava uma "cor masculina", representando o "lado material, físico"),[28] ao elemento alquímico do Fogo, ao enxofre incandescente personificado como o *vir rubaeus* ("homem vermelho") da obra alquímica e ao lobo como imagem da fome e do apetite.[29] O Vermelho tem cabelos vermelhos e usa um manto da mesma cor, o que reflete a descrição de Ptolomeu da "cor incandescente" de Marte.[30] Suas vestes "resplandecem como ferro em brasa", mais uma vez o relacionando à potência planetária tradicionalmente associada àquele metal, conforme descrito em *Matheseos*, de Júlio Fírmico Materno, obra astrológica da Antiguidade Tardia que Jung já havia adquirido em 1912.[31] Um aspecto maléfico emitido de Marte a outro planeta, segundo Jung, "fere" o planeta receptor com "violência marcial".[32]

Entretanto, apesar da natureza perigosa, esse planeta pode, como potência psíquica, de acordo com as explicações de Jung, "ser visto como o princípio da individuação em sentido estrito".[33] A obra alquímica devia começar "no mês de Áries, cujo regente é Marte".[34] A incapacidade de exercer o livre-arbítrio ou de ter a experiência do desejo individual – na verdade, um estado de depressão, que é a condição psíquica quando o Cavaleiro Vermelho surge pela primeira vez – sugere aquilo que os astrólogos com inclinação psicológica reconhecem como "problema de Marte": um impulso psíquico ou uma potência isolada da consciência que se tornou perigosa, tanto no sentido psicológico quanto físico, porque as energias provedoras de vida simbolizadas pelo planeta acabaram se perdendo no caminho para a consciência, por meio da repressão cultural e pessoal. O astrólogo norte-americano Howard Sasportas descreveu esse problema de maneira sucinta:

> Se negarmos Marte por temermos seu lado mais negativo, enfrentaremos o perigo de perder contato com a parte nossa que quer se desenvolver naquilo que somos. E, quando o desejo de se desenvolver é bloqueado (por outras pessoas, ou eventos externos, ou outras partes de nós mesmos), essa energia se transforma em raiva.[35]

A torre alta na qual o "Eu" de Jung – sua ego-consciência – se põe como sentinela antes do contato com o Vermelho sugere posição de defesa: confiança em uma estrutura segura e estável, guardada contra invasão por estar acima do caos dos aspectos emocionais e instintivos da vida. Jung deixou clara sua compreensão sobre o simbolismo geral da torre em *Tipos Psicológicos*:

Sem dúvida, a torre tem o significado de algo sólido e seguro, como no Salmo 61:3: "Pois tu tens sido o meu refúgio, uma torre forte contra o inimigo" [...]. A torre também é a Igreja.[36]

A Torre é, ainda, uma das cartas dos Arcanos Maiores do tarô. No trabalho de A. E. Waite de 1910 sobre o simbolismo dos Arcanos Maiores, um dos diversos livros de Waite adquiridos por Jung, A Torre é descrita como uma "carta do caos":

É a ruptura de uma Casa de Doutrina [...]. Descreve-se A Torre como a punição do orgulho e do intelecto [...]. Também pode significar o fim de uma indulgência.[37]

O próprio Jung forneceu uma breve definição, com "palavras-chave", da carta de tarô A Torre:

Torre em chamas. Hospital, prisão, atingida por um raio. Sacrifício.[38]

O Vermelho, cujos atributos anárquicos são descritos com tanta precisão por Leo e Heindel quando falam de Marte em Sagitário, é como um relâmpago que destrói a Torre no grande ciclo do tarô. Ele vem para desafiar e transformar uma "Casa de Doutrina" enraizada, segura e estável, fundamentada nos valores cristãos tradicionais e na defensiva intelectual, porém dolorosamente vulnerável à intromissão de uma potência inconsciente de vital importância, apesar de negligenciada, necessária à plenitude da personalidade de Jung.

O diabo nos detalhes

A paixão, a ferocidade e o cinismo zombeteiro do Vermelho convencem Jung, a princípio, de que ele é mais um demônio que um *daimon* – pressuposição que obriga o Vermelho a comentar:

> Quem sou eu? Pensas que sou o diabo. Não me julgues [...]. Que tipo de sujeito supersticioso és tu, que logo pensa no diabo?[39]

A identificação do diabo com Marte, que Heindel chamava de "espírito de Lúcifer", não é apenas uma previsível resposta do protestantismo suíço à falta de inibições cristãs do Vermelho. Trata-se de uma antiga associação simbólica proveniente de estruturas cosmológicas judaicas, astrológicas e esotéricas, e Jung tinha familiaridade com ambas. Na cosmologia astral babilônica, o planeta Marte era associado ao chamejante e destrutivo Nergal, deus ctônico da guerra e da pestilência.[40] Marte é descrito como "malévolo" em *Tetrabiblos*, de Ptolomeu,[41] e essa percepção do planeta como perigoso e potencialmente destrutivo continuou ao longo dos séculos.[42] Na cultura judaica, o ser angelical associado ao planeta do deus da guerra é Samael, senhor do reino demoníaco:

> Sua altura é tão grande que seriam necessários quinhentos anos para cobrir a distância equivalente, e, da coroa na cabeça até as solas dos pés, ele é crivado de olhos arregalados. [...] "Este", disse Metatron ao falar com Moisés, "é Samael, que tira do homem sua alma." [...] Moisés, então, orou a Deus com estas palavras: "Oh, que seja a Vossa vontade, meu Deus e o Deus de meus pais, não me deixar cair nas mãos desse anjo".[43]

Na obra gnóstica *Apócrifo de João*, também conhecida como *O Evangelho Secreto de João*, Samael é "impiedoso em sua loucura".[44] A relação entre esse anjo perigoso e seu planeta vermelho é declarada de forma explícita no grimório árabe do século XI conhecido como *Picatrix*, que fornece a base para muitos grimórios cristãos posteriores.[45] Samael surge como o anjo que rege a terça-feira, o dia de Marte, na compilação mágica judaica medieval conhecida como *Sefer ha-Raziel*, outra obra que Jung também conhecia.[46] Uma reimpressão inglesa do século XVI do grimório do século XIII conhecido como *Liber Iuratus* apresenta ao leitor imagens que representam os diversos anjos planetários usando elmo e dispostos em formação militar, como indica o título hebraico *sar*: "príncipe" ou "capitão".[47] Suas associações com planetas são designadas não só pelo texto, mas pelas cores das túnicas e asas, e também pelos glifos planetários sob as imagens (ver Gravura 1).

Os anjos de Marte têm asas vermelhas e se vestem inteiramente de vermelho, como o Cavaleiro Vermelho do *Liber Novus*. Eles "causam guerra, assassinatos, destruição e morte das pessoas e de todas as coisas terrenas". O primeiro dos quatro anjos marciais, no canto superior esquerdo da imagem, é Samael. Abaixo e um pouco mais à direita, aparece o glifo astrológico de Marte, familiar a muitos de nós hoje porque, com a flecha inclinada e apontando para cima, costuma ser usado como símbolo de masculinidade. Samael deve ser invocado às terças-feiras, dia tradicional de Marte.[48] Grimórios com instruções para invocar os anjos astrais eram conhecidos por Jung na época em que trabalhou com o *Liber Novus*; *O Sexto e o Sétimo Livro de Moisés*, por exemplo, apresenta o anjo Samael como príncipe do Quinto Céu (Marte é o quinto planeta a partir da Terra no antigo cosmos geocêntrico), que se encontra "sempre diante de Deus", trazendo ira, ódio, mentiras e guerra.[49] A associação do anjo com o planeta se estendeu para a revitalização do oculto no fim do século XIX, sobretudo graças à obra do mago francês Éliphas Lévi, que declarou que, entre os Sete Espíritos diante do Trono de Deus, Samael era o "Espírito de Marte".[50]

A transformação do Cavaleiro Vermelho

Durante seu encontro com Jung, o Vermelho sofre alteração, como acontece com o "Eu" de Jung. Essa transformação mútua assinala a compreensão própria de Jung dos símbolos planetários como dimensões psíquicas da vida: dinamismos subjetivos e padrões arquetípicos que, apesar de universais, podem sofrer mudança devido à intervenção da consciência humana, ela própria também se alterando no processo. Essa é uma perspectiva radicalmente diferente da astrologia mais fatalista do período medieval e do início da era moderna. Tais transformações não dependem da mera força de vontade nem do tipo de sublimação que parece ser praticada por astrólogos de tendência teosófica como Alan Leo, que, segundo o testemunho da esposa, lidou com o problema do desregrado Marte mantendo-se em celibato por toda a vida matrimonial.[51] A perspectiva junguiana é mais próxima das ideias neoplatônicas e herméticas acerca da mutualidade e da consubstancialidade do humano e do divino, e da insistência de Jâmblico de que os próprios deuses, por vontade própria, realizam a divinização do teurgo. O Vermelho transforma a vestimenta verde de Jung em folhagem com vida própria; em outras palavras, desperta seus instintos e o une à vida da natureza, revelando sua identidade secreta, enquanto informa a Jung: "Aqui, meu caro amigo, retiro minha máscara".[52]

> O tom vermelho do cavaleiro se transforma em coloração avermelhada mais suave. E eis que, ó milagre, minhas vestes verdes se irrompem em folhas.[53]

Jung descreve a natureza da alegria que sente por "ter cor vermelha, aroma vermelho, prazer vermelho fulgurante e caloroso".[54] O Cavaleiro Vermelho é "meu diabo" e personifica "a estranha alegria do mundo que chega insuspeita como um vento morno do sul, com os brotos fragrantes e crescentes, e a tranquilidade do viver". Essa alegria pertence, no hemisfério norte, à primavera, marcada pelo equinócio vernal, quando o Sol entra no signo zodiacal de Áries, regido por Marte:

> Dos poetas conhecemos a seriedade, quando, em expectativa, voltam os olhos para o que acontece nas profundezas, contatados, em primeiro lugar, pelo diabo, devido a seu deleite primaveril [...]. Todo aquele que prova desse deleite se esquece de si mesmo.[55]

Essa notável transformação mútua só pode ocorrer por meio de um envolvimento emocional direto com a figura imaginária, conduzida "em total seriedade", como insiste Jung dali a alguns parágrafos. "Chegar a um entendimento" lhe permite "aceitar outro ponto de vista".[56] O "outro ponto de vista", nesse caso, parece ser uma figura que personifica um *daimon* planetário visto por Jung, a princípio, como algo demoníaco, porque os valores do *daimon* eram uma contradição direta do ponto de vista religioso e moral consciente de Jung. O Vermelho se assemelha à descrição alquímica que Ruland faz de Marte como "provedor da semente"; ele não representa meros traços de caráter, como raiva ou agressividade, nem eventos concretos, como violência ou guerra, como poderíamos esperar de descrições de Marte na maioria das fontes astrológicas disponíveis a Jung na época. O Vermelho é uma entidade autônoma com individualidade distinta, um *daimon* ou um deus que, antes do encontro dos dois, devia ser o que Jung compreendia como dimensão inconsciente e potencialmente perigosa de sua personalidade. Os *sunthemata* astrológicos associados a essa figura parecem ter proporcionado as metáforas dominantes por meio das quais Jung reconhecia as qualidades do Vermelho. Para Jung, os símbolos astrológicos eram potências dinâmicas de uma natureza arquetípica, acessíveis ao ser humano por meio de encontros imaginários:

> Isto aprendi no *Mysterium*: levar a sério todo andarilho desconhecido que habite em pessoa o mundo interior, uma vez que são reais por serem efetivos.[57]

Mais adiante no *Liber Novus*, Jung reencontra o Vermelho. Nesse segundo encontro, o "espírito de Lúcifer" mudou de forma radical, e, dessa vez, a princípio, sua transformação parece negativa:

> Envelheceu; os cabelos vermelhos ficaram grisalhos; as roupas vermelhas incandescentes estão puídas, desalinhadas, pobres.[58]

O Vermelho se aproximou do Anacoreta cristão, saturnino e de rigidez intelectual chamado Ammonius[59] e parece ter sido subjugado pelo mesmo dogmatismo cristão repressivo de que antes acusara Jung. Demonstra temor ante a aproximação de Jung e faz "o sinal da cruz", pois lhe parece que, de repente, Jung virou "pagão", ainda coberto pelas folhas verdes que o Vermelho fez antes crescer de seu corpo. O Vermelho explica a Jung que se tornou "sério, tão sério que entrei para um mosteiro, rezei, jejuei e me converti". Depois, porém, admite que desenvolveu "uma aversão profunda à religião cristã, em geral desde minha experiência no mosteiro", revelando que, na verdade, está disfarçado, acompanhando o Anacoreta não por gostar da companhia do velho ou porque alterou sua natureza essencial, mas, sim, porque "preciso fazer um acordo com o clero; do contrário, perderei minha clientela".[60]

O breve episódio revela uma faceta nova e muito mais duvidosa do Vermelho. Apesar de não mais reprimido ou repudiado por Jung, ele ainda não pode libertar toda sua natureza ígnea sem consequências devastadoras a sua profissão, que é a de um *agent provacateur* (agente provocador). Entretanto, agora aprendeu a se locomover no sistema estabelecido, de maneira que lhe permita alcançar seus fins sem ser descoberto. Não é amigo de Ammonius, mas decidiu ficar perto do Anacoreta para continuar seu trabalho "diabólico". O Vermelho já não funciona mais em Jung como força inconsciente e potencialmente destrutiva, mas exerce seus talentos no mundo maior em que Jung trabalhava e ia atrás de suas metas. Talvez não seja coincidência que Marte, no mapa astral de Jung, forme aspecto benigno com Saturno, que Alan Leo descrevia como dotado de "muita sutileza"; o indivíduo é "sutil no planejamento e rápido na execução".[61] Essa parceria planetária útil, com a descrição textual de Leo, foi observada no horóscopo que Johan van Ophuijsen preparou para Jung em 1911 e descreve um atributo de caráter que parece refletir a habilidade junguiana de continuar sendo figura respeitada no "sistema" convencional, a despeito da natureza bastante inconformista de suas visões e de sua vida pessoal. Depois de ofertar sua revelação simples, porém importante, o Vermelho faz mais uma entrada breve, e inútil, no *Liber Novus*: corre pelos campos "com gritos de pavor" ao ver Jung carregando o gigante ferido Izdubar até o local da ressurreição do gigante.[62] O Vermelho e o Anacoreta já são "relíquias do passado que ainda podem ser encontradas em terras ocidentais. Antes, eram muito importantes".[63] O Vermelho não é mais ameaçador porque muitos de seus atributos dinâmicos foram integrados à consciência.[64] Em terminologia junguiana, o complexo é menos carregado em termos emocionais e, portanto, não mais compulsivo.[65] Em terminologia astrológica, Jung "apropriou-se" de seu Marte natal.

Siegfried, o Herói

Não há outra figura no *Liber Novus* que exiba com tanta clareza as qualidades do Marte astrológico quanto essa. Siegfried, o Herói pode ser interpretado como figura marcial porque, nas lendas teutônicas, era um guerreiro e, portanto, podia ser associado ao antigo deus da guerra; o modo de Jung ver Siegfried, porém, era mais complexo. Em dezembro de 1913, Jung registrou uma visão de um herói morto e, em seguida, sonhou com o assassinato de Siegfried. Descreveu o sonho, mais tarde, como uma situação em que Siegfried "era morto por mim".[66] A seção do *Liber Novus* intitulada "Assassinato do Herói", que mescla sonho e visão, ocorre no Livro Um, muito antes do contato de Jung com o Vermelho.[67]

Na narrativa, Jung está nas montanhas acompanhado de um "homenzinho marrom".[68] Ele ouve a corneta de Siegfried a distância e, portando armas de fogo – uma forma moderna de destruição que o herói da Antiguidade não poderia conhecer –, Jung e o homem marrom se escondem ao lado de uma trilha estreita e rochosa, até Siegfried surgir em uma charrete feita de ossos de gente morta. Jung e o companheiro atiram ao mesmo tempo e matam o herói. Uma pequena pintura de Jung e do homenzinho alvejando Siegfried aparece no texto. Nessa pintura, Siegfried carrega um escudo vermelho, enquanto o próprio Jung está trajado de vermelho.[69] A cor vermelha, quando aparece relacionada a Siegfried no poema épico germânico do século XII, *Canção dos Niebelungos*, é usada para descrever sua "bela corneta"; esta, porém, é feita de "ouro avermelhado" e sugere ter atributos solares, não marciais, uma vez que o ouro é o metal tradicional do Sol.[70] Talvez Jung pretendesse mesclar os dois princípios planetários de Siegfried, pois, segundo Roscher, uma das fontes principais de mitos para Jung, Apolo, o deus-Sol, e Marte, o deus da guerra, eram, a princípio, duas divindades solares.[71]

A percepção junguiana de Marte, baseada em sua descrição do Vermelho e em comentários sobre o símbolo astrológico em diversas obras publicadas, não era a comum do guerreiro marcial encontrada em textos astrológicos convencionais. Mas, mesmo levando em conta uma imagem mais individualizada de Marte, a interpretação de Jung da visão da morte de Siegfried, escrita em 1925, concentrava-se na tipologia psicológica, não no mito. Nem todas as figuras no *Liber Novus* têm simbolismo astrológico claro, e talvez seja inútil a tentativa apressada de categorizar Siegfried como *daimon* planetário exclusivamente marcial ou solar.

> Era o caso de destruir o ideal de herói de minhas competências. Ele tem de ser sacrificado para que seja feita uma nova adaptação. Em suma, tem a ver com o sacrifício da função superior, e o objetivo é atingir a libido necessária para ativar as funções inferiores.[72]

De acordo com uma carta escrita por Jung ao astrólogo alemão Oskar Schmitz em 1923, sua "função superior" era a função-pensamento.[73] Jung entendia o assassinato de Siegfried como símbolo de colapso de seu intelecto racional:

> Matara meu intelecto, auxiliado no ato pela personificação do inconsciente coletivo, o homenzinho marrom ao meu lado. Em outras palavras, destituí minha função superior.[74]

Jung compreendia esse sacrifício como preliminar necessária para uma jornada aos níveis mais profundos do inconsciente, pois a "função superior" em qualquer indivíduo serve para a adaptação consciente e funciona como fortaleza contra as forças ameaçadoras das profundezas desconhecidas. Jung via a morte de Siegfried como símbolo do sacrifício de seu modo habitual de adaptação à vida, para que pudesse "alcançar" o inconsciente e as dimensões não desenvolvidas de sua personalidade.

Entretanto, o simbolismo astrológico ainda pode ser relevante a Siegfried. A primeira concepção de Jung da imagem arquetípica do herói parece ter sido tanto solar quanto marcial. De acordo com sua descrição em *Psicologia do Inconsciente*, Siegfried simboliza a libido que luta para se libertar das garras do voraz inconsciente maternal, e a espada do herói "tem a significância do poder solar fálico".[75] A descrição junguiana dos atributos físicos de Siegfried no *Liber Novus* também é solar e marcial, e a morte do herói o compara a um deus moribundo e ressurreto do Cristianismo:

> Ah, que Siegfried, loiro e de olhos azuis, herói germânico, tivesse de cair por minha mão, ele que era o mais leal e corajoso! Tinha tudo o que eu valorizava como melhor e mais belo; ele era meu poder, minha ousadia, meu orgulho [...]. Penso no selvagem loiro das florestas da Germânia que teve de trair o trovão que brandia o martelo, rendendo-se ao pálido Deus do Oriente Próximo pregado na cruz como ladrão de galinha.[76]

Siegfried também tem relação com o que Jung via como mudança histórica na imagem de Deus na psique coletiva alemã, do "trovão que brandia o martelo" de Wotan, o regente teutônico dos deuses, para o "pálido Deus do Oriente Próximo" do Cristianismo. Esse desvio, por sua vez, refletia-se no simbolismo astrológico da passagem da Era de Áries para a de Peixes, sugerindo que Siegfried – apesar de ter distintos atributos solares – também pertence à Era de Áries, assim como o "que brandia o martelo", Wotan.

A morte do herói, segundo Jung, era, portanto, um sacrifício necessário tanto em nível pessoal quanto coletivo. Mas para Jung, assim como para muitos antropólogos e historiadores de religião do século XIX, o símbolo do deus moribundo e ressurreto estava além do imaginário próprio de qualquer era astrológica específica. Jung associava o mito do ciclo de morte e renascimento ao Sol em seu percurso anual pelo zodíaco, refletindo o ciclo sempre mutável da libido que vem à tona a cada primavera, no hemisfério norte, quando o Sol entra no signo zodiacal de Áries, regido por Marte. Siegfried poderia, enfim, ser compreendido como o *daimon* solar vestindo trajes marciais ou o *daimon* marcial que serve à fonte solar de vida e é, no fim das contas, emanação dela. A morte de Siegfried no início do *Liber Novus* anuncia uma longa sucessão de imagens e embates que lidam com as formas mutáveis dessa divindade "envolta em chamas, entrelaçada, crucificada e revivida" que surge, enfim, na Parte Três do *Liber Novus* com seu nome clássico:[77]

> Chamamos Deus de *HÉLIOS* ou Sol.[78]

Notas

1. Martin Ruland, *A Lexicon of Alchemy or Alchemical Dictionary*, trad. A. E. Waite (Londres: impressão particular, 1892), p. 38. Jung tinha uma edição original dessa obra: Martin Ruland, *Lexicon alchemiae sive Dictionarium alchemisticum* (Frankfurt: Zachariah Palthenus, 1612). Entretanto, costumava citar a tradução de Waite.
2. Jung, CW13, par. 176, n. 39.
3. Jung, *Liber Novus*, p. 259.
4. Jung, *Liber Novus*, p. 259.
5. Jung, *Liber Novus*, p. 259.
6. Markus Hotakainen, *Mars: From Myth and Mystery to Recent Discoveries* (Nova York: Springer, 2008), p. 13. Os babilônios conheciam Marte como a "Estrela Vermelha"; ver Erica Reiner e David Pingree, *Babylonian Planetary Omens* (Groningen: Styx, 1998), p. 49.
7. Para essas e outras deidades com o mesmo epíteto, ver http://faculty.indwes.edu/bcupp/ solarsys/Names.htm; http:planetarynames.wr.usgs.gov; www.celtnet.org.uk/gods_c/ cocidius.html.
8. Sobre Dagda, ver www.tairis.co.uk/index.php?option=com_content&view=article&id =125:the-dagda-part-1&catid=45:gods&Itemid=8.
9. Ver comentários de Jung sobre o princípio de Marte: Jung, CW13, pars. 176-78.
10. Wilhelm Heinrich Roscher, *Ausfürliches Lexikon der griechisches und römisches Muythologie* (Leipzig: Teubner, 1884-1937). Jung bebeu muito dessa fonte; ver a seguir, e também em Shamdasani, *C. G. Jung: A Biography in Books*, p. 90.
11. Alan Leo, *How to Judge a Nativity* (Londres: Modern Astrology, 1912), pp. 30-1. Itálicos meus.
12. Jung, CW13, par. 177, n. 39. Itálicos meus. Ver também Jung, CW9ii, par.130.
13. Max Heindel, *The Message of the Stars* (Oceanside, CA: Rosicrucian Fellowship, 1918), p. 303. [*A Mensagem das Estrelas*. São Paulo: Pensamento, 1992 (fora de catálogo).]
14. Ver a citação no início deste capítulo.
15. Jung, CW13, par. 176 e n. 39, citando Ruland, *A Lexicon of Alchemy*, p. 38.
16. Heindel, *The Message of the Stars*, pp. 304, 31.
17. Jung, *Children's Dreams*, p. 174. Ver também comentário de Shamdasani: Jung, *Liber Novus*, p. 260, n. 12.

18. Heindel, *The Message of the Stars*, pp. 303-7.
19. Para saber sobre a familiaridade de Jung com seu horóscopo, ver Greene, *Jung's Studies in Astrology*, Capítulo 2. [*Jung, o Astrólogo – Um Estudo Histórico sobre os Escritos de Astrologia na Obra de Carl G. Jung*. São Paulo: Pensamento, 2023.]
20. Ver, por exemplo, Sagitário retratado como centauro no Zodíaco Dendera do período romano.
21. Jung, CW5, par. 421; Jung, CW16, par. 347.
22. Alan Leo, *The Key to Your Own Nativity* (Londres: Modern Astrology Office, 1910). Para esse horóscopo, ver Greene, *Jung's Studies in Astrology*, Capítulo 2. [*Jung, o Astrólogo – Um Estudo Histórico sobre os Escritos de Astrologia na Obra de Carl G. Jung*. São Paulo: Pensamento, 2023.]
23. Leo, *The Key to Your Own Nativity*, p. 43.
24. Alan Leo, *Astrology for All* (Londres: Modern Astrology, 1910), pp. 221–22.
25. Heindel, *The Message of the Stars*, pp. 323–24.
26. Jung, *Liber Novus*, pp. 259–60.
27. Jung, CW12, CW13 e CW14.
28. Jung, CW10, par. 790; Jung, *The Visions Seminars*, II.332.
29. Jung, CW13, par. 176, n. 39; Jung, CW14, par. 6, n. 26; Jung, CW10, par. 790; Jung, CW12, par. 440, n. 50. Sobre a familiaridade de Jung com a associação mítica entre Marte e o lobo, ver Jung, *The Visions Seminars*, II.342.
30. Ptolomeu, *Tetrabiblos*, I.4.
31. Fírmico Materno, *Ancient Astrology, Theory and Practice*, p. 140, em que aqueles regidos por Marte "têm cabelos vermelhos" e cujas "ocupações são ligadas ao ferro e ao fogo".
32. Jung, CW9ii, par. 151, n. 2.
33. Jung, CW13, par. 176.
34. Jung, CW13, par. 193.
35. Howard Sasportas, "The Astrology and Psychology of Aggression", em Liz Greene e Howard Sasportas, *Dynamics of the Unconscious* (York Beach, ME: Samuel Weiser, 1988), pp. 1-74, na p. 24. Jung reconhecia a ira como uma compensação por sentimentos de impotência; ver Jung, CW17, pars. 213-14.
36. Jung, CW6, pars. 390–91.
37. Waite, *The Pictorial Key to the Tarot*, pp. 132-35. [*O Tarô Original Waite-Smith 1909 – Incluindo A Chave Ilustrada do Tarô: Fragmentos de uma Tradição Secreta sob o Véu da Adivinhação*. São Paulo: Pensamento, 2024.]

38. Descrição das notas de Hanni Binder de uma conversa com Jung, em http://marygreer.wordpress.com/2008/04/18/carl-jung-on-the-major-arcana/.
39. Jung, *Liber Novus*, p. 259.
40. Sobre Marte e Nergal, ver Ev Cochrane, *Martian Metamorphosis* (Ames, IA: Aeon Press, 1997), pp. 30-5.
41. Ptolomeu, *Tetrabiblos*, I.5.
42. Ver a descrição mais esperançosa de Alan Leo em Leo, *How to Judge a Nativity*, p. 31.
43. *The Ascension of Moses*, em Louis Ginzberg, *The Legends of the Jews*, 2 volumes, trad. Henriette Szold (Filadélfia, PA: Jewish Publication Society of America, 1913), II.304-8.
44. *Apocryphon of John*, II.1, trad. Frederik Wisse, *Nag Hammadi Library*, p. 105.
45. *Picatrix*, org. H. Ritter (1933), p. 226.
46. *Sefer ha-Raziel* 34b. Jung cita esse importante texto judaico de magia em CW14, par. 572.
47. Para saber sobre *Liber Iuratus*, ver Gösta Hedegård, *Liber Iuratus Honorii* (Estocolmo: Almqvist and Wiksell, 2002); Richard Kieckhefer, "The Devil's Contemplatives", em Fanger (org.), *Conjuring Spirits*, pp. 250-65. Sobre lista de versões atuais e tradução moderna em inglês, ver http://lucite.org/lucite/archive/abdiel/liber_juratus.pdf.
48. Samuel Liddell MacGregor Mathers (org. e trad.), *Grimoire of Armadel* (publicação póstuma, Londres: Routledge & Kegan Paul, 1980; reimpresso em São Francisco, CA: Red Wheel/Weiser, 2001), p. 41.
49. Joseph Peterson (org. e trad.), *The Sixth and Seventh Books of Moses* (Lake Worth, FL: Ibis Press, 2008), p. 165. A respeito do envolvimento de Jung com esse e outros grimórios, ver Greene, *Jung's Studies in Astrology*, Capítulo 4. [*Jung, o Astrólogo – Um Estudo Histórico sobre os Escritos de Astrologia na Obra de Carl G. Jung*. São Paulo: Pensamento, 2023.]
50. Éliphas Lévi, *The Magical Ritual of the Sanctum Regnum*, trad. William Wynn Westcott (publicação particular, 1896), p. 8.
51. A respeito do casamento celibatário de Alan Leo, ver Bessie Leo, *The Life and Work of Alan Leo, Theosophist – Astrologer – Mason* (Londres: Modern Astrology Office/N. L. Fowler, 1919), p. 65.
52. Jung, *Liber Novus*, p. 260.
53. Jung, *Liber Novus*, p. 260.

54. Jung, *Liber Novus*, p. 260.
55. Jung, *Liber Novus*, p. 260.
56. Jung, *Liber Novus*, p. 261.
57. Jung, *Liber Novus*, p. 260.
58. Jung, *Liber Novus*, p. 275.
59. Ver capítulo 4.
60. Jung, *Liber Novus*, p. 276.
61. Leo, *How to Judge a Nativity*, p. 248.
62. Jung, *Liber Novus*, p. 282.
63. Jung, *Liber Novus*, p. 282.
64. Sobre Izdubar, ver capítulo 2.
65. Sobre a ideia de Jung dos complexos de "sentir-se carregado emocionalmente", ver Jung, CW3, pars. 77-106; Jung, CW8, pars. 194-219.
66. Ver Jung, *Liber Novus*, p. 202.
67. Jung, *Liber Novus*, pp. 241-42.
68. Montanhas e rochas como símbolos de Saturno, ver capítulo 4.
69. Jung, *Liber Novus*, 1:5. Reprodução da imagem em Shamdasani, *C. G. Jung: A Biography in Books*, p. 67.
70. *Niebelunglied*, trad. A. Hatto (Londres: Penguin, 2004), p. 129.
71. Para essa identificação nos mitos antigos, ver Cochrane, *Martian Metamorphoses*, p. 59; Michael G. Theodorakis, "Apollo of the Wolf, the Mouse and the Serpent", *Kronos* 9:3 (1984), pp. 12-9. A respeito das associações entre a cor vermelha e o poder solar, ver Liz Greene, "The God in the Stone: Gemstone Talismans in Western Magical Traditions", *Culture and Cosmos* 19:1-2 (outono/inverno de 2015), pp. 47-85.
72. Jung, *Analytical Psychology*, p. 48.
73. Jung, carta a Oskar Schmitz, 26 de maio de 1923, em "Letters to Oskar Schmitz", p. 82.
74. Jung, *Analytical Psychology*, pp. 56–57. Ver Shamdasani, n. 115, em Jung, *Liber Novus*, p. 242.
75. Jung, *Psychology of the Unconscious*, p. 218.
76. Jung, *Liber Novus*, p. 242.
77. Jung, *Liber Novus*, p. 271.
78. Jung, *Liber Novus*, p. 349.

2
O "Sol Espiritual Central"

Aproxima-te, ó Senhor!

Se assim pedires, Teus Raios se voltarão para ti, e tu estarás no meio deles. Quando, enfim, fizeres isto, contemplarás um Deus, na flor da idade, da mais pura beleza, [e] com Madeixas de Chamas, em uma Túnica branca e um Manto escarlate, portando uma Cruz de Fogo. Saúda-o de imediato com a Saudação do Fogo:

Salve, Senhor! Ó Poderosíssimo; ó Rei de poderoso Domínio; Maior dos Deuses; ó Sol; Tu, Senhor do Céu e da Terra; ó Deus dos Deuses! Forte é Teu Sopro e forte é Teu Poder![1]

– Liturgia de Mithra

A dinâmica dos deuses é energia psíquica. Essa é a nossa imortalidade, o elo pelo qual o homem se sente inseparável da continuidade de toda a vida [...]. A força vital psíquica, a libido, simboliza a si própria no sol.[2]

– C. G. Jung

O sol na paisagem

Os *sunthemata* do Sol formam um tema recorrente no *Liber Novus*, desde paisagens e símbolos solares específicos até figuras que personificam a força vital radiante daquilo que os textos astrológicos medievais chamavam de "Grande Luz". O modo como Jung via o reino solar se desenvolveu, da definição ancestral do Sol como símbolo da libido, para uma interpretação do símbolo do Sol noético equivalente ao *Self* – centro da psique individual e artífice do processo de individuação. Percepções da Antiguidade Tardia do Sol físico como expressão material de uma divindade transcendente foram incorporadas à compreensão psicológica que Jung tinha do mais importante entre os símbolos astrológicos. Ele extraía ideias dos neoplatônicos, dos gnósticos, dos herméticos e da *Liturgia de Mithra*, bem como dos antropólogos e historiadores de mito do século XIX; e as interpretações de Mead de textos mais antigos, que se concentravam mais na vida espiritual interior que em um panteão de divindades celestiais objetivas, ajudaram Jung a criar seu modelo psicológico de centro numinoso da personalidade. Jung insistia em que a percepção do poder solar, ou libido, na imaginação humana tendia a se dar na forma de um herói solar que buscava a imortalidade por meio de um "tesouro difícil de obter". Essa convicção é evidente a partir de suas primeiras descrições da "astromitologia" solar. Richard Noll afirmou que Jung tentara fundar um "culto solar".[3] As declarações do próprio Jung, contudo, deixam claro que sua aparente tendência à adoração ao Sol foi sempre simbólica, não literal, focada na ideia de individuação como processo psicológico que refletia um padrão significativo de desenvolvimento individual.

Com o passar do tempo, depois que começou a explorar o simbolismo da alquimia de modo mais profundo, Jung passou a rejeitar a ideia de que o Sol, em si, era o mais importante de todos os fatores psicológicos:

> Sabemos que o Sol é apenas um dos planetas na astrologia antiga, assim como na alquimia. Encontra-se em posição proeminente, sem dúvida, mas não dominante. Temos o Sol, a Lua e os demais planetas. E, justamente na alquimia, o Sol não é o ponto principal. Na verdade,

a *coniunctio soli et lunae* é o ponto principal. Além disso, Mercúrio é mais importante. Ou, em algumas formas mais antigas de alquimia, é Saturno.⁴

Mas nos primeiros estudos de Jung o Sol dominava o cenário. Por causa de seu envolvimento com a astrologia e sua receptividade à ênfase solar defendida por Alan Leo, existe uma óbvia relação entre as ideias neoplatônicas e mitraicas acerca do "Sol espiritual central" e a percepção junguiana do significado do Sol no horóscopo. Além disso, Jung nasceu sob o signo zodiacal de Leão, regido pelo Sol, e parecia convencido da relevância dos *sumbola* leoninos à essência de sua natureza. Portanto, não é nenhuma surpresa que temas que refletissem a astrologia e a mitologia relacionada ao Sol formassem a espinha dorsal do *Liber Novus*.

O contato inicial de Jung com o velho profeta Elias no Livro Um do *Liber Novus* acontece em um "lindo dia claro" e apresenta o simbolismo do Sol por meio da paisagem em que ocorre o encontro. Essa junção de uma figura *senex* saturnina com uma paisagem solar se dá depois no *Liber Novus* com o Anacoreta Ammonius, mas é no contato com Elias que surge pela primeira vez essa justaposição significativa. Jung e o profeta sobem ao topo de uma montanha alta, com "uma magnífica aura de luz solar ao redor". No pico há uma fortificação circular feita de blocos de pedra enormes. Elias fica de pé sobre uma "rocha grande" no centro da estrutura e explica a Jung:

Este é o templo do sol. Esse lugar é um recipiente que coleta a luz solar.⁵

A semelhança dessa imagem na paisagem com os antigos centros de culto solar, como Delfos e Stonehenge, é notável; a natureza circular do "templo do sol" de Elias é representada por esses dois grandes sítios arqueológicos, bem como por numerosos outros santuários dedicados ao deus-Sol,⁶ refletindo o aparente movimento circular do Sol pelo zodíaco (a eclíptica) no decorrer do ano. A forma do templo também lembra a referência de Jung à descrição de Plotino do movimento circular da alma "em volta de algo interior, ao redor de um centro", que Jung identificava como o *Self*.⁷

Igualmente relevante, o "templo do sol" de Elias retrata, em formato tridimensional, o antigo glifo do Sol, que desde os tempos bizantinos é representado em horóscopo por um ponto no centro de um círculo, tendo aparecido em moedas de Delfos datadas do século V a.C.[8] Alan Leo descreveu esse glifo solar em termos que refletem com clareza a interpretação de Jung:

> Como fator na simbologia astrológica, o círculo representa o Espírito em geral, abstrato e não individualizado [...]. Quando um ponto é colocado no centro do círculo, algo ganha existência a partir das profundezas do incompreensível Nada; a Luz começa a brilhar em meio às trevas [...]. Isso indica a manifestação de Deus [...]. Embora onipresente, a vida e o poder Dele se manifestam de maneira mais especial através do Sol, símbolo de grande luminar em termos astrológicos.[9]

Embora o próprio Elias não seja uma figura solar, ele revela segredos solares a Jung, e, no decorrer do contato com Salomé, filha do velho profeta, Jung é transformado no Leontocéfalo, deus com cabeça de leão dos mistérios mitraicos.[10] Mais adiante no Livro Um, não muito depois do contato com Elias, Jung encontra um Vagabundo, e, mais uma vez, o Sol é importante fator no cenário da paisagem: "O céu noturno e cinzento cobre o sol". O Vagabundo é "pobre e malvestido", e só tem um olho, pois o outro foi arrancado em uma luta.[11] No decorrer da interação de Jung com o Vagabundo, o Sol, provedor da vida, esconde-se; o luar inunda a sala na hospedaria à qual Jung o conduziu, e o Vagabundo morre tossindo sangue, que lhe jorra da boca. O Vagabundo está sem o Sol e, portanto, sem significado ou sentido de conexão com o *Self*. Na primeira "camada" do *Liber Novus*, Jung registrou os detalhes marcantes de sua visão:

> Ele [o Vagabundo] trabalhou, folgou, riu, bebeu, comeu, dormiu, cedeu um olho [...] vivenciou o mito humano, de certa forma [...] E então – morreu miseravelmente, como todos morrem.[12]

Na revisão desse episódio, Jung inseriu uma passagem que refletia sua compreensão cada vez maior da importância do senso de relevância individual e do destino para alguém conseguir se elevar acima da "infinitude do ser". A ausência do Sol na paisagem assumiu significado simbólico mais explícito.

> As alturas são sua montanha, que pertence somente a você. Lá, você é individual e vivencia sua existência [...] não leva a vida comum, que é sempre contínua e infinita, a vida da história e dos inalienáveis e onipresentes fardos, produtos da raça humana. Lá, você vivencia a infinitude do ser, mas não a do vir a ser.[13]

O uso que Jung faz da paisagem para ressaltar a importância simbólica do Sol continua de modo mais flagrante no diálogo com Ammonius, o Anacoreta, que ele encontra logo depois da experiência com o Vagabundo. Antes de conhecer Ammonius, Jung descreve seu anseio pelo Sol, por "ar seco e leve", e pela transição psíquica "do ser para o vir a ser": o único remédio para a falta de sentido e tristeza perante a inexorabilidade da morte.[14] A descrição de Ptolomeu da potência do Sol astrológico reflete as categorias elementais de Aristóteles: o poder do Sol é visto no calor e na aridez.

> O poder ativo da natureza essencial do sol é o de aquecer e, até certo ponto, secar. Tal qualidade se percebe com mais facilidade no caso do sol, em comparação com qualquer outro corpo celeste, pelo tamanho e pela evidência de suas mudanças sazonais, pois, quanto mais se aproxima do zênite, mais nos afeta dessa maneira.[15]

Em uma paisagem solar extrema, repleta de "rochas vermelhas incandescentes", Jung encontra o Anacoreta, figura que sai para caminhar todos os dias ao alvorecer e perto do pôr do sol. Ammonius é uma figura saturnina profundamente introvertida, habitante de um mundo solar:[16]

> A vida do solitário seria fria não fosse o imenso sol, que faz o ar e as rochas brilharem. O sol e seu eterno esplendor substituem para o solitário o calor de sua vida. Seu coração anseia pelo sol. Ele caminha para

as terras do sol [...]. No deserto, o solitário se livra das preocupações e, assim, dedica a vida inteira ao jardim nascente de sua alma, que só pode florescer sob um sol caloroso.[17]

É logo depois do primeiro confronto com Ammonius que Jung sonha com Hélios nascendo no céu a leste, conduzindo sua carruagem puxada por quatro cavalos brancos com asas douradas. Jung, então, faz uma invocação – a primeira de muitas no *Liber Novus* – a essa divindade solar, que é também o *Self* individual:

Dá-nos tua luz, tu que és envolto em chamas, entrelaçado, crucificado e revivido; dá-nos tua luz, tua luz![18]

O gigante Izdubar

A primeira figura no *Liber Novus* à qual Jung dedicou uma pintura de página inteira é o gigante Izdubar, com quem tem contato no Livro Dois (ver Gravura 2). Embora o gigante tenha conotações astrológicas e míticas, Izdubar é também uma figura profundamente pessoal no desfile de imagens interiores do *Liber Novus*. O Sol e a mitologia solar proporcionaram a espinha dorsal para o entendimento junguiano tanto da divindade quanto da ideia psicológica do *Self*, mas os diálogos com Izdubar também dramatizam, com grande clareza, o severo conflito interno entre ciência racional e visão intuitiva – o "Espírito do Tempo" e o "Espírito das Profundezas" – que contribuiu para o colapso psicológico de Jung. O contato com Izdubar, que se estende por muitas páginas e abrange algumas das imagens mais belas e dramáticas do *Liber Novus*, além de certos encantamentos mais flagrantemente mágicos, descreve o que Jung teria vivenciado como antipatia incorrigível entre suas faculdades imaginativas e racionais e as visões de mundo aparentemente conflitantes que essas faculdades refletiam. O conflito de Jung era sentido e vivenciado com intensidade tanto somática quanto psicologicamente. Embora a tensão possa ser encarada apenas no contexto de sua formação e da cultura em que vivia e trabalhava, esse conflito é tão vivo hoje, em nível coletivo, quanto o era nas primeiras décadas do século XX e explica, em grande parte, por que o compromisso de Jung com a astrologia foi ignorado em tantos programas de estudo analítico e biografias sobre sua vida e obra. Os diálogos de Jung com Izdubar revelam, de modo bem marcante, um dilema drástico e doloroso de um homem que era, ao mesmo tempo, visionário em comunhão com reinos imaginários e pensador empírico determinado a ser aceito na comunidade científica de sua época e nas estruturas sociais e religiosas do ambiente suíço-alemão do fim do século XIX, no qual foi criado.

O nome "Izdubar" se baseia na equivocada tradução publicada em 1872 do ideograma cuneiforme para Gilgamesh,[19] quando a decifração de textos cuneiformes ainda estava na infância.[20] Em 1906, o equívoco foi reconhecido na literatura acadêmica,[21] e Jung, ciente disso, usou a forma correta ao descrever o antigo herói babilônico em *Wandlungen und Symbole der Libido* (*Símbolos da Transformação*), em 1912.[22] Ele escolheu, porém, o nome mais antigo, aparentemente "errado", para sua figura imaginária pintada em 1915. Sonu Shamdasani sugere que o uso feito por Jung da forma anterior do nome "era um modo de indicar que sua figura, apesar de relacionada ao épico babilônico, era uma criação livre".[23] O gigante Izdubar de Jung exibe muitos dos atributos do herói babilônico, conforme apresentado na *Epopeia de Gilgamesh*, em particular a busca persistente de Gilgamesh pela imortalidade.[24] Segundo Jung, Gilgamesh é um "herói-sol",[25] tal como Izdubar. O gigante tem chifres de touro na cabeça, e Jung se refere a ele como "Izdubar, o poderoso, o homem-touro".[26] Gilgamesh, por sua vez, é descrito na Tábua I da *Epopeia* como "touro selvagem e feroz no rebanho de Uruk [...] regendo-o como um touro selvagem".[27] Na *Epopeia*, Gilgamesh sacrifica o Touro do Céu, enviado contra ele pela inimiga mortal, a deusa Ishtar; no *Liber Novus*, Izdubar carrega "um machado duplo reluzente na mão, como os usados para matar touros".[28]

Shamdasani ressalta que a pintura de Izdubar feita por Jung assemelha-se ao desenho feito por Roscher do herói babilônico (que Roscher chamava de Izdubar-Nimrod) no *Ausfürliches Lexikon der Griechischen und Römischen Mythologie,* de Wilhelm Heinrich Roscher (Leiden: Teubner, 1884).[29]

FIGURA 2.1. À esquerda, desenho de Izdubar-Gilgamesh feito por Roscher. À direita, versão assíria de Gilgamesh do século VIII a.C.[30]

A ilustração de Roscher, baseada em um relevo assírio do palácio do rei Sargon II em Khorsabad, apresenta o herói carregando uma serpente na mão direita, associada pelos babilônios à constelação da Serpente, sagrada para o Senhor do Submundo.[31] Na mão esquerda, Gilgamesh segura um leãozinho de aspecto manso, que os babilônios associavam à constelação zodiacal chamada O Grande Leão.[32] A serpente e o leão aparecem juntos nove séculos depois como uma *unio oppositorum*, na iconografia do deus mitraico com cabeça de leão Aion – no ritual de iniciação descrito em *O Asno de Ouro* (citado com frequência por Jung),[33] de Apuleio – e na visão de Jung da própria crucificação simbólica no *Liber Novus*.³⁴ Na *Epopeia de Gilgamesh*, o herói babilônico procura desvendar o segredo da imortalidade em Dilmum, terra abençoada pelos deuses; esse segredo surge na forma de uma flor da planta da eterna juventude, que Gilgamesh acaba descobrindo e arranca do leito marinho após várias aventuras perigosas. Assim como Izdubar, Gilgamesh anseia pela luz do Sol:

> Agora meus olhos se voltam para o sol e me inundo de luz.
> A escuridão se esconde, quanta luz há?
> Quando um homem morto pode ver os raios do sol?³⁵

Também como o gigante de Jung, Gilgamesh é aconselhado a abandonar sua busca e a aceitar a mortalidade; no caso do herói babilônico, esse conselho é dado pelo próprio deus-Sol.

> Ó Gilgamesh, para onde vais?
> Não podes encontrar a vida que procuras.³⁶

Gilgamesh e Izdubar compartilham da mesma sede pela imortalidade solar. Roscher, ao descrever Gilgamesh (ainda chamado de Izdubar na época em que foi escrito o *Detailed Lexicon of Greec and Roman Mythology*), observou: "Como Deus, Izdubar [Gilgamesh] é associado ao deus-Sol".³⁷ Há, porém, diferenças vitais entre o herói babilônico e o gigante de Jung. Enquanto a fonte de vida eterna para Gilgamesh é a flor da imortalidade escondida no fundo do mar, para Izdubar é o próprio Sol que se põe a oeste. E, enquanto a busca de Gilgamesh é, no final, frustrada pela deusa Inanna, Izdubar, no *Liber Novus*, é obstaculizado, a princípio, pelo "Eu" de Jung, mas acaba alcançando a apoteose por meio de um renascimento que Jung retratou em uma série de pinturas extraordinárias.³⁸ Izdubar procura a terra ocidental "para onde o Sol vai a fim de renascer". Mas o "Eu" de Jung, ainda servindo ao científico "Espírito do Tempo", apesar dos contatos transformativos anteriores com o Vermelho, Elias, Salomé e o Anacoreta, debocha do gigante, lembrando a ele de que, na condição de mortal, nunca poderá chegar ao Sol, o qual, afinal de contas, é apenas uma estrela circulando no espaço vazio, orbitado pela Terra e por outros planetas. De acordo com esse Jung exageradamente racional e científico, não existe "terra ocidental".[39]

A ideia de que a imortalidade pode ser encontrada no Ocidente, onde o Sol desaparece ao anoitecer, é frequente na mitologia.[40] A "terra ocidental" que Izdubar procura é o local "onde o sol e o mar maternal se unem em um abraço para sempre rejuvenescedor".[41] A descrição de Jung do Sol poente em *Psicologia do Inconsciente* é tão poética quanto psicológica:

> Assim como o sol, guiado por leis internas próprias, sobe desde a manhã até o meio-dia, e, depois, do meio-dia desce até o crepúsculo, deixando para trás seu esplendor, para, em seguida, mergulhar por completo na noite escura, também a humanidade segue seu curso de acordo com leis imutáveis, e também mergulha, depois do percurso, na noite, a fim de renascer de manhã em um novo ciclo, em seus filhos.[42]

No horóscopo natal de Jung, o Sol está posicionado no próprio signo zodiacal, Leão, localizado precisamente no horizonte ocidental, pois Jung nasceu no momento exato do pôr do sol. Compreendendo o simbolismo astrológico como a reprodução em imagem das qualidades do tempo, essa posição do horóscopo de nascimento devia ter imensa importância simbólica para ele, algo como um mito de sua jornada pessoal, uma vez que o Sol, segundo as descrições de Alan Leo, é o "receptáculo" para a centelha divina em cada vida e reflete, pela posição por signo zodiacal e relação com os quatro pontos cardeais, as qualidades espirituais interiores e o destino do indivíduo. O gigante Izdubar, na busca pela imortalidade através do Sol poente, é forjado no molde dos heróis solares arquetípicos como Gilgamesh; mas ele é também o espírito solar à procura do próprio Jung, retratado antes no contato com Elias e o "templo do sol". O fato de Jung conhecer a relação astrológica tradicional entre o Sol e o signo de Leão é declarado de maneira explícita em *Psicologia do Inconsciente*. Na obra, ele observa que Leão é "o signo zodiacal com o maior calor do sol,[43] e descreve tanto atributos destrutivos quanto benéficos desse símbolo solar ambivalente:

> A representação zodiacal do calor de agosto, no hemisfério norte, é o leão devorador do rebanho que o herói judeu Sansão matou para livrar a terra ressequida da peste.[44]

O fascínio de Jung pela mitologia solar na época em que visualizou Izdubar e seu conhecimento do Sol mítico como símbolo de força vital ou da libido são demonstrados com clareza em *Psicologia do Inconsciente*. Mas o Sol físico e o Sol noético não eram idênticos na filosofia religiosa da Antiguidade Tardia, tampouco o eram para Jung. Os planetas, segundo ele, não são uma pluralidade de poderes independentes, mas, sim, "símbolos da libido" e "representações do sol".[45] Isso reflete a visão neoplatônica do Sol físico como o grande regente dos céus orquestrando os movimentos dos planetas, enquanto o Sol noético rege o reino dos *daimons* planetários no âmbito da alma. Essa percepção também é descrita no tratado de Mead, *Oráculos Caldeus*, que, assim como a *Liturgia de Mithra*, Jung lia naquela época:[46]

> Proclo, contudo, nos diz que o Sol real, distinto do disco visível, era transmundano ou supercósmico [...] pertencia ao Mundo de Luz propriamente dito, o cosmos monádico, e jorrava suas "fontes de Luz" [...]. A "totalidade" do Sol [...] devia ser procurada no âmbito transmundano; "pois lá", segundo ele [Proclo], "se encontra o *Cosmos Solar* e a *Luz Total*, como anunciam os Oráculos dos Caldeus, creio".[47]

Associando essa ideia à divindade solar da *Liturgia de Mithra*, Jung observou: "Mithra parece ser o espírito divino, enquanto Hélios é o deus material [...] o tenente visível da divindade".[48] Era essa a visão que Alan Leo aplicava ao Sol no horóscopo, ao declarar que este "simboliza a vida ou consciência cósmica" e "encontra-se além e acima do aspecto material da manifestação".[49] Além disso, segundo Leo, no decorrer das muitas encarnações, a influência solar fica cada vez mais forte à medida que o indivíduo se torna mais "individualizado e autoconsciente":

> As posições, os aspectos e a influência do Sol agora dominarão seu horóscopo, e ele não será mais classificado como um homem comum, mas, sim, como um indivíduo em progressão.[50]

Em 1911, Jung já havia escrito a Freud que os signos do zodíaco eram imagens do ciclo da libido. O sistema solar inteiro passou a parecer, para Jung, uma extensão da luz central e da potência do "símbolo-libido" do Sol; o zodíaco é, afinal, um retrato imaginário da eclíptica, o caminho aparente do Sol ao redor da Terra, e os planetas em movimento pelos doze signos só podem expressar seus significados nesse círculo solar como "representações do sol". Jung parece ter combinado percepções neoplatônicas mais antigas do Sol espiritual noético com a noção de Alan Leo do Sol astrológico como símbolo do que chamava "Individualidade" – a "centelha divina" dentro do indivíduo –; uma ideia que, corroborada por Blavatsky, tinha como base conceitos neoplatônicos. Izdubar é um herói solar arquetípico que reflete as "leis imutáveis" da jornada humana desde o nascimento até a morte e dela ao renascimento. Mas tem relevância totalmente específica com o horóscopo natal de Jung, revelando, em forma de imagem, a noção junguiana do que é uma pessoa nascida com Sol em Leão se pondo a oeste.

Sunthemata de Izdubar

Na pintura de Izdubar, Jung reproduziu um dos traços mais importantes de seu horóscopo natal. Um olhar mais apurado sobre a imagem do gigante revela uma multiplicidade de salamandras com asas douradas em torno da figura de Izdubar; duas dessas criaturas aladas, listradas e com quatro pernas, coroam os chifres de Izdubar e criam uma espécie de cocar. Juntas, formam imagens repetidas do glifo astrológico de Leão, cuja continuidade se reflete em horóscopos desde o século VI até hoje.[51]

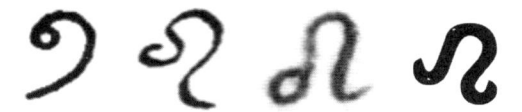

FIGURA 2.2. Glifos do signo zodiacal de Leão. Da esquerda para a direita: glifo de um horóscopo de 28 de outubro de 497 d.C., durante o reinado do imperador Diocleciano; glifo desenhado à mão por Alan Leo; glifo desenhado à mão por Jung; glifo gerado pelo programa astrológico de computador do Time Cycles Research Io em 2013.[52]

Como Jung já estudava com intensidade a astrologia há pelo menos quatro anos antes de produzir sua pintura de Izdubar, é improvável que essa repetida aparição de um símbolo astrológico específico seja acidental. Afinal de contas, Jung teve ampla oportunidade de desenhar, assim como de estudar, o glifo de Leão. Esse signo zodiacal é descrito por autores da área da astrologia, desde Vettius Valens até muitos outros, como pertencente ao trígono de Fogo. Segundo Paracelso, a salamandra é um dos símbolos principais do elemento Fogo; é um "elemental", o espírito que anima, ou *daimon* do elemento.[53] Alquimistas tardios faziam distinção entre esse espírito elemental natural e a potência espiritual mais interiorizada relacionada à transformação e à imortalidade, do mesmo modo que o Sol físico para os neoplatônicos era símbolo do Sol noético do reino divino, mas não idêntico a ele. A "Salamandra dos Filósofos", segundo o alquimista do século XVII, não é o "verme rastejante" comum da natureza, nem mesmo um espírito elemental "natural", conforme descrito por Paracelso, mas, sim, "nascido do Fogo" e "se regozija no Fogo". A salamandra reproduzida na gravura que acompanha o texto de Maier tem o objetivo claro de representar essa salamandra celestial, espiritual: tem estrelas ao longo da espinha.

Embora a "Salamandra dos Filósofos" de Maier, ao contrário da de Jung, não tenha asas, a imagem do dragão alado costumava ser usada com o mesmo fim em textos alquímicos – símbolo ígneo da unidade espiritual da vida oculta na *prima materia* ou substância primordial.[55] Esses dragões têm asas com membranas, como as que Jung pintou nas salamandras de Izdubar. Para

FIGURA 2.3. Izdubar com glifos de Leão destacados em preto. O estilo do glifo assemelha-se muito ao desenho de Alan Leo.

Maier, o dragão-salamandra era um emblema do cerne espiritual secreto da matéria e do ser humano, idêntico ao ouro alquímico ou à Pedra Filosofal: "Assim como a Salamandra, a Pedra também vive no fogo".[56]

No *Liber Novus*, após o contato final com Ammonius e o Vermelho, Jung escreveu sobre o camaleão, cujo nome grego, $XAMAI\Lambda E\Omega N$, significa "leão rastejante", que ele descreve como "lagarto reluzente rastejante, mas não exatamente um leão, cuja natureza se relaciona ao sol". Para Jung, o camaleão com aspecto de salamandra simboliza o espírito solar preso ao ciclo das repetidas encarnações:

> Depois de todos os renascimentos, você ainda é o leão que rasteja sobre a terra [...]. Reconheci o camaleão e não quero mais rastejar na terra, nem mudar de cor, nem renascer; em vez disso, quero existir por minha própria força, como o sol, que fornece, e não suga, a luz.[57]

Jung se identifica com o camaleão declarando que se recorda de sua "natureza solar" e "gostaria de me apressar para a minha evolução". Ele

EMBLEMA XXIX. *De secretis Naturæ.*
Ut Salamandra vivit igne sic lapis:

EPIGRAMMA XXIX.

Degit in ardenti Salamandra potentior igne,
 Nec Vulcane tuas æstimat illa minas:
Sic quoque non flammarum incendia sæva recusat,
Qui fuit assiduo natus in igne Lapis.
Illa rigens æstus extinguit, liberáque exit,
At calet hic, similis quem calor inde juvat.

Q 3   I

FIGURA 2.4. "Salamandra dos Filósofos", de Michael Maier.[54]

corre rumo ao leste para vivenciar esse nascer do Sol e vê o gigante Izdubar apressando-se em sentido contrário, a o oeste, em busca da imortalidade. As salamandras presas na pintura também são camaleões e, como Izdubar, espíritos solares aprisionados à vida mortal.

Essas criaturas, moldadas na forma do glifo astrológico de Leão, sugerem que Izdubar seria um espírito elemental do Fogo, um *daimon* que personifica em forma mítica o que Jung compreenderia como o cerne desse signo zodiacal regido pelo Sol: o conhecimento intuitivo e o anseio por uma experiência direta da imortalidade celestial. Alan Leo declarou que o signo zodiacal de Leão, sob o ponto de vista esotérico, representa "o homem aperfeiçoado, o Cristo, o Buda, assumindo-se como o filho do *Self* Cósmico".[58] Segundo Alan Leo, o indivíduo nascido sob o signo de Leão pode, enfim, ser movido por uma necessidade maior que a dos outros de ter a experiência da – ou, conforme entendia Platão, de recordar-se da – "Única Vida que permeia todas as coisas" como tema central de sua jornada de vida. Jung reaproveitou essa ideia em contexto psicológico:

> O sol é adaptado, como nenhuma outra coisa, para representar o Deus visível deste mundo [...]. Nossa fonte de energia e vida é o Sol. Portanto, nossa substância vital, como processo energético, é inteiramente Sol.[59]

Na época em que trabalhava no *Liber Novus*, Jung parece ter se baseado mais em mitologia que em alquimia para inferir sobre dragões, serpentes, salamandras, crocodilos e outros símbolos similares. Mas as criaturas nas pinturas – cujas listras, assim como as imagens junguianas do deus órfico Fanes, encontradas mais adiante no *Liber Novus*, sugerem convergência de opostos[60] – também implicam que, assim como a *prima materia* na obra alquímica, o gigante deve se submeter a uma transformação antes que sua essência solar divina seja revelada. Os crocodilos à esquerda e à direita de Izdubar, na parte inferior da pintura, dão continuidade a esse tema. Jung descrevia o crocodilo como "imagem-mãe" arquetípica que pode, igualmente, surgir como "outras criaturas sáurias com aspecto de salamandra";[61] o crocodilo, porém, também pode significar a criança divina solar se a imagem for proveniente de "patamares anteriores, não cristãos".[62] Jung explicou, ainda, que numerosas divindades egípcias com aspecto dos mais variados animais eram associadas ao deus-Sol Rá:

> O próprio deus da água Sobk, que aparecia como crocodilo, era identificado como Rá.[63]

A centelha divina

Alan Leo chamava o Sol de "fonte positiva e primordial de toda a existência".[64]

> Só há uma vida, e é a vida do Logos [...]. Os espíritos e corpos planetários têm formas especializadas desta ÚNICA vida, e a humanidade, por sua vez, mantém essa vida em forma isolada enquanto se locomove nesse grande todo [...]. Todos somos potencialmente filhos de Deus, centelhas da grande chama.[65]

O Sol também se reflete em qualidades cristãs:

> O Sol [...] é o corpo de Deus, o Logos deste sistema solar, por meio do qual Ele dá Seu Amor, Luz e Vida [...]. O Sol, ao dar vida, luz e calor ao mundo, coloca-se, em cada nascimento, como símbolo de vitalidade e atividade, mente e intelecto, amor e sentimento.[66]

A relação entre Sol, amor e "Cristo interior" combinava com a firme aliança, embora não convencional, de Jung com Cristo como símbolo do *Self*.[67] Em 1943, Jung comentou que "a luz do Sol se torna a luz do logos de João, que brilha na escuridão e, sem dúvida, significa iluminação espiritual [...]. É a luz do *gnosis theou*"*.[68] A ideia de o espírito humano ser uma "centelha da grande chama" destaca-se em numerosos textos gnósticos e aparece no Livro Um do *Liber Novus*, quando a voz do Espírito das Profundezas invoca o deus ambíguo da Nova Era, que é "odioso-belo", "mau-bom", "risível-sério", "doente-saudável", "inumano-humano", "profano-divino".

> Tu, nova centelha de um fogo eterno, em que noite nasceste?...
> A constelação de teu nascimento é uma estrela nefanda e mutável.[69]

---

* Conhecimento de Deus ou conhecimento da realidade de Deus. (N. do P.)

A frase aparece de novo quando Jung ordena à Serpente: "Ah, espírito santo, concede-me uma centelha de tua luz eterna!".[70] E, por fim, Filêmon, em "Escrutínios" (terceira seção do *Liber Novus*), anuncia a Jung: "Eu mesmo sou do fogo eterno da luz".[71]

O texto original de "Escrutínios" foi escrito, com publicação particular, em 1916 como *Septem Sermones ad Mortuos* [Sete Sermões aos Mortos], apresentado como tratado pseudepigráfico supostamente escrito pelo professor gnóstico do século II, Basilides. Revisado em 1917 e sob o novo título de "Escrutínios", o professor é o *daimon* pessoal de Jung, Filêmon, este sendo "do fogo eterno da luz". A percepção do Sol como "luz eterna", e de humanos e deuses como "centelhas" desse fogo divino, une, de modo direto, essas referências à declaração de Jung:

> Assim como a terra verdejante e o corpo em vida necessitam do sol, também nós, como espíritos, precisamos de sua luz e calor. Um espírito sem sol torna-se o parasita do corpo, mas Deus alimenta o espírito.[72]

Jung se refere ao Izdubar recém-renascido como "o sol, a luz eterna".[73]

A alma humana como "centelha" da luz solar eterna se faz bastante presente em numerosos textos cabalísticos do fim do século XVI,[74] publicados em uma tradução em latim por Christian Knorr von Rosenroth no fim do século XVII, em uma obra chamada *Kabbala denudata*.[75] Jung conhecia essa obra e a citou com frequência em volumes posteriores das *Obras Completas*.[76] No Sermão VII de *Septem Sermones ad Mortuos*, ele se referiu a uma "estrela solitária":

> A uma distância imensurável cintila uma estrela solitária no ponto mais alto do firmamento [...]. Essa estrela é o Deus e a meta do homem. É seu guia divino; nela, o homem encontra repouso. A ela se estende a longa jornada da alma depois da morte; nela brilham todas as coisas que, sem ela, talvez mantivessem o homem afastado do mundo mais grandioso com o fulgor de uma grande luz. A essa Estrela, o homem deve rezar [...]. Tal prece constrói uma ponte sobre a morte.[77]

No Sermão II, declara-se a identidade dessa "estrela solitária" de maneira explícita: o deus-Sol, Hélios.[78] As referências de Jung à centelha divina dentro do indivíduo – um microcosmo do "Sol espiritual central" – sugerem que, como paradigma psicológico, ela contribuiu bastante para sua ideia de individuação. Alan Leo via o Sol astrológico como "o veículo por meio do qual o Logos Solar se manifesta",[79] e todos os outros significadores astrológicos em um mapa astral devem seu desenvolvimento e sua teleologia, no fim das contas, ao Sol, como foco do horóscopo natal. A ideia de que o Sol infunde significado aos demais planetas é muito presente na literatura neoplatônica e hermética; as teurgias de Jâmblico e Proclo, assim como a teurgia da *Liturgia de Mithra*, concentravam-se no Sol.[80] O tratado hermético conhecido como *As Definições de Asclépio para o Rei Amon*, que aparece traduzido no *Hermes Trismegisto* de Mead, descreve o papel central do Sol como condutor da "hoste cósmica" dos *daimons* planetários:

> Ele [o Sol] conduz com segurança a hoste cósmica e a mantém Consigo para que se desviem em grande desordem [...]. E sob Ele se dispõe um coro de *daimons* [...] são os ministros de cada uma das Estrelas [...]. A parte racional da alma é posta acima da liderança dos *daimons* – designada para ser um receptáculo de Deus. Sobre aqueles que têm em sua pessoa, em sua parte racional, um Raio que brilha através do Sol [...] os *daimons* não atuam; pois nenhum dos *daimons* ou Deuses têm nenhum poder contra o Raio de Deus.[81]

De acordo com esse tratado, a consciência da luz solar liberta a alma do *Heimarmene* planetário. Jung, absorvendo essa ideia em uma estrutura psicológica, parece ter adicionado o conceito hermético à perspectiva astrológica de Leo e compreendido o Sol no horóscopo como o veículo através do qual o horóscopo inteiro, como recipiente do *Self*, se expressa em uma existência individual. É esse tema que sustenta a transformação de Izdubar de mortal ferido em busca de algo em divindade solar imortal.

A transformação de Izdubar

Mitos solares, segundo a compreensão de Jung, são arquetípicos e universais. Mas, sob essa perspectiva astrológica, refletem-se no indivíduo de maneira única, de acordo com o local em que o Sol astrológico se posicionava no instante do nascimento, pois esse instante contém as qualidades expressivas do Sol na relação específica com outros planetas e signos zodiacais. Essa relação de macrocosmo com microcosmo – o grande contido no pequeno – foi plenamente articulada no diagrama cosmológico de Jung, *Systema Munditotius*, que será mais bem discutido no Capítulo 7. A ideia, com as suplementares *sumpatheia*, pode ser encontrada nas cosmologias neoplatônicas, herméticas e gnósticas, bem como na literatura de alquimia e Cabala do período medieval. É também o tema dominante na abordagem astrológica de Alan Leo. Seus diversos comentários a respeito do Sol no horóscopo descrevem uma essência transpessoal ou uma "Individualidade" que não representa o *daimon* pessoal ou o "Mestre da Casa", mas, sim, a natureza essencial do indivíduo encarnado, convocado pelo *daimon* para cumprir um destino específico.

Alan Leo tinha muito a dizer sobre o Sol como processo dinâmico. Segundo ele, um indivíduo não nasce com o Sol brilhando na plenitude; facilitar sua expressão na vida de maneira significativa é algo que requer esforço, consciência e sofrimento. Para Leo, o indivíduo inconsciente ou "não evoluído" expressa o Sol de maneira instintiva. O poder do Sol se manifesta, a princípio, através de Marte, na forma de "forças cegas" que precisam ser transmutadas.[82] Isso tem ressonância na ideia de Jung de que Marte é o "princípio da individuação": é a forma instintiva, inconsciente, do Sol ao nascer. Quando Jung entra em contato com Izdubar pela primeira vez, o gigante é uma força instintiva bruta, "elementarmente poderosa", mas afligida pela "cegueira e falta de conhecimento". Ele é "uma criança primordial crescida que necessitava de Logos humano".[83] Jung o fere e quase o destrói com o "veneno da ciência",[84] mas a compaixão e o conhecimento crescente da verdadeira natureza de Izdubar exigem que o gigante seja salvo e curado:

> Divindade e humanidade devem permanecer preservadas se o homem quiser ficar diante de seu Deus, e o Deus, diante do homem. A chama ardente é o caminho do meio, cujo percurso luminoso vai do humano até o divino.[85]

Tanto o Vermelho quanto Ammonius, respectivamente figuras marcial e saturnina, fogem pouco antes da transformação do gigante, como se a revelação tivesse superado e absorvido todos os outros processos planetários. As experiências de Jung com Izdubar enfatizam a importância e a necessidade atribuídas por ele à apoteose do gigante, a qual ele parecia entender como o único meio de curar a cisão intolerável da própria natureza: a "chama ardente" do Sol é o "caminho do meio" que pode conectar humano e divino, permitindo que a ciência e a visão intuitiva coabitem um mundo em que ambas são valorizadas como expressões do *Self* central. O conflito entre a verdade da ciência e a verdade da imaginação constitui o motivo dominante dos diálogos de Jung com o gigante. O "Eu" junguiano enfim admite a Izdubar que a "sabedoria dos astrólogos [...] é aquela que nos vem das coisas interiores".[86]

Quando Jung e o gigante chegam à pequena casa isolada onde poderá ocorrer a cura, Jung permite o encolhimento de Izdubar, e o gigante se encapsula em um ovo. Ele surge depois transformado no próprio Sol (ver Gravura 3). Jung facilita a apoteose do gigante por meio de uma série de "encantamentos" rituais que qualquer praticante de magia cerimonial, desde a Antiguidade até o presente, logo reconheceria como rito de adjuração.[87] Antes de terem início os encantamentos, Jung declara:

> Não fales nem mostres Deus, mas fica sentado em local solitário e entoa encantamentos à moda antiga:
> Coloca o ovo à tua frente, Deus em sua origem.
> E contempla-o,
> Incuba-o com o calor mágico de teu olhar.[88]

O rito funciona: "Chegou o Natal".[89] Surpreso com os resultados, Jung declara, estupefato: "Ah, Izdubar! Ser divino! Que maravilha! Estás curado!".

O gigante replica: "Curado? Eu estava doente? Quem falou em doença? Eu era sol, pleno sol. Eu sou o sol".⁹⁰

O tema mítico do deus solar que surge do ovo cósmico pode ser encontrado tanto na cosmologia órfica quanto na mitraica, nas quais Jung se aprofundava naquela época.⁹¹ Fanes, divindade primal órfica, saiu de um ovo repleto de fogo; também Mithra surgiu de um ovo, cercado, assim como Fanes, pelo círculo do zodíaco.⁹² Se considerarmos o modo como Jung compreendia a astrologia, a transformação de Izdubar parece refletir a ideia de que o Sol microcósmico no horóscopo natal – no caso de Jung, em Leão, que se põe a oeste – indica a "imagem de Deus" individual: símbolo do *Self* que revela seu significado como "o maior de todos os valores" com o passar do tempo, exibindo diferentes facetas, de acordo com as mudanças na consciência individual. A natureza de Izdubar é ígnea e visionária e não combina com o "veneno" racional do intelecto junguiano. Um processo complexo deve ocorrer, por meio do qual a essência do gigante poderá ser reconhecida, valorizada e, por fim, aceita como imagem da divindade:

> O Deus renovado indica atitude renovada, isto é, possibilidade renovada para uma vida intensa, recuperação da vida, porque, psicologicamente, Deus sempre denota o maior dos valores; portanto, a maior soma da libido, a maior intensidade da vida, o ideal da atividade da vida psicológica.⁹³

A descoberta de Jung sobre Izdubar não ser apenas "real", mas também receptáculo para a força vital universal, sugere que ele considerava o Sol astrológico sob o mesmo prisma de Alan Leo: a personificação individual da "centelha divina" que constitui o centro transpessoal da personalidade. A percepção dessa centelha, segundo Jung e Leo, não é automática, e pode ser suprimida ou permanecer inconsciente por conta da excessiva racionalidade e da identificação com a visão de mundo do "espírito da época", que tem o poder de destruir até mesmo deuses imortais. Para Jung, esse espírito era o "veneno" que hoje chamamos de "cientificismo": a crença de que só a ciência pode revelar as verdades acerca da natureza da realidade.⁹⁴

Jung parecia compreender o impacto do "Raio de Deus" solar hermético, descrito por Mead como algo que reluz sobre a "parte racional" da alma humana, como a experiência direta do *Self* por parte do ego consciente.[95] Se tal experiência pudesse ser alcançada, possibilitaria, segundo Jung, a transformação da personalidade, libertando o indivíduo de boa parte do sofrimento do *Heimarmene*: as compulsões da libido inconsciente. O símbolo astrológico para esse processo, na visão de Jung, está no Sol do horóscopo natal. A "consciência máxima" proporcionada por essa experiência, embora breve, é semelhante à vivência da "divinização" temporária descrita na *Liturgia de Mithra*, segundo a qual a alma do iniciado vivencia, com rapidez, uma união com Hélios-Mithra.[96] Embora o momento extático seja transitório, o indivíduo sofre mudança permanente com a experiência. Mead compara a ideia hermética do Sol com o Fanes órfico, cujo ovo primordial simboliza "os dois hemisférios, acima e abaixo".[97] A apoteose de Izdubar como divindade solar, invocada em ritual para sair do ovo cósmico, associa-o fortemente à divindade primordial órfica que surge mais adiante no *Liber Novus* como "aquele que traz o Sol": a imagem-deus da Nova Era astrológica. Izdubar também é absorvido em outra figura, a *coniunctio oppositorum* de Saturno e do Sol, chamada por Jung de Filêmon, o qual lhe disse em uma visão tida em 1917: "Meu nome era Izdubar".[98]

Notas

1. G. R. S. Mead (trad.), *A Mithraic Ritual*, VIII:1-2-XI:1, em G. R. S. Mead, *Echoes from the Gnosis*, vol. VI (Londres: Theosophical Publishing Society, 1907), pp. 221-22.
2. Jung, CW5, pars. 296-97.
3. Ver Richard Noll, *The Jung Cult* (Princeton, NJ: Princeton University Press, 1994).
4. Jung, *The Solar Myths and Opicinus de Canistris*, pp. 78-9.
5. Jung, *Liber Novus*, p. 251.
6. Para a circularidade arquitetônica associada à deidade solar em culturas antigas, ver Brian Hobley, *The Circle of God* (Oxford: Archaeopress, 2015); Fritz

Graf, *Apollo* (Londres: Routledge, 2009). Quanto a Stonehenge como "templo solar", ver John D. North, *Stonehenge* (Nova York: Simon and Schuster, 1996), pp. 221-27 e 393-408.

7. Jung, CW9ii, par. 342, citando Plotino, Enéada VI, em Stephen Mackenna (trad.), Plotino: *The Enneads*, 6 volumes (Londres: Medici Society, 1917-1930).
8. Ver Otto Neugebauer e H. B. van Hoesen, *Greek Horoscopes* (Filadélfia, PA: American Philosophical Society, 1987), p. 163. Para as moedas, ver *British Museum Catalogue of Greek Coins, Central Greece* (1963), gravura 14, n. 4, 24 e 33.
9. Alan Leo, *Esoteric Astrology* (Londres: Modern Astrology Office, 1910), p. 2.
10. Para mais informações sobre Elias, ver capítulo 4. Para saber mais sobre Salomé, ver capítulo 3. Sobre Leontocéfalo, ver Greene, *Jung's Studies in Astrology*, capítulo 6. [*Jung, o Astrólogo – Um Estudo Histórico sobre os Escritos de Astrologia na Obra de Carl G. Jung*. São Paulo: Pensamento, 2023.]
11. Jung, *Liber Novus*, p. 265.
12. Jung, *Liber Novus*, p. 266.
13. Jung, *Liber Novus*, p. 266. A distinção entre as duas "camadas" nessa passagem foi feita por Sonu Shamdasani em uma correspondência pessoal.
14. Jung, *Liber Novus*, p. 267.
15. Ptolomeu, *Tetrabiblos*, I.4. Ver Jung, CW8, par. 869; Jung, CW9ii, pars. 128, 149; Jung, CW14, par. 576.
16. Para mais informações sobre as qualidades saturninas de Ammonius, ver capítulo 4.
17. Jung, *Liber Novus*, p. 269.
18. Jung, *Liber Novus*, p. 270.
19. Ver George Smith, "The Chaldean Account of the Deluge", *Transactions of the Society of Biblical Archaeology* 1-2 (1872), pp. 213-34. Depois, o erro foi perpetuado na tradução da epopeia feita por Leonidas le Cenci Hamilton, *Ishtar and Izdubar* (Londres: W. H. Allen, 1884), e na de Alfred Jeremias, *Izdubar-nimrod* (Leipzig: B. G. Teubner, 1891). A descoberta de uma tábua lexicográfica por T. G. Pinches em 1890 possibilitou, enfim, que a tradução literal dos ideogramas – *iz* (ou *gish*), *du* e *bar* – correspondesse foneticamente a "Gilgamesh". Ver Morris Jastrow, *The Religion of Babylonia and Assyria* (Boston, MA: Athenaeum Press, 1898), p. 468.
20. Sobre obras recentes a respeito da história da decifração cuneiforme, ver C. B. F. Walker, *Cuneiform* (Berkeley: University of California Press, 1987); Karen Radnor

e Eleanor Robson (orgs.), *The Oxford Handbook of Cuneiform Culture* (Oxford: Oxford University Press, 2011).

21. Ver Peter Jensen, *Das Gilgamesh-Epos in der Weltliteratur* (Estrasburgo: Karl Trübner, 1906), p. 2.
22. Ver, por exemplo, Jung, *Psychology of the Unconscious*, p. 106, n. 1.
23. Shamdasani, *C. G. Jung: A Biography in Books*, p. 93.
24. *The Epic of Gilgamesh*, ver Andrew R. George (org. e trad.), *The Babylonian Gilgamesh Epic*, 2 volumes (Oxford: Oxford University Press, 2003).
25. Jung, *Psychology of the Unconscious*, p. 106, n. 1.
26. Jung, *Liber Novus*, p. 278.
27. George (trad.), *The Babylonian Gilgamesh Epic*, 64 e 81, p. 543.
28. Jung, *Liber Novus*, p. 278.
29. Shamdasani, *C. G. Jung: A Biography in Books*, p. 92.
30. Roscher, *Ausfürliches Lexikon*, vol. 2, p. 776; baixo-relevo de Gilgamesh, século VIII a.C., Musée du Louvre, foto de Urban.
31. Ver Gavin White, *Babylonian Star-Lore* (Londres: Solaria, 2008), pp. 81-2 e 183-5.
32. Ver White, *Babylonian Star-Lore*, p. 140; Richard Hinckley Allen, *Star Names* (Nova York: Dover, 1963 [1899]), pp. 252-63; David H. Kelley e Eugene F. Milone, *Exploring Ancient Skies* (Nova York: Springer, 2011), pp. 479-81.
33. Ver Jung, *Liber Novus*, p. 252, n. 211. A passagem em Apuleio é marcada com uma linha na margem da tradução da obra feita por Jung para a língua alemã.
34. Jung, *Liber Novus*, p. 252.
35. George (trad.), *The Babylonian Gilgamesh Epic*, I:13-5, vol. 1, p. 277.
36. George (trad.), *The Babylonian Gilgamesh Epic*, I:7-8, vol. 1, p. 277.
37. Roscher, *Ausfürliches Lexikon*, vol. 2, p. 774, citado por Shamdasani em *Liber Novus*, p. 284, n. 136.
38. Jung, *Liber Novus*, pp. 59-64.
39. Jung, *Liber Novus*, p. 278.
40. Ver Jung, CW5, par. 357; Jung, CW5, par. 364 e n. 67.
41. Jung, CW5, par. 364.
42. Jung, *Psychology of the Unconscious*, p. 106. Versão revisada em Jung, CW5, par. 251.
43. Jung, *Psychology of the Unconscious*, p. 559, n. 50.
44. Jung, *Psychology of the Unconscious*, p. 70.

45. Jung, *Psychology of the Unconscious*, p. 501, n. 27.
46. Ver Jung, *Psychology of the Unconscious*, p. 503, n. 45; p. 504, n. 60. Jung observou (*Psychology of the Unconscious*, p. 225) que, de acordo com a "visão caldeia", os deuses planetários são agrupados em tríades. Essa doutrina é declarada de forma explícita em *Oráculos Caldeus*, em que o "Ser Supremo" incandescente emana uma trindade primária de poder, intelecto e vontade. Ver Hans Lewy, *Chaldaean Oracles and Theurgy: Mysticism, Magic, and Platonism in the Later Roman Empire* (Paris: Institut d'Études Augustiniennes, 2011 [1956]), pp. 76-83.
47. G. R. S. Mead, *Chaldean Oracles* (Londres: Theosophical Publishing Society, 1908), p. 333.
48. Jung, *Psychology of the Unconscious*, pp. 501-2, n. 21.
49. Leo, *Esoteric Astrology*, p. 23.
50. Leo, *Esoteric Astrology*, pp. 146-47.
51. Sobre descrição semelhante dos símbolos de serpentes e crocodilos, ver o frontispício da obra de Wolfgang Schultz, *Dokumente der Gnosis* (Jena: E. Diederichs, 1910), que Jung provavelmente adquiriu pouco depois de ser publicada. Como comparação, ver o prefácio de Lance Owens na obra de Alfred Ribi, *The Search for Roots: C. G. Jung and the Tradition of Gnosis* (Los Angeles, CA: Gnosis Archive Books, 2013), p. 19. As serpentes de Schultz, porém, não formam o glifo astrológico de Leão nem são salamandras, pois não têm pernas.
52. Glifo do fim do século V: Neugebauer e Van Hoesen, *Greek Horoscopes*, p. 156. Glifo de Alan Leo: Leo, *The Key to Your Own Nativity*, p. xiv. Glifo de Jung: horóscopo desenhado por Jung, reproduzido em Greene, *Jung's Studies in Astrology*, capítulo 2. A fonte computadorizada é Io Wizardry, do Time Cycles Research. [*Jung, o Astrólogo – Um Estudo Histórico sobre os Escritos de Astrologia na Obra de Carl G. Jung*. São Paulo: Pensamento, 2023.]
53. Theophrastus von Hohenheim (Paracelso), *Sämtliche Werke*, 1:14.7, organizado por Karl Sudhoff e Wilhelm Matthiessen (Munique: Oldenbourg, 1933).
54. Michael Maier, *Atalanta fugiens* (Frankfurt, 1617), Emblema 29; Coleção particular/Bridgeman Images.
55. Ver imagens diversas: em Jung, CW12, e Jung, CW13.
56. Maier, *Atalanta fugiens*, legenda para o Emblema XXIX.
57. Jung, *Liber Novus*, p. 277.
58. Leo, *Esoteric Astrology*, p. 90.
59. Jung, *Psychology of the Unconscious*, p. 70-1.

60. Ver vestes listradas do deus órfico Fanes em Jung, *Liber Novus*, pp. 113, 123 e 125.
61. Jung, CW9i, par. 310.
62. Jung, CW9i, par. 270.
63. Jung, CW5, par. 147, n. 35.
64. Alan Leo, *Astrology for All* (Londres: Modern Astrology, 1910), p. 10.
65. Leo, *Astrology for All*, pp. 10-1.
66. Alan Leo, *How to Judge a Nativity, Part One* (Londres: Modern Astrology, 1908).
67. Sobre a comparação feita por Jung do simbolismo solar com Cristo e o *Self*, ver Jung, CW9ii, pars. 68-126; Jung, CW5, pars. 158-59, 638; Jung, CW12, pars. 112, 314, 497; Jung, CW9i, pars. 106, 661; Jung, CW13, par. 296.
68. Jung, *The Solar Myths and Opicinus de Canistris*, p. 86.
69. Jung, *Liber Novus*, p. 243.
70. Jung, *Liber Novus*, p. 329.
71. Jung, *Liber Novus*, p. 354.
72. Jung, *Liber Novus*, p. 286.
73. Jung, *Liber Novus*, p. 286.
74. Para esses textos, conhecidos como "luriânicos" por influência do cabalista Isaac Luria (1534-1572), ver Lawrence Fine, *Physician of the Soul, Healer of the Cosmos* (Stanford, CA: Stanford University Press, 2003); Louis Jacobs, "Uplifting the Sparks in Later Jewish Mysticism", em Arthur Green (org.), *Jewish Spirituality, Vol. 2* (Nova York: Crossroad, 1987), pp. 99-126; Gershom Scholem, *Kabbalah* (Nova York: Keter Publishing House, 1974), pp. 128-44, 420-28, 443-48; Moshe Idel, *Hasidism* (Albany: SUNY Press, 1995), pp. 33-43.
75. Christian Knorr von Rosenroth, *Kabbala denudata*, 3 volumes (Sulzbach/Frankfurt: Abraham Lichtenthal, 1677-1684).
76. Sobre as muitas citações de Jung da *Kabbala Denudata*, ver, por exemplo, Jung, CW12, par. 313; Jung, CW13, par. 411; Jung, CW14, pars. 592-93; Jung, CW9i, pars. 557n, 576n, 596n. Ver também a visão cabalística de Jung descrita em *MDR*, p. 325, e baseada em um texto do cabalista Moshe Cordovero, do século XVI, incluída em uma tradução para o latim na *Kabbala Denudata*. Jung fazia associação direta de sua visão ao texto de Cordovero.
77. Jung, *Septem Sermones*, em Hoeller, *The Gnostic Jung*, p. 58.
78. Jung, *Septem Sermones*, em Hoeller, *The Gnostic Jung*, p. 50.
79. Leo, *How to Judge a Nativity*, p. 29.

80. Ver Gregory Shaw, *Theurgy and the Soul: The Neoplatonism of Iamblichus* (University Park: Penn State University Press, 1995).
81. G. R. S. Mead (org. e trad.), *Thrice-Greatest Hermes: Studies in Hellenistic Theosophy and Gnosis*, 3 volumes (Londres: Theosophical Publishing Society, 1906), vol. 2, pp. 266-84 (*CH* XVI, "The Definitions of Asclepius unto King Ammon", Text R, 348-54, 7-16).
82. Alan Leo, *The Art of Synthesis* (Londres: Modern Astrology Office, 1912), p. 32.
83. Jung, *Liber Novus*, pp. 280-81.
84. Para o "envenenamento" de Izdubar, ver Jung, *Liber Novus*, pp. 278-79.
85. Jung, *Liber Novus*, p. 281.
86. Jung, *Liber Novus*, p. 278.
87. Sobre rituais de adjuração da Antiguidade Tardia e seu linguajar característico, ver Michael D. Swartz, *Scholastic Magic* (Princeton, NJ: Princeton University Press, 1996); Rebecca Macy Lesses, *Ritual Practices to Gain Power* (Harrisburg, PA: Trinity Press, 1998); Betz, *The Greek Magical Papyri*; Peter Schäfer, *The Hidden and Manifest God*, trad. Aubrey Pomerance (Albany: SUNY Press, 1992). Esses antigos rituais de adjuração reapareceriam depois em grimórios como *Abramelin* e *O Sexto e Sétimo Livro de Moisés*; ver Owen Davies, *Grimoires* (Oxford: Oxford University Press, 2009). Ver também a invocação mágica da "luz eterna" em Mead (trad.), *Pistis Sophia*, 142:375.
88. Os encantamentos aparecem em Jung, *Liber Novus*, pp. 49-61. Para a tradução, ver pp. 284-85.
89. Jung, *Liber Novus*, p. 284.
90. Jung, *Liber Novus*, p. 286.
91. Para a supressão de Fanes e Mithra por meio do tema do ovo, ver David Ulansey, *The Origins of the Mithraic Mysteries: Cosmology and Salvation in the Ancient World* (Oxford: Oxford University Press, 1991), pp. 120-21; Franz Cumont, "Mithra et l'Orphisme", *Revue de l'histoire des religions* 109 (1934), pp. 64-72. Em *Psychology of the Unconscious*, p. 289, Jung citou Leo Frobenius, *Das Zeitalter des Sonnengottes* (1904), em que são mencionados vários mitos da incubação do deus-Sol em um ovo. Sobre mais referências ao ovo cósmico, ver Jung, *Psychology of the Unconscious*, pp. 388, 394, 415, 468, 540, n. 36, 547, n. 55.
92. Ver, por exemplo, o relevo do forte romano Vercovium/Borcovecium na Muralha de Adriano (CIMRM 860), do século III d.C., hoje no Museu de Antiguidades

da Universidade de Newcastle upon Tyne. Mithra sai do ovo cósmico segurando uma adaga e uma tocha, envolto pelo círculo do zodíaco.
93. Jung, CW6, par. 301.
94. Sobre "cientificismo", ver Gregory R. Peterson, "Demarcation and the Scientistic Fallacy", *Zygon* 38:4 (2003), pp. 751-61; Olav Hammer, *Claiming Knowledge: Strategies of Epistemology from Theosophy to the New Age* (Leiden: Brill, 2004), pp. 205-8.
95. Mead, *Thrice-Greatest Hermes*, 2:282-83.
96. Sobre uma experiência semelhante, ver também *Corpus Hermeticum* X, mencionado em Fowden, Garth, *The Egyptian Hermes: A Historical Approach to the Late Pagan Mind* (Princeton, NJ: Princeton University Press, 1993), p. 83, n. 38.
97. Mead, *Thrice-Greatest Hermes*, 2:282.
98. Ver comentários de Shamdasani em Jung, *Liber Novus*, p. 305, n. 232.

3

A *Anima*, a Lua e a Serpente

A visão comum de que o homem é uma criatura composta está correta, mas não é correto pensar que seja feito apenas de duas partes [...]. Ora, a união da alma com o corpo compõe a parte emocional; a união seguinte [da alma] com a mente produz a razão [...]. Quando esses três princípios são compactados, a terra contribui com o corpo para o nascimento do homem, a lua com a alma, o sol com a razão, assim como concede luz à lua.[1]

– Plutarco

Mas a humanidade é masculina e feminina, não só homem ou mulher. Você não pode dizer de que sexo é sua alma. Se, porém, prestar atenção, verá que o homem mais masculino tem alma feminina, e a mulher mais feminina tem alma masculina. Quanto mais másculo você for, mais longe estará do que é, de fato, a mulher, pois o feminino em você é desconhecido e desprezível.[2]

– C. G. Jung

A *anima* como destino

Muito já se escreveu sobre o conceito junguiano de *anima*: a "alma" feminina nos homens que serve como mediadora entre o reino arquetípico do inconsciente coletivo e o reino luminoso do ego consciente.[3] Jung dedicou numerosos ensaios a esse tema, discutindo-o de modo mais sucinto em diversas passagens de todas as suas obras (ver *Obras Completas*).[4] Para Jung, a *anima* não era mero construto intelectual, como ele explicou no prefácio de uma obra intitulada *Anima as Fate* [*Anima* como Destino], escrita por um de seus alunos:

> Sempre que for introduzido um conceito psicológico como a *Anima*, não devemos vê-lo como pressuposição teórica, uma vez que a *Anima*, nesse caso, pretende ser não uma ideia abstrata, mas um conceito empírico ou um nome que designa uma disposição de eventos observáveis e comuns.[5]

Essa "disposição de eventos observáveis e comuns" prove o substrato emocional para a narrativa inteira do *Liber Novus*. Semelhante à ideia do Sol como símbolo de um centro transpessoal ou de uma "centelha", a ideia da Lua como símbolo da alma ocorre repetidas vezes em imagens de figuras femininas e nas descrições da Lua no firmamento, cujo olhar "claro e frio permanece luminoso e abrange todo o horror e a circunferência da Terra".[6]

Desde a década de 1970, as ideias de Jung acerca da *anima* são consideradas, por alguns, limitadíssimas, dados os valores culturais de seu tempo. Afinal de contas, a Suíça foi o último país europeu a aprovar o voto feminino, só o aceitando em 1971; e, nas primeiras décadas do século XX, a opressão social e a desvalorização de muitas qualidades que Jung entendia como "femininas" — sentimento, imaginação, receptividade ao mundo invisível — contribuíram para sua formulação de uma dicotomia psicológica acentuada entre os sexos, que poderia ser considerada cada vez mais inapropriada pela sociedade ocidental do século XXI, com sua fusão dos tradicionais papéis de gênero.[7] Se a dicotomia psicológica descrita por Jung é um reflexo inato da biologia humana, um construto social ou uma mescla de ambos, é uma questão cuja análise escapa ao escopo deste livro. Mas quaisquer que sejam as implicações políticas e sociais dessas ideias na atualidade, quando Jung começou a trabalhar no *Liber Novus*, as suposições estereotipadas contra o vigoroso movimento feminista ainda eram muito fortes na Suíça protestante e de língua alemã.

Como cidadão daquele mundo, Jung estava ciente da opressão de suas faculdades imaginárias por parte das restrições científicas e sociais de seu tempo, bem como de seu próprio temperamento, com ênfase no pensamento racional. Além do mais, muitos dos textos astrológicos mais antigos a que Jung tinha acesso endossavam tal dicotomia ao atribuir o Sol aos homens e a Lua às mulheres. Ptolomeu, por exemplo, sugeriu que a Lua indicava a esposa no horóscopo de um homem, em vez de uma expressão de sua natureza interior, enquanto o Sol indicava o marido no horóscopo da mulher.[8] Em seu "experimento" astrológico com sincronicidade, Jung examinou as evidências estatísticas em relação às recomendações de Ptolomeu quanto à harmonia no casamento, começando com a relação entre o Sol no mapa astral da mulher (que representava "o marido") e a Lua no mapa do homem (que representava "a esposa").[9] Mas, embora Jung atribuísse o Sol ao princípio masculino e a Lua ao feminino, e insistisse em uma distinção psicológica marcante entre os sexos, ele se interessava pela compreensão desses símbolos como fatores internos, não como "marido" e "mulher":

> Sabemos que a lua é o símbolo favorito para determinados aspectos do inconsciente, embora apenas no homem, claro. Na mulher, a lua corresponde ao consciente, e o sol, ao inconsciente. Isso se deve ao arquétipo contrassexual no inconsciente: *anima* no homem, *animus* na mulher.[10]

A interiorização de Jung dos atributos masculinos e femininos do Sol e da Lua tinha o apoio de Alan Leo. Este, muito à frente de seu tempo – talvez em parte porque madame Blavatsky lhe tenha proporcionado um modelo anticonvencional da psicologia feminina –, não seguia a dicotomia tradicional em sua interpretação da Lua, e não a descrevera como "a esposa" no horóscopo do homem. Para Leo, a posição natal da Lua era relevante para todo indivíduo em relação às suas experiências com a mãe,[11] mas o Sol e a Lua refletiriam aspectos da vida interior dos dois sexos: o "*self* individual" solar ou a essência espiritual, e o "*self* pessoal lunar", expressos por meio de sentimentos, instintos e interações físicas com a vida mundana diária.[12]

Há várias personagens femininas no *Liber Novus*, interligadas por símbolos que Jung menciona de maneira específica em outros de seus escritos como aspectos da mitologia lunar. Embora a Alma de Jung seja a primeira figura pessoal com a qual ele se envolve no início do *Liber Novus*,[13] essa voz interior, a princípio sem rosto, é revelada depois como a da Serpente, que quase no fim do livro também surge como pássaro.[14] A Serpente, por sua vez, está intimamente relacionada à figura de Salomé, que Jung reconhece como sua Alma.[15] Essas três figuras – Alma, Salomé e Serpente – formam uma tríade lunar que retrata os múltiplos significados atribuídos por Jung à Lua em sua obra publicada.[16] O nome de Salomé tem conexão não apenas com a filha sanguinária de Herodias na história bíblica de João Batista, mas também com a companheira, discípula e parteira de Jesus, descrita em vários textos gnósticos.[17] Outra figura feminina no *Liber Novus*, a Cozinheira, não parece, a princípio, ter relação com a figura ambiguamente erótica e às vezes sinistra de Salomé; mas a Cozinheira também é uma imagem da Lua astrológica por causa de seu papel como provedora de alimento.[18] Na qualidade de corpo celeste, a Lua em si é o tema de vários discursos no *Liber Novus* e, assim como o Sol, contribui, com importância particular, para a "composição de lugar" na qual Jung se envolve em seus diálogos com os variados personagens.

Poderíamos perguntar se a Lua e suas representantes femininas no *Liber Novus* são tão somente astrológicas, ou se a relevância desse simbolismo lunar abrange o espectro mais amplo de associações míticas que Jung conhecia tão bem e compreendia como retratos inconscientes da dinâmica psicológica. Mas é impossível separar o mítico do astrológico na cultura popular antiga, uma vez que a cosmologia e a astrologia eram muito inter-relacionadas; as deusas lunares da Antiguidade sempre tinham alguma relação com os ciclos da Lua no céu e com ciclos terrestres como vegetação, menstruação, nascimento e morte do ser humano.[19] Tampouco podemos separar os domínios cosmológicos e astrológicos no imaginário da alquimia, como o próprio Jung já havia notado; o metal prata, a Lua no céu e os ciclos da natureza eram um e a mesma coisa. Jung parecia ver os dois modos de percepção, mítico e astrológico, como inextricavelmente entrelaçados; ambos são representações simbólicas dos arquétipos dominantes do inconsciente coletivo. Conforme escreveu Jung a Freud em 1911, a astrologia lhe dava a chave para o mito, já que as narrativas míticas mais antigas eram elaboradas com base na observação e interpretação dos corpos celestes; e o mito também parece ter lhe proporcionado a chave para a astrologia, como demonstrava sua análise do horóscopo da srta. X.[20] Astrologia e mitologia são companheiras frequentes nas descrições publicadas de Jung sobre a Lua, como nesta passagem de *Mysterium Coniunctionis*:

> Na tradição antiga, Luna é a doadora de umidade e a regente do signo de água Câncer [...]. A relação da lua com a alma, muito enfatizada na Antiguidade, também ocorre na alquimia.[21]

Assim como o mito solar não pode ser separado do Sol astrológico no gigante heroico de Jung, Izdubar, o mito lunar também não pode ser separado da Lua astrológica na figura de Salomé. Ela não é apenas uma imagem lunar arquetípica, mas também uma dimensão específica da Lua no próprio horóscopo de Jung.

Salomé

Depois da Alma de Jung, que, a princípio, não tem imagem nem descrição, Salomé é a primeira figura feminina a aparecer no *Liber Novus*. Jung a pintou no Livro Um, na seção intitulada "Mysterium" (ver Gravura 4).[22] Salomé é a filha de Elias, o velho e sábio profeta que preside o "templo do sol".[23] Na pintura, acompanhada por Elias, pela serpente preta e pelo "Eu" de Jung, ela tem longos cabelos pretos e veste uma túnica vermelho-sangue. No céu escuro, aparece uma "lua de sangue", como se pressupõe ter sido vista no momento da crucificação de Jesus.[24] Jung faz uma associação imediata do nome Salomé com "a filha de Herodes, a mulher sanguinária", e se afasta dela, horrorizado; Elias, porém, o adverte com severidade: "Minha sabedoria e minha filha são a mesma coisa".[25] A Salomé de Jung, diferente da filha de Herodias, é cega,[26] detalhe que Jung associou à visão interior:

> O que se descreve aqui como evento externo [cegueira] é, na realidade, símbolo da convergência interior para o centro [...] para o arquétipo do homem, o *self* [...]. Trata-se de um ato de realização em nível mais alto, estabelecendo conexão entre o consciente do indivíduo e o símbolo supraordenado da totalidade.[27]

Símbolos de natureza especificamente lunar surgem durante toda a experiência. Quando vê Elias pela primeira vez, Jung está deitado "em profundezas escuras".[28] "A escuridão impera" na casa do velho profeta, onde Jung percebe que as paredes são reluzentes e descobre "uma pedra brilhante da cor da água", na qual tem uma visão da "mãe de Deus com uma criança" e de "uma Deusa sanguinária com muitos braços" – Kali, a deusa-mãe hindu cujos festivais ocorrem na Lua nova –, que também é Salomé.[29] A pedra é um cristal de vidência, parecendo ser de água-marinha, tipo de berilo que, segundo Plínio, é "o verde genuíno do mar".[30] A água-marinha era a pedra sagrada da Lua, e acreditava-se que protegia os navegantes.[31] Em determinado momento, Jung vivencia "música selvagem, um tamborim, uma noite abafada e de luar";[32] em seguida, é envolto pela escuridão da Lua, "um verdadeiro breu por todo o meu entorno". Ele caiu "na fonte do caos, nas origens primordiais".[33] É conduzido, então, até uma caverna, onde ouve "o fluir de uma fonte".[34] Noite, escuridão, água e as fases da Lua proporcionam, repetidas vezes, a "composição de lugar", revelando a natureza desse *daimon* planetário feminino, profundamente ambivalente, que Jung vivenciava em forma de imagem. Salomé e seu pai, Elias, são acompanhados por uma serpente preta. Não é nenhuma surpresa que Jung tivesse muito a dizer acerca da serpente, um dos símbolos mais antigos, sagrados e onipresentes, tanto como imagem arquetípica quanto em termos de seu papel específico de companheira e dupla de Salomé. Ao falar de sua visão de Salomé em um seminário realizado em 1925, Jung comparou a serpente à *anima*:

> Como a serpente conduz às sombras, ela tem a função de *anima*; leva a pessoa até as profundezas, une o que está em cima com o que está embaixo [...]. A serpente é a personificação da tendência de descer às profundezas e se entregar ao mundo tentador das sombras.[35]

A serpente também tem íntima relação com uma divindade antiga que contém em si o espectro completo do mito lunar: Hécate com Três Corpos, discutida em detalhes a seguir, descrita por Jung como "deusa espectral real da noite e dos fantasmas [...] guardiã do portal do Hades".[36] Hécate, cuja natureza tripartite reflete o modo como Jung via a natureza trina da alma, era associada à deusa do submundo Perséfone nos antigos mitos gregos e considerada a padroeira das drogas e dos venenos.[37] Hécate era também a deusa do nascimento e do casamento e ocupava, nas cosmogonias órficas, "o centro do mundo, como Afrodite e Gaia, ou até como a própria alma do mundo".[38] Portanto, incorpora todas as dimensões do mito lunar simbolizadas pelas fases da Lua: a Lua negra com suas bruxas, seus feitiços e suas deusas trinas do destino; a Lua crescente como Coré-Perséfone virginal, pura e etérea; e a Lua cheia como a fecunda Deméter-Afrodite. A Vênus astrológica, ao que parece, era vista por Jung, bem como pelos alquimistas, como apenas uma das dimensões desse arquétipo lunar tão abrangente.

O planeta invisível

No *Liber Novus*, a percepção junguiana do domínio do feminino pende bastante para o lado do submundo. Essa não é uma leitura convencional da Lua astrológica. Salomé, como figura-*anima*, é sempre acompanhada por sua serpente negra mágica, e há numerosas referências no *Liber Novus* à Lua como portal do Hades, "reino das Mães" e caos sombrio do inconsciente coletivo. Embora Salomé exiba uma dimensão erótica fascinante para Jung, continua sendo uma figura lunar em essência, não venusiana, estando mais alinhada ao mundo de fantasmas, feitiços, encantamentos e sacrifícios de sangue de Hécate que à "Mãe bondosa e provedora" descrita, em geral, nos textos astrológicos. Quando a "Mãe bondosa" surge na forma da Cozinheira, é a guardiã de uma cozinha que, na verdade, seria uma passagem para o submundo.

Quando astrólogos modernos do século XXI interpretaram o horóscopo natal de Jung, observaram o alinhamento íntimo da Lua de Jung com o corpo celeste transnetuniano conhecido como Plutão. Essa conjunção é interpretada como indício não só de sua mãe "misteriosa", mas também de uma preocupação perene com as profundezas da psique.[39] Mas Plutão só foi descoberto em 1930, depois de Jung ter finalizado a maior parte do trabalho no *Liber Novus*.[40] Posteriormente, quando ele soube desse recém-chegado ao panteão planetário, ainda se referia apenas à divindade mítica em suas obras publicadas, não ao simbolismo astrológico do planeta.[41] Entretanto, Plutão foi mencionado na interpretação do horóscopo de Jung por sua filha, Gret Baumann-Jung, no Clube de Psicologia de Zurique, em 1974.[42] Em seu texto, Baumann-Jung referia-se à conjunção Lua-Plutão do pai como símbolo da maneira pela qual Jung percebia sua mãe. Em sua autobiografia, ele escreveu que, certa vez, sonhara com ela como "guardiã de espíritos desencarnados",[43] mas na vida real a natureza verdadeira da mãe "permanecia oculta sob o disfarce de uma mulher idosa, gorda e gentil":

> Ela tinha todas as opiniões convencionais que uma pessoa era obrigada a ter, mas, de repente, sua personalidade inconsciente às vezes vinha à tona. Essa personalidade era inesperadamente poderosa: uma figura sombria, grandiosa, dona de uma autoridade inquestionável [...]. Tinha certeza de que tinha duas personalidades, uma inócua e humana, a outra misteriosa.[44]

Um enigma interessante surge a partir da presença do "invisível" Plutão no *Liber Novus*. Sob a perspectiva do astrólogo, poderíamos dizer que Jung expressava de modo intuitivo as qualidades e os atributos de sua configuração Lua-Plutão nas visões de Salomé e da Cozinheira, embora não soubesse da existência de sua conjunção Lua-Plutão. Nas palavras do próprio Jung, os planetas "são deuses, símbolos de poderes do inconsciente";[45] e o "poder" de Plutão teria se manifestado em sua vida, mesmo que Jung não conhecesse o símbolo planetário correspondente. Também poderíamos dizer que os mitos lunares, com os quais Jung tinha total familiaridade ao invocar, pintar e escrever sobre Salomé, contêm o domínio do submundo e não precisam do acréscimo de um corpo celeste recém-descoberto, nem da crença na veracidade da astrologia, para explicar seu foco nas profundezas. Além disso, seu interesse contínuo pela psicologia da mediunidade e dos fenômenos de transe ia ao encontro das tendências próprias do meio psiquiátrico da época, preparado para explorar e fazer experiências com a literatura e as práticas de ocultismo, bem como com os métodos da ciência médica.

No *Jahreshoroskop* (horóscopo anual), ou mapa de retorno solar que Liliane Frey preparou para Jung em 1939,[46] Plutão aparece como significador importante, pois estava para entrar nos primeiros graus do signo zodiacal de Leão no aniversário de Jung desse ano e, no decorrer do ano subsequente, entrou em alinhamento exato com o Sol natal. Frey não ofereceu uma interpretação escrita dessa configuração, embora, sem dúvida, ela e Jung devam ter falado a respeito. Mas é possível que Jung tenha solicitado de Frey o *Jahreshoroskop* porque sabia da natureza dramática das iminentes configurações em 1939 – o ano em que eclodiu a Segunda Guerra Mundial – e talvez se preocupasse com os possíveis significados delas. Naquela época, Plutão não era mais invisível.

A Sacerdotisa

Ao explicar no *Liber Novus* a imagem rica em detalhes de uma figura feminina sem nome, a qual depois ele citaria como *anima* (ver Gravura 5),[47] Jung, em um ensaio escrito quase após quarenta anos, exibiu o espírito mercurial que tanto incomodava seus críticos,[48] atribuindo a imagem ao sonho de um paciente, em vez de admitir que fosse dele.

> Então, ela [a *anima*] aparece na igreja, tomando o lugar do altar, ainda maior que a vida, mas com o rosto sob um véu.[49]

Uma inscrição em latim nas margens da pintura se traduz nesses termos:

> A sabedoria de Deus é um mistério, mesmo a sabedoria oculta, que Deus estabeleceu diante do mundo para a nossa glória [...]. Pois o Espírito busca todas as coisas, sim, as coisas profundas de Deus.[50]

Ao longo do lado direito da imagem, Jung escreveu: "O Espírito e a Noiva dizem: Vem". Essa citação do Apocalipse 22:17 pode estar relacionada à interpretação de Jung da *Shekhinah* cabalística como a Noiva ou a face feminina do divino e manifestação da glória de Deus no mundo, simbolizada pela Lua.[51] *Shekhinah* é a própria Natureza, por meio da qual a imanência de Deus pode ser percebida e diretamente vivenciada. A mulher na pintura de Jung não tem nome, e sua túnica e véu brancos não correspondem à túnica vermelha de Salomé, embora os cabelos, quase não visíveis, sejam pretos como os de Salomé. Ela pode ser uma amálgama de todas as figuras femininas no *Liber Novus*, ou uma visão da *Mater Coelestis* descrita mais adiante em "Escrutínios"; mas, seja quem for, pertence, sem dúvida, ao reino da Lua, conforme indicado pela Lua crescente à direita de sua cabeça. Jung tinha familiaridade com ao menos alguns dos temas mais importantes da Cabala e, embora não se referisse a essa cultura esotérica judaica em suas primeiras publicações, fica claro, com base no conhecimento demonstrado em seminários particulares realizados em língua inglesa em Zurique, entre 1928 e 1930,[52] que tivera contato com a Cabala na primeira metade dos anos 1920, provavelmente muito antes, enquanto ainda trabalhava no *Liber Novus*.[53] Também havia adquirido a publicação original (1912) e a edição posterior revisada (1929) da volumosa obra de A. E. Waite sobre a Cabala, que descreve, em específico, a *Shekhinah* como Noiva de Deus.[54]

A pintura de Jung, segundo sua própria interpretação, "restaura a *anima* à igreja cristã, não como ícone, mas, sim, como o próprio altar".[55] O altar, segundo explicação de Jung, pode ser compreendido como o "local de sacrifício" e o "receptáculo de relíquias consagradas".[56] É a zona liminar de transformação, o *mundus imaginalis* onde o inefável se torna visível, e humano e divino se encontram e se reconhecem por intermédio dos símbolos. É no altar que o vinho se transforma em sangue, a hóstia, em carne, e a fumaça das oferendas incensadas, em alimento para os deuses. Assim como a *anima*, o altar é um intermediário; é a imaginação ou o órgão de *phantasia*, como Jâmblico o interpretava.

Há uma semelhança familiar interessante entre a imagem de Jung, com relação à "sabedoria oculta" e às "coisas profundas de Deus", e a imagem da Sacerdotisa no Tarô Waite-Smith, publicada em 1910.[57] Ambas as figuras são personificações de sabedoria secreta, mostradas com Luas crescentes; ambas aparecem sob um arco sustentado por duas colunas. A ilustração de Waite da Sacerdotisa difere da pintura de Jung em diversos detalhes, contudo. Ela está sozinha e sem véu, enquanto a figura da *anima* de Jung, com um véu sobre o rosto, está cercada por uma multidão de adoradores; a Lua crescente aparece sob os pés da Sacerdotisa, enquanto reluz à direita da cabeça da figura de Jung. Mas as semelhanças nas interpretações feitas pelos dois são notáveis. Segundo Waite:

> Ela [a Sacerdotisa] é a Noiva e Mãe espiritual, a filha das estrelas e o Jardim Superior do Éden. Ela é a lua alimentada pelo leite da Mãe Suprema.[59]

Waite também relacionava a Sacerdotisa à *Shekhinah* cabalística, aludindo a seu papel de mediadora espiritual interior:

> O nome mais verdadeiro e nobre dela no simbolismo é *Shekhinah* – a glória coabitante. De acordo com o estudo da Cabala, existe uma *Shekhinah* acima e uma abaixo [...]. Falando em termos místicos, a *Shekhinah* é a Noiva Espiritual do homem justo, e, quando ele interpreta a Lei, ela lhe dá o sentido Divino.[60]

FIGURA 3.1. Carta A Sacerdotisa no tarô de A. E. Waite.⁵⁸

Antigo membro da Ordem Hermética da Aurora Dourada, Waite foi autor prolífico cujos livros e artigos acadêmicos sobre tradições esotéricas como alquimia, magia, tarô, Cabala e Graal constam como referência em vários volumes das *Obras Completas* de Jung.⁶¹ Por meio dos livros de Waite, e também da obra do fim do século XIX sobre tarô do ocultista francês Papus,⁶² Jung conheceu e passou a respeitar o imaginário do tarô, que citava como "descendente dos arquétipos de transformação".⁶³

> Elas [as cartas de tarô] são imagens psicológicas, símbolos com os quais se pode jogar [...]. Por exemplo, o símbolo do sol, ou o símbolo do homem pendurado pelos pés, ou a torre atingida por um raio, ou a roda da fortuna, e assim por diante. São ideias arquetípicas, de natureza diferenciada, que se misturam com os componentes comuns do

fluxo do inconsciente e, portanto, são aplicáveis a um método intuitivo cujo propósito é a compreensão do fluxo da vida.⁶⁴

Em uma conversa particular registrada por Hanni Binder, Jung chegou a oferecer interpretações com "palavras-chave" das 22 cartas dos Arcanos Maiores.⁶⁵ Ele deu a seguinte interpretação para a Sacerdotisa:

> Sacerdotisa sentada. Usa um véu. Sobre os joelhos, há um livro. Esse livro está aberto. Ela tem ligação com a Lua. Sabedoria oculta. Mulher eterna, passiva.

A Sacerdotisa de Jung, ao contrário da Sacerdotisa da carta de Waite, "usa um véu", assim como a imagem em sua pintura. Se Jung pretendia reproduzir Salomé ou uma potência lunar mais universal na pintura, sua imagem parece ter forte conexão com a carta de tarô da Sacerdotisa. Ambas as figuras são guardiãs de mistérios secretos e representam um portal para o submundo; e as duas são personificações da Lua.

A Filha do Estudioso

O encontro do "Eu" de Jung com Salomé e Elias, que ele intitulou "Mysterium", conclui a primeira parte do *Liber Novus*. A próxima figura feminina com a qual Jung tem contato é a pálida e fantasmagórica Filha do Estudioso, que Jung descobre em um pequeno castelo cercado por "água pantanosa, escura e plácida" em uma floresta escura.⁶⁶ Mesmo sem as posteriores referências lunares do texto, a pintura junguiana do castelo mostra uma paisagem marcada pela Lua crescente (ver Gravura 6), assim como sua pintura de Salomé é marcada pela "Lua de sangue" de um eclipse lunar.

Logo que entra no castelo, o "Eu" de Jung pensa que o Estudioso mora sozinho. Mas, quando se vira na cama, tentando dormir, uma "garota magra, pálida como a morte", aparece diante da porta de seus aposentos. Ela não cita seu nome, mas diz a Jung que é filha do velho, e o Estudioso "me prende aqui em um cativeiro insuportável", pois ela é a única filha e a imagem da mãe, que morreu jovem. Jung se apaixona por ela de imediato:

> É linda. Uma pureza profunda se mostra em seu semblante. Ela tem uma alma bela que não é deste mundo, mas deseja entrar nesta vida de realidade [...]. Ah, beleza da alma![67]

Entretanto, ela não está tão fora deste mundo como Jung presume; compreende melhor que ele o valor da vida comum. A breve conversa entre os dois na sequência se concentra na importância do encarnado contra o abstrato puro e filosófico. A moça informa a Jung: "Só o que é humano e que tu chamas de banal e comum contém a sabedoria que almejas".[68] Antes de deixá-lo, ela conta que lhe traz saudações de Salomé. Sua forma, então, se desvanece em escuridão:

> Um luar fosco penetra o quarto. Onde antes estava, aparece algo obscuro – é uma profusão de rosas vermelhas.[69]

A descrição que Jung faz da moça, magra e pálida como a jovem Lua crescente, associada à virginal Perséfone na mitologia grega, pertence ao reino lunar, assim como a "composição do lugar". A "água pantanosa, escura e plácida" em torno do castelo lembra a imagem da Lua no tarô de Waite, com luz pálida sobre um "abismo de água".[70] Em conversa com Hanni Binder sobre o significado da carta de tarô, Jung lhe contou: "Um lagostim sai da água. Anoiteceu. A porta para o inconsciente está aberta".[71]

As rosas vermelhas, porém, indicam outra associação planetária, especificamente erótica, com a Filha do Estudioso: Afrodite, conhecida entre os romanos como Vênus, cuja flor, segundo poetas do século I a.C., tal como o poeta lírico grego Bion, ou mesmo Shakespeare e Spencer, é a rosa vermelha.[72] A Filha do Estudioso parece conter os atributos de Vênus em forma nascente, sem exibi-los de maneira extravagante como o faz Salomé em sua túnica vermelha, que Jung descreveu como "elemento erótico".[73] A exegese de Jung sobre masculinidade e feminilidade logo após seu contato com a Filha do Estudioso deixa claro que ela, assim como Salomé, é a imagem da alma. Ele conclui:

> Como homem, você não tem alma, pois ela está na mulher; como mulher, você não tem alma, pois ela está no homem. Mas, se você se torna um ser humano, sua alma chega até você.[74]

FIGURA 3.2. Carta A Lua no tarô Waite-Smith.

Mais tarde, Jung ressaltou a natureza arquetípica do par mítico de um homem velho e uma mulher jovem que ocorre em *Liber Novus* na relação entre Salomé e Elias e entre o Estudioso e sua filha:

> Nesses delírios oníricos, sempre aparecem um velho e uma moça, e exemplos de duplas como essa existem em muitos contos míticos. Portanto, de acordo com a tradição gnóstica, Simão, o Mago, saía com uma jovem que encontrou em um bordel.[75]

Segundo Jung, essa "jovem", chamada Helena ou Selene (epíteto para a Lua), é

> *ennoia* [consciência ou pensamento], *sapientia* [sabedoria] e *epinoia* [desígnio ou propósito].[76]

Uma versão terrena da potência celestial gnóstica, Sofia, que é, ao mesmo tempo, divindade e meretriz, a Helena, de Simão, o Mago, assim como a Salomé de Jung, personifica a sabedoria do inconsciente. Depois, quando o conhecimento mais profundo de alquimia por parte de Jung lhe proporcionou vocabulário simbólico mais vasto para o processo de individuação, ele reiterou o par *senex* e *anima* em linguagem astrológica/alquímica:

> A Lua também tem relação com Saturno, o maléfico astrológico. No Saturno "Dicta Belini" se encontra, enfim, o "pai-mãe" da Lua: "Sou a luz de todas as coisas que me pertencem e faço a Lua aparecer abertamente do interior de meu pai, Saturno".[77]

A ideia de Saturno como "pai" da Lua não é mencionada em textos astrológicos, embora se afirme que os dois corpos celestes regem signos opostos (Capricórnio e Câncer, respectivamente) e, portanto, simbolizam dois lados de um único princípio formativo, refletido na matriz maternal fluídica da água e na formalidade estruturada da terra, que "se move a passos lentos".[78] Jung descreveu essa polaridade com este comentário: "O velho profeta expressa persistência, mas a jovem donzela denota movimento".[79] Alan Leo descreveu uma relação mais complexa entre a Lua e Saturno que se concentrava na premência de alinhamento da "personalidade" lunar com a meta solar da "individualidade", graças à mediação de Saturno:

Portanto, a Lua, representante da personalidade, está centrada em Saturno, o planeta que controla o caminho do discípulo ou a autonomia para se livrar da irresponsabilidade.[80]

Sob essa perspectiva, Salomé sozinha não seria nada além da filha sanguinária de Herodias, a sinistra Lua eclipsada, inconsciente e compulsiva; porém, sob a tutela do pai, Elias, ela pode cumprir o papel do princípio de Eros. Jung, contudo, em comentário posterior sobre sua visão, declarou-se insatisfeito com o desequilíbrio psicológico refletido na posição "inferior" de Salomé e sugeriu que, enquanto permanecesse submissa e cega, era "uma alegoria incorreta de Eros", refletindo o aspecto da própria natureza de Jung segundo o qual "O logos, com certeza, tem a autoridade final".[81] A cura de Salomé e a dele mesmo tornam-se, portanto, uma necessidade urgente, mas só pode ocorrer por meio de um grande sacrifício: sua crucificação e ressurreição. No fim do tormento de Jung, Salomé proclama: "Vejo a luz!", e Elias anuncia a Jung: "Tua obra está realizada aqui".[82]

A Cozinheira

O "Eu" de Jung tem contato com a Cozinheira no Livro Dois do *Liber Novus*, ao mesmo tempo que conhece o patrão dela, o Bibliotecário, outra figura saturnina. Depois de sair do santuário do Bibliotecário, Jung entra em uma vasta cozinha, com uma chaminé imensa sobre o fogão. Diferentemente da etérea Filha do Estudioso, a Cozinheira é grande e gorda – uma Lua cheia, em vez de crescente – e veste avental xadrez.[83] Amistosa de imediato, ela convida Jung a se sentar e limpa a mesa à frente dele. Os dois conversam sobre *Imitação de Cristo*, de Tomás de Kempis,[84] livro que a mãe da Cozinheira deu à filha e Jung também estava lendo à época; ele o valoriza porque "foi escrito com a alma". A Cozinheira, apesar da aparência modesta e um tanto estereotípica, é uma mulher que se alinha a uma abordagem interiorizada em relação ao espírito, embora convencional do ponto de vista doutrinário. Isso não se deve a uma grandiosa posição intelectual, mas, sim, à postura de sua mãe e avó: senso instintivo e hereditário de exatidão baseada em sentimento, em vez de convicção individual desenvolvida por meio da filosofia ou da ciência. Mas o diálogo dos dois é interrompido, e Jung se perde da Cozinheira em meio a uma multidão caótica.

Ela reaparece dali a algumas páginas, quando Jung desperta após cair no sono, ou sai de um estado de transe, e se vê em uma "escuridão cegante", com uma "faixa cinzenta de crepúsculo" se esgueirando por uma grande parede.[85] Ele adentrou, uma vez mais, a escura paisagem lunar. Tem vaga impressão de um rosto arredondado emergindo dessa "faixa de crepúsculo" e ouve uma risada convulsiva. Abre os olhos, e "a gorda cozinheira está de pé, à minha frente". Jung parece ter adormecido na cozinha.

> Será que dormi? Devo ter sonhado, e que situação medonha! Adormeci nesta cozinha? Será este, de fato, o reino das mães?[86]

O "reino das mães" é uma alusão ao primeiro ato da Parte II do *Fausto* goethiano, em que Fausto deve descer ao submundo, que é o reino das "Mães". Na Cena V desse ato, Mefistófeles diz a Fausto:

> Contra a vontade, revelo um mistério maior. –
> Em solidão são entronizadas as Deusas,
> Não há Espaço ao redor delas, menos ainda Local e Tempo.
> O mero falar delas é constrangedor...
> No mais profundo abismo deves mergulhar para alcançá-las...
> Desce, então! Ou poderia dizer: Sobe!
> Pois seria a mesma coisa.[87]

Mais adiante, Jung interpretou o "reino das Mães" de Goethe como o inconsciente coletivo, sendo acima como é abaixo, podendo "irromper com violência no consciente" e confrontar o indivíduo com "conteúdos estranhos e aparentemente incompreensíveis". O "reino das Mães" é também a *anima*, que "personifica o inconsciente coletivo."[88] A Cozinheira surge, a princípio, como uma caricatura da Mãe Bondosa gorducha, gentil, atenciosa e provedora: a

Lua cheia como símbolo da "fecundação" e do "sustento".[89] Mas a Cozinheira também cuida do portal do submundo, revelando-se mais próxima de dimensões mais sangrentas, selvagens, do lado obscuro e sinistro da Lua, mencionado no primeiro contato de Jung com Salomé.[90] Jung compara a Cozinheira a Kundry, protagonista feminina da última ópera de Wagner, *Parsifal*: figura altamente ambivalente que serve tanto ao mago negro Klingsor quanto à comunidade espiritual dos Cavaleiros do Santo Graal. Assim como Salomé, Kundry exibe um erotismo sombrio e uma espiritualidade compassiva. Depois de acordar na cozinha, Jung e a Cozinheira se separam, e ela não aparece mais no *Liber Novus*.

Hécate, a Deusa Tríplice

A semelhança entre a Cozinheira e a descrição autobiográfica que Jung faz de sua mãe não precisa ser detalhada. Mas a Cozinheira, apesar do breve contato, é também uma figura importante para nos mostrar como Jung compreendia a astrologia, pois revela a capacidade junguiana de visualizar qualquer símbolo, entre eles os astrológicos, como se contivesse em si expressões aparentemente contraditórias, conectadas por um fio tênue de significado.

> Um conteúdo arquetípico se expressa, em primeiro lugar, por metáforas. Se tal conteúdo deveria falar do sol e relacioná-lo ao leão, ao rei, ao ouro vigiado pelo dragão, ou ao poder que sustenta a vida e a saúde do homem, não é uma coisa nem outra, mas, sim, a terceira opção desconhecida que encontra expressão mais ou menos suficiente em todos esses aspectos, e, no entanto – para perpétuo tormento do intelecto –, permanece desconhecida, impossível de ser encaixada em uma fórmula.[91]

Para Jung, o reino da Lua astrológica abrange de uma só vez Salomé, a Filha do Estudioso e a Cozinheira, porque as três figuras emergem do mesmo núcleo arquetípico, que os gregos personificavam como Hécate, a Deusa Tríplice. O espectro total do mito lunar, desde o mais escuro e ctônico até o mais claro e noético, aparece nessas três mulheres imaginárias. Não há sugestão de planetas divididos com perfeição entre "maléficos" e "benéficos" no *Liber Novus*; cada símbolo astrológico se mostra em numerosos personagens, todos ambivalentes. Embora Jung não mencione pelo nome, no *Liber Novus* a antiga deusa lunar Hécate, escreveu muito sobre ela em outras obras, em particular em *Psicologia do Inconsciente*, sendo provável que as representações dela na Antiguidade – entre elas, a apresentada em *Oráculos Caldeus*, no qual personifica a Alma do Mundo[92] – tenham inspirado boa parte do conteúdo simbólico que Jung incorporou nas três figuras femininas do *Liber Novus*.

Segundo Carl Kerényi, colaborador de Jung em *Essays on a Science of Mythology*, Hécate, a Deusa Tríplice, é "considerada, com frequência, representante da lua". Ela tem os atributos de Deméter, a Grande Mãe (que se parece com a Cozinheira), e de sua filha, Perséfone ou Coré (que lembra a Filha do Estudioso). Hécate é a "Senhora dos Espíritos" e rege o mundo dos fantasmas e da bruxaria; mas também é dotada de "uma espécie de sentimento materno". É, ao mesmo tempo, a que cuida e a que alimenta, e no cerne de sua esfera de influência "encontra-se a lua".[93] Jung ressaltou essas associações em seu ensaio sobre Coré (a Donzela), que segue o de Kerényi no trabalho conjunto. Tanto a Donzela como a Mãe podem ser representadas como serpentes (assim como Salomé e a Alma de Jung) e costumam estar "enfeitadas com uma única lua crescente" (como a figura da *anima* e o castelo do Velho Estudioso nas pinturas de Jung).[94] Além disso, a "frutífera Mãe bondosa", que o "homem ingênuo" relacionava à Lua,[95] pode também presidir a ação de "beber sangue e se banhar em sangue",[96] como fez a Salomé bíblica diante da morte de João Batista. Em *Psicologia do Inconsciente*, Jung ressaltou que a Hécate, a Deusa Tríplice, está "relacionada com a Lua (crescente, cheia e minguante)";[97] ademais, ela tem "pés que parecem cobras".[98] Jung citou, em seguida, a comparação de Plotino entre a Lua e a Alma do Mundo, sugerindo que essa correspondência se teria estendido até o início do Cristianismo:

> Alguns dos primeiros sectários cristãos atribuíam significado maternal ao Espírito Santo (alma do mundo, Lua)".[99]

A interpretação astrológica que Alan Leo faz da Lua combina inteiramente com a de Jung, e é provável que a obra de Leo tenha contribuído de modo significativo para as figuras lunares no *Liber Novus*, bem como para a interpretação de Jung da *anima* lunar: uma intermediária entre o inconsciente coletivo e o consciente. Na maioria de seus livros, Leo se mostra um tanto convencional nas descrições da Lua, referindo-se à tradicional relação dela com família, pais e sustento.[100] Mas, em *Astrologia Esotérica*, ele abriu suas asas teosóficas, tendo declarado:

> Ela [a Lua] significa, portanto, um estado de dualidade, um meio entre dois extremos [...] e assim é utilizada como símbolo da Alma, considerada intermediária entre o Espírito acima e o Corpo abaixo [...] [O semicírculo ou crescente] indica a Lua em suas fases duais de luz e sombra, crescente ou minguante; a representante da alma pessoal com seus variados temperamentos, que pode se elevar e se unir à consciência espiritual no alto, ou descer e se ligar ao corpo, embaixo.[101]

Segundo Leo, justamente por "significar todas as coisas intermediárias", a Lua também tem função importante na mediunidade como "elo perdido entre os vivos e os mortos".[102] Já para Jung, a Lua é "o ponto de encontro de almas desencarnadas, a guardiã das sementes".[103] Após a morte do Vagabundo, que Jung conhece logo depois de ter entrado em contato com a Filha do Estudioso,[104] ele se refere à Lua como a morada das almas mortas:

> A alma foi para a Lua, a preservadora de almas. Assim, a alma caminhou para a morte".[105]

É exatamente esse papel de mediadoras entre o mundo luminoso e o "reino das Mães" – entre os vivos e os mortos, o domínio da consciência e do inconsciente – que as diversas figuras lunares desempenham no *Liber Novus*, e Jung atribuiu à *anima* como arquétipo da alma feminina nos homens.

Quase no fim do *Liber Novus*, após o encontro transformativo de Jung com o mago Filêmon, Salomé, mais uma vez acompanhada de Elias, ressurge.

Ela é oferecida a Jung pelo pai, mas Jung explica que, apesar de amá-la, ele já é casado. Desesperada para ficar com ele, Salomé promete servi-lo, cantar e dançar para ele, e "colher flores para ti todos os dias",[106] mas ainda assim ele a recusa. Jung já "roubou" a Serpente, que reconheceu como a própria Alma, e por algum tempo crê que se apropriou de todo o poder mágico que até então era de Elias e de sua filha.[107] Assim como Izdubar, Salomé sofreu uma transformação por causa do contato com Jung, mas também o transformou: depois que Jung aceita o sacrifício nas mãos dela e vivencia uma espécie de crucificação, ela deixa de ser cega.[108] Ele, por sua vez, consegue acessar as profundezas de si próprio e os poderes intuitivos do inconsciente:

> Quando me dei conta da liberdade em meu mundo do pensamento, Salomé abraçou-me, e, assim, tornei-me profeta, pois encontrei prazer no princípio primordial, na floresta e nos animais selvagens.[109]

A referência à "floresta" e a "animais selvagens" faz alusão a outro aspecto do mito lunar: a deusa Ártemis, protetora dos animais, que Jung descreve como "a caçadora noturna selvagem", tendo "estreita relação" com Hécate na qualidade de deusa da Lua.[110]

No *Liber Novus*, Jung acaba compreendendo que "Salomé está onde eu estiver", e "Salomé é minha alma".[111] Ele alcança essa integração gradual por meio de outra experiência de sofrimento: fica suspenso do alto da "árvore da vida", forma de sacrifício "menos nobre" que a crucificação, "mas não menos agoniante".[112] Jung se tornou O Pendurado do tarô, sobre o qual Waite comentou com a costumeira ambiguidade sibilina:

> Expressa a relação, em um de seus aspectos, entre o Divino e o Universo. Aquele que compreende que a história de sua natureza mais elevada está implícita nesse simbolismo receberá pistas sobre a possibilidade de um grande despertar e saberá que, após o sagrado Mistério da Morte, há um glorioso Mistério de Ressurreição.[113]

O sacrifício que se reflete no imaginário dessa carta parece ter certa relação com a espera paciente e necessária após a abdicação voluntária da vontade consciente; a figura de O Pendurado está de cabeça para baixo, os pés no alto e as mãos livres para se libertar, se assim desejar. Waite fez mera referência oblíqua ao renascimento místico, mas estudiosos mais recentes do tarô enfatizam a natureza "voluntária" do sacrifício, a expressão "serena e tranquila" do rosto da figura, e o significado da carta como troca "do mundano pelo espiritual", com a confiança em um poder transpessoal desconhecido sobre o qual ninguém tem controle consciente.[114] A interpretação breve de Jung era que a carta indicava "impotência, sacrifício, teste, prova".[115] Quanto ao tema mítico do enforcamento, ele teria mais a dizer:

> Toda a série de deuses enforcados nos ensina que Cristo pregado na cruz não é uma ocorrência isolada na mitologia religiosa [...]. A cruz de Cristo é a Árvore da Vida, mas também a tora da morte [...]. *Como uma pessoa que se volta correndo para trás, ao encontro da mãe, ele* [o herói] *deve morrer enforcado ou suspenso na árvore mãe*.[116]

Por estar "pendurado na Árvore da Vida", observou Jung, o deus teutônico Wotan obteve "a bebida inspiradora, inebriante, que lhe deu a imortalidade".[117] O objetivo desse sacrifício voluntário do controle consciente, como o ritual teúrgico da *Liturgia de Mithra*, é a transformação resultante da receptividade voluntária a uma experiência direta do *Self*. No *Liber Novus*, Jung expõe seu motivo para sofrer um processo tão doloroso, quando declara a Salomé: "Estou dependurado por você e por mim".[118]

Sob a perspectiva da compreensão astrológica de Jung, as várias conversas, eventos, transtornos emocionais e visões tétricas que acompanharam os contatos com os representantes da Lua, essa que é o mais ambivalente dos símbolos astrológicos, resultaram no reconhecimento e, ao menos, em uma integração parcial do princípio arquetípico que antes era projetado apenas sobre as mulheres e suprimido pelo preconceito intelectual e pelas convenções sociais que dominavam sua vida pessoal e profissional. Jung jamais afirmou que suas visões, vivenciadas por meio da imaginação ativa e processadas através da lente de uma variedade de sistemas simbólicos, resultaram em uma personalidade perfeitamente coesa e curada como por milagre. Mas seu

FIGURA 3.3. Carta do Pendurado no tarô Waite-Smith.

modo de ver a Lua astrológica, a princípio por meio de interpretações e análise intelectual, e por fim em um contato direto com imagens vivas e poderosas que talvez ele tenha invocado de forma deliberada, parece ter moldado sua compreensão sobre a psicologia masculina e o princípio arquetípico que ele chamava de *anima* e vivenciava como sua alma.

Notas

1. Plutarco, *The Face Which Appears on the Orb of the Moon*, trad. A. O. Prickard (Londres: Simpkin & Co., 1911), XXVII: 943, pp. 44-5. A biblioteca de Jung continha todas as obras de Plutarco em alemão: Plutarco, *Lebensbeschreibungen*, trad. Hanns Floerke, 6 volumes (Munique: Georg Müller, 1913).

2. Jung, *Liber Novus*, p. 263.
3. Sobre obras a respeito dos diversos aspectos da *anima*, ver, entre outros, Esther Harding, *The Way of All Women* (Londres: Longmans, Green, 1933); Marie-Louise von Franz, *The Feminine in Fairy Tales* (Putnam, CT: Spring, 1972); Cornelia Brunner, *Anima as Fate*, trad. Julius Heuscher e Scott May (Dallas, TX: Spring, 1986).
4. Sobre ensaios de Jung a respeito da *anima*, ver Jung, CW7, pars. 296-340; Jung, CW13, pars. 57-63; Jung, CW9i, pars. 111-47; Jung, CW9ii, pars. 20-42. Ver também a extensa discussão sobre a psicologia "lunar" das mulheres em CW14, pars. 214-33.
5. Jung, "Prefácio", em Brunner, *Anima as Fate*, p. xiii. Essa obra foi publicada originalmente em alemão sob o título *Die Anima als Schicksalsproblem des Mannes* (Zurique: Rascher Verlag, 1963); o prefácio de Jung foi escrito, a princípio, em alemão, em 1959.
6. Jung, *Liber Novus*, p. 267.
7. Sobre discussões do conceito de Jung de *anima* sob a perspectiva feminina, ver, entre outros, Susan Rowland, *Jung* (Cambridge: Polity Press, 2002); Demaris S. Wehr, *Jung and Feminism* (Boston, MA: Beacon Press, 1989); Naomi R. Goldenberg, "A Feminist Critique of Jung", *Signs* 2:2 (1976), pp. 443-49.
8. Ptolomeu, *Tetrabiblos* IV.5.
9. Jung, CW8, par. 869 e n. 65, citando *Tetrabiblos*, de Ptolomeu, e *Commentarium in Ptolemaeum de astrorum iudiciis*, de Jerome Cardanus.
10. Jung, CW14, par. 159.
11. Ver, por exemplo, Leo, *Astrology for All*, p. 64, em que a Lua em Áries indica que "a mãe terá papel de destaque em sua vida de alguma maneira, nem sempre papel solidário ou afortunado".
12. Ver, por exemplo, Leo, *Esoteric Astrology*, p. 5.
13. No início, Jung dialoga com o "espírito das profundezas" e o "espírito do tempo", o que poderia ser considerado coletivo em vez de pessoal.
14. Jung, *Liber Novus*, p. 358.
15. Ver Jung, *Liber Novus*, pp. 327, 357, e p. 251, n. 196.
16. Sobre a compreensão que Jung tem da alma como "tripartite", ver Shamdasani, "Introduction", em Jung, *Liber Novus*, p. 207.
17. Salomé aparece com frequência nos Apócrifos como discípula de Jesus; ver, por exemplo, o *Evangelho Segundo Tomé*, o *Evangelho Secreto de Marcos*, o *Evangelho*

Grego dos Egípcios e o *Protoevangelho de Tiago*, XIV, em que ela tem função de parteira no nascimento de Jesus. Nos evangelhos canônicos, em Marcos 6:3 e Mateus 27:56, ela é irmã de Maria, a mãe de Jesus. Ver Richard Backham, "Salome the Sister of Jesus, Salome the Disciple of Jesus, and the Secret Gospel of Mark", *Novum Testamentum* 33:3 (1991), pp. 245-75.

18. Para mais informações sobre a Cozinheira, ver a seguir.
19. Sobre uma discussão a respeito do simbolismo lunar em diversos contextos, ver Jules Cashford, *The Moon: Myth and Image* (Londres: Cassell, 2003).
20. Ver Greene, *Jung's Studies in Astrology*, Capítulo 1. [*Jung, o Astrólogo – Um Estudo Histórico sobre os Escritos de Astrologia na Obra de Carl G. Jung*. São Paulo: Pensamento, 2023.]
21. Jung, CW14, par. 155.
22. Uma figura feminina, presumivelmente também Salomé (tem os mesmos cabelos pretos e longos e veste a mesma túnica vermelha), aparece mais adiante no *Liber Novus*, p. 105. É polarizada com uma mulher em vestes azuis e lenço de cabeça branco, que representa a face espiritual da *anima*.
23. Jung, *Liber Novus*, p. 245.
24. Uma "Lua de sangue", ou eclipse lunar, em abril, no ano 33 d.C., parece coincidir com a crucificação de Jesus; ver Atos dos Apóstolos 2:14-21. Para mais sobre "luas de sangue" e morte de Jesus, ver B. E. Schaeffer, "Lunar Visibility and the Crucifixion", *Quarterly Journal of the Royal Astronomical Society* 31:1 (1990), pp. 52-67.
25. Jung, *Liber Novus*, p. 246.
26. Ver Jung, *Liber Novus*, p. 245: "Uma linda donzela sai pela porta. Caminha com relutância, e vejo que é cega".
27. Jung, CW11, par. 425.
28. Jung, *Liber Novus*, p. 245.
29. Jung, *Liber Novus*, p. 248. Para Kali e seus festivais, ver Rachel Fell McDemott e Jeffrey John Kripal (orgs.), *Encountering Kali* (Berkeley: University of California Press, 2003).
30. Plínio, o Velho, *The Natural History*, trad. Henry T. Riley (Londres: H. G. Bohn, 1855), 37:20.
31. Para associações da água-marinha com a Lua, ver Agrippa, *De occulta philosophia*, I.24-27.
32. Jung, *Liber Novus*, p. 246.

33. Jung, *Liber Novus*, p. 247.
34. Jung, *Liber Novus*, p. 251.
35. Jung, *Analytical Psychology*, pp. 94-5.
36. Jung, *Psychology of the Unconscious*, p. 404.
37. Ver Timothy Gantz, *Early Greek Myth: A Guide to Literary and Artistic Sources* (Baltimore, MD: Johns Hopkins University Press, 1993), pp. 26-7.
38. Jung, CW5, par. 577. Esse parágrafo longo é acompanhado de um desenho de uma gema "gnóstica" que retrata Hécate na forma com três cabeças (Figura 34).
39. Ver, por exemplo, Dane Rudhyar, "Carl Jung's Birthchart", em www.mindfire.ca/Astrology%20and%20The%20Modern%20Psyche/Chapter%20Six%20-%20Carl%20Jung's%20Birthchart.htm; Elizabeth Spring, "Obama's Astrological Chart; Jung's Astrological Chart", em http://northnodeastrology.blogspot.co.uk/2008/11/obamas-astrological-chart-jungs.html.
40. Embora a procura por Plutão tenha começado em 1906, sua existência só foi confirmada em 1930. Ele foi originalmente classificado como o nono planeta a partir do Sol. Em 2006, foi demovido pela União Astronômica Internacional para a nova categoria de "planeta-anão", por ter apenas um sexto da massa da Lua. Astrólogos contemporâneos não se impressionaram com a demoção de Plutão; aliás, nem os astrônomos. Ver, por exemplo, Adam Gorwyn e Alan Stern, "A Chihuahua is still a dog, and Pluto is still a planet", *EarthSky*, 18 de fevereiro de 2010. Para mais a respeito da descoberta de Plutão, ver Ken Croswell, *Planet Quest: The Epic Discovery of Alien Solar Systems* (Nova York: Free Press, 1997); Allen Stern e Jaqueline Mitton, *Pluto and Charon* (Nova York: John Wiley and Sons, 1998).
41. Jung, CW5, par. 572; Jung, CW9i, par. 169; Jung, CW10, par. 394; Jung, CW12, par. 209, n. 83, 505; Jung, CW14, par. 144, n. 157. Nenhuma dessas referências implica conexão astrológica.
42. Gret Baumann-Jung, "Some Reflections on the Horoscope of C. G. Jung", *Quadrant* (primavera de 1975), pp. 35-55. Ver, sobretudo, pp. 46-8.
43. Jung, *MDR*, p. 241.
44. Jung, *MDR*, pp. 65-6.
45. Jung, carta a André Barbault, 26 de maio de 1954, em Jung, *C. G. Jung Letters*, vol. 2, pp. 175-77.
46. Ver Greene, *Jung's Studies in Astrology*, Capítulo 2. [*Jung, o Astrólogo – Um Estudo Histórico sobre os Escritos de Astrologia na Obra de Carl G. Jung*. São Paulo: Pensamento, 2023.]

47. A pintura aparece em Jung, *Liber Novus*, p. 155.
48. Ver Wouter J. Hanegraaff, *New Age Religion and Western Culture: Esotericism in the Mirror of Secular Thought* (Leiden: Brill, 1996), p. 507 e n. 429; Richard Noll, *The Jung Cult* (Princeton, NJ: Princeton University Press, 1994), pp. 181-84.
49. C. G. Jung, "The Psychological Aspects of the Kore", em Jung e Kerényi, *Essays on a Science of Mythology*, pp. 175-76, reimpressão: Jung, CW9i, pars. 306-83.
50. A citação é de 1 Coríntios 2:7-10. Ver comentários de Shamdasani em Jung, *Liber Novus*, p. 317, n. 283.
51. Para referências de Jung à *Shekhinah*, ver Jung, CW9i, par. 576; Jung, CW9ii, par. 425; Jung, CW11, par. 727; Jung, CW14, pars. 18, 652. Sobre *Shekhinah* como Noiva, a manifestação da glória de Deus no mundo, a personificação da sabedoria de Deus e da Lua, ver Gershom Scholem, "The Feminine Element in Divinity", em Gershom Scholem, *On the Mystical Shape of the Godhead*, trad. Joachim Neugroschel (Nova York: Schocken Books, 1991), pp. 140-96; Arthur Green, "Shekhinah, the Virgin Mary, and the Song of Songs", *AJS Review*, 26:1 (2002), pp. 1-52. Sobre associações com a Lua, ver também Wolfson, *Through a Speculum*, pp. 267n, 359; Moshe Idel, *Kabbalah and Eros* (New Haven, CT: Yale University Press, 2005), pp. 69, 91, 261n; Gershom Scholem, *On the Kabbalah and Its Symbolism*, trad. Ralph Mannheim (Nova York: Schocken Books, 1965), pp. 107-8, 151-53.
52. Jung, *Dream Analysis*, pp. 504-6.
53. Sobre o provável conhecimento inicial de Jung a respeito da Cabala, ver Sanford L. Drob, "Towards a Kabbalistic Psychology", *Journal of Jungian Theory and Practice* 5:2 (2003), pp. 77-100. Quanto à absorção de Freud de conceitos cabalísticos em suas teorias psicanalíticas, ver David Bakan, *Sigmund Freud and the Jewish Mystical Tradition* (Princeton, NJ: Van Nostrand, 1958; reimpressão em Boston: Beacon Press, 1975).
54. A. E. Waite, *The Secret Doctrine of Israel: A Study of the Zohar and Its Connections* (Londres: William Rider & Son, 1912); A. E. Waite, *The Holy Kabbalah: A Study of the Secret Tradition in Israel* (Londres: Williams & Norgate, 1929). Sobre o parecer de Waite a respeito da *Shekhinah*, ver Waite, *The Holy Kabbalah*, pp. 377-405.
55. Ver Jung, *Liber Novus*, p. 317, n. 283.
56. Jung, CW9i, par. 380.

57. A. E. Waite, *The Pictorial Key to the Tarot* (Londres: William Rider & Son, 1910). Sobre o histórico detalhado desse tarô, ver K. Frank Jensen, *The Story of the Waite-Smith Tarot* (Melbourne: Association of Tarot Studies, 2006).
58. Waite, *Pictorial Key*, p. 77.
59. Waite, *Pictorial Key*, pp. 76-9. Em certo ponto do *Liber Novus* (p. 249), Salomé alega ser a filha de Maria, a *Mater coelestis* ou "mãe celeste" (sobre a última referência, ver *Liber Novus*, p. 352, n. 113).
60. Waite, *Pictorial Key*, p. 79.
61. Ver, por exemplo, a citação de Jung sobre as diversas obras de Waite em Jung, CW12, par. 490; Jung, CW14, pars. 18, 27, 312; Jung, CW16, pars. 417, 500.
62. Papus [Gérard Encausse], *Le Tarot des Bohémiens* (Paris: Flammarion, 1889). As interpretações de Papus se baseiam em vínculos entre o tarô e a Cabala, e Jung possuía a tradução alemã de uma obra de Papus intitulada *Die Kabbala*, publicada em 1910; isso sugere o contato com a Cabala muito antes dos seminários apresentados por Jung nos anos 1920.
63. Jung, CW9i, par. 81.
64. C. G. Jung, *Visions*, org. Claire Douglas, vol. 2 (Princeton, NJ: Princeton University Press, 1997), p. 923.
65. http://marygreer.wordpress.com/2008/04/18/carl-jung-on-the-major-arcana/. Mary Greer afirma que as definições das cartas consistem em notas breves feitas por Hanni Binder a respeito das descrições de Jung em alemão, quando eles conversaram sobre as cartas de tarô. Segundo Greer, o baralho usado por Jung "baseava-se no tarô Grimaud de Marselha, que, para ele, era o que mais continha propriedades reconhecidas de suas leituras sobre textos alquímicos".
66. Jung, *Liber Novus*, p. 261. Jung descreveu essa visão em "Psychological Aspects of the Kore", p. 174, atribuindo tanto a visão quanto a pintura de Salomé a um paciente.
67. Jung, *Liber Novus*, p. 262.
68. Jung, *Liber Novus*, p. 262.
69. Jung, *Liber Novus*, p. 263. Jung falou desse encontro em seu ensaio "On the Psychological Aspects of the Kore Figure", em Jung, CW9i, par. 361.
70. Waite, *Pictorial Key to the Tarot*, p. 143.
71. Ver http://marygreer.wordpress.com/2008/03/31/carl-jung-and-tarot/. O lagostim era o meio convencional de retratar o caranguejo, associado ao signo

zodiacal de Câncer, na era medieval. Um caranguejo real raramente era visto na iconografia astrológica até a era moderna, embora apareça em amuletos do mundo greco-romano.

72. Bion of Smyrna, *Lament of Adonis*, citado por Marie Louise von Glinski, *Simile and Identity in Ovid's Metamorphosis* (Cambridge: Cambridge University Press, 2012), p. 42. Sobre mais conexões entre a rosa e Afrodite, ver *Pausanias' Guide to Ancient Greece*, trad. Christian Habicht (Berkeley: University of California Press, 1998), 6:24.6-7; David Kinsley, *The Goddesses' Mirror* (Albany: SUNY Press, 1989), p. 189; H. David Brumble, *Classical Myths and Legends in the Middle Ages and Renaissance* (Londres: Routledge, 2013), p. 344.
73. Jung, *MDR*, p. 207.
74. Jung, *Liber Novus*, p. 264.
75. Jung, *MDR*, p. 206.
76. Jung, CW14, par. 160.
77. Jung, CW14, par. 226, n. 359. O "Dicta Belini" é um tratado supostamente escrito por Apolônio de Tiana (c. 15-100 d.C.), filósofo neopitagórico grego com fama de mago e associado com frequência a Hermes Trismegisto nos escritos alquímicos árabes medievais. Jung encontrou o texto na coleção alquímica conhecida como *Theatrum chemicum*, V, p. 97. Sobre Apolônio, ver Maria Dzielska, *Apollonius of Tyana in Legend and History* (Roma: L'Erma, 1986); Filóstrato, *Apollonius of Tyana*, trad. Christopher P. Jones (Cambridge, MA: Loeb Classical Library, 2006). No texto árabe da *Turba Philosophorum*, outra obra alquímica que Jung citava com frequência, a "água da lua e a de Saturno" são idênticas; ver Jung, CW14, par. 493. Ver também Nathan Schwartz-Salant, *The Mystery of Human Relationship* (Londres: Routledge, 2003), pp. 132-33.
78. Jung, CW14, par. 2. A Lua rege o signo de Água de Câncer, enquanto Saturno é o regente do signo de Terra de Capricórnio. Sobre a referência de Jung a essas regências, ver Jung, CW14, par. 6.
79. Jung, *Liber Novus*, p. 365.
80. Leo, *Esoteric Astrology*, p. 27.
81. Jung, *Liber Novus*, p. 366.
82. A crucificação simbólica de Jung ocorre em *Liber Novus*, p. 252.
83. Jung, *Liber Novus*, p. 294.
84. Thomas de Kempis, *The Imitation of Christ*, trad. B. Knott (Londres: Fount, 1996). Jung tinha uma tradução em língua alemã da obra *Das Buchlein von der Nachfolge Christi* (Leipzig: Karl Tauchnitz, 1832).

85. Jung, *Liber Novus*, p. 302.

86. Jung, *Liber Novus*, p. 302.

87. Johann Wolfgang von Goethe, *Faust: A Tragedy*, trad. Bayard Taylor (Nova York: Modern Library, 1950 [1870]), pp. 53-4. Ver Shamdasani, n. 217, p. 302 do *Liber Novus*.

88. Jung, CW10, par. 714.

89. Max Heindel, *Message of the Stars*, pp. 6 e 32.

90. Sobre as observações de Jung a respeito da natureza sinistra e perigosa da Lua nova, ver Jung, CW14, pars. 21-30.

91. Jung, CW9i, par. 267.

92. Sobre Hécate como Alma do Mundo na obra *Oráculos Caldeus*, ver Sarah Iles Johnston, *Hekate Soteira* (Oxford: Oxford University Press, 2000); Lewy, *Chaldean Oracles*, pp. 83-98.

93. Carl Kerényi, "Kore", em C. G. Jung e Carl Kerényi, *Essays on a Science of Mythology* (Princeton, NJ: Princeton University Press, 1969), pp. 101-55, nas pp. 110-13.

94. C. G. Jung, "The Psychological Aspects of the Kore", em Jung e Kerényi, *Essays*, pp. 156-77, nas pp. 158-59.

95. Jung, *Psychology of the Unconscious*, p. 25.

96. Jung, "Psychological Aspects of the Kore", p. 158.

97. Jung, *Psychology of the Unconscious*, p. 549, n. 50.

98. Jung, *Psychology of the Unconscious*, p. 404.

99. Jung, *Psychology of the Unconscious*, pp. 147-48.

100. Ver, por exemplo, Leo, *The Key to Your Own Nativity*, p. 10.

101. Leo, *Esoteric Astrology*, pp. 2-3.

102. Alan Leo, *How to Judge a Nativity* (Londres: Modern Astrology, 1908), pp. 69-70.

103. Jung, *Psychology of the Unconscious*, p. 352; refere-se a uma passagem de Fírmico Materno, *Mathesis*, I.5.9.

104. Sobre a narrativa do Vagabundo, ver Jung, *Liber Novus*, pp. 265-66.

105. Jung, *Liber Novus*, p. 267.

106. Jung, *Liber Novus*, p. 323.

107. Jung, *Liber Novus*, pp. 317 e 324.

108. Jung, *Liber Novus*, p. 252.

109. Jung, *Liber Novus*, p. 251.

110. Jung, *Psychology of the Unconscious*, p. 405 e p. 530, n. 53.
111. Jung, *Liber Novus*, pp. 327, 357, e p. 251, n. 196.
112. Jung, *Liber Novus*, p. 325.
113. Waite, *Pictorial Key*, pp. 118-19.
114. Ver, entre outros, Juliet Sharman-Burke, *Understanding the Tarot* (Londres: Eddison/Sadd, 1998), p. 43; John D. Blakeley, *The Mystical Tower of the Tarot* (Londres: Watkins, 1974), p. 55.
115. http://marygreer.wordpress.com/2008/04/18/carl-jung-on-the-major-arcana/.
116. Jung, *Psychology of the Unconscious*, pp. 264 e 402. Itálicos no original. Sobre a versão revisada, ver Jung, CW5, pars. 349, 398-99, 594, 659.
117. Jung, *Psychology of the Unconscious*, p. 559, n. 54.
118. Jung, *Liber Novus*, p. 325.

4

Saturno, o Eremita

Parte 1: Os Solitários

> Quando nos afastamos das coisas terrenas, quando apelamos para a reclusão, o relaxamento, a constância, a teologia esotérica e a filosofia, ou a superstição, a magia, a agricultura e o sofrimento, caímos sob a influência de Saturno.[1]
>
> – Marsílio Ficino

> Ó excelso senhor, cujo nome é grandioso e está acima dos céus de todos os outros planetas, a quem Deus fez sutil e excelso! És o senhor Saturno, frio e seco [...] cujo conhecimento é extenso e profundo, verdadeiro nas palavras e promessas, único nos atos, solitário, distante dos outros, próximo do sofrimento e da tristeza, longe da alegria e da celebração; és velho, antigo, sábio [...]. Tu és o autor do bem e do mal.[2]
>
> – Picatrix

> Cinza e preto correspondem a Saturno e ao mundo maligno; eles simbolizam o início das trevas, da melancolia, do medo, da maldade e da miséria da vida humana banal [...]. A escuridão pode ser interpretada psicologicamente como confusão e o rumo incerto do homem.[3]
>
> – C. G. Jung

Profecia e magia: Elias

Várias figuras masculinas aparecem na jornada de Jung na primeira parte do *Liber Novus*. Todos esses personagens são velhos e exibem forma específica de sabedoria ou conhecimento arcano. São figuras que parecem retratar diferentes aspectos da imagem do *senex,* ou "Velho Homem", que Jung associava a Saturno, "o mais frio, mais pesado e mais distante dos planetas".[4] Três personagens, enfim, atingem pleno potencial na figura mais nuançada e complexa chamada Filêmon, discutido no próximo capítulo. Mas essas primeiras versões do *senex* são, no entanto, aspectos importantes do que Jung passaria a considerar seu *daimon* pessoal, definido como Saturno, regente de seu horóscopo, do ponto de vista astrológico.

A primeira das figuras do *senex*, Elias, usa o nome do profeta bíblico que defendia o culto ao deus dos hebreus, Javé, em detrimento do deus cananeu Baal, tendo sido levado ao céu no rodamoinho de um carro puxado por cavalos de fogo.[5] Segundo Jung, a figura de Elias foi a principal desencadeadora de sua percepção de que as imagens do *Liber Novus* "tinham realidade psicológica própria, não sendo meros fragmentos subjetivos".[6] Conforme o próprio Elias, irritado, diz a Jung na obra: "Somos reais, não símbolos".[7] Quando ele surge pela primeira vez, Jung o descreve à semelhança de "um dos velhos profetas". A casa de Elias é construída no sopé de uma parede lisa de rocha e contém uma pedra de vidência como aquela na qual John Dee, no século XVI, tinha visões em forma de anjos.[8]

Além das referências aquáticas e lunares mencionadas no capítulo em relação a Salomé, pedras e montanhas aparecem repetidas vezes no cenário habitado por Elias. Gemas formam as paredes de sua casa,[9] e enormes blocos de pedra foram usados para construir o "templo do sol" no topo da montanha. Pedras e fundações, em sentido literal e também metafórico, apresentam-se na mitologia e iconografia de Saturno, conhecido pelos gregos como Cronos, desde Hesíodo e os órficos até os alquimistas do início da era moderna. Cronos, de acordo com a *Teogonia* de Hesíodo, recebeu uma pedra para ser engolida, a qual lhe foi dada pela irmã-esposa Reia para substituir o bebê Zeus quando o velho titã tentou devorar os filhos, para, assim, preservar seu poder; Reia esculpiu, então, uma foice de pedra para Zeus arremessar e castrar o pai.[10] Nas doutrinas órficas, Cronos era considerado o arquiteto do mundo material sólido.[11] O astrólogo romano do século I d.C., Marco Manílio, afirmava que Saturno "regia as fundações do universo", enquanto Vettius Valens, no século II, declarou que o planeta "rege o chumbo, a madeira e a pedra".[12] O alquimista Heinrich Khunrath, o qual Jung acreditava ter previsto a Era de Aquário, referia-se ao planeta como "um homem velho em uma montanha" que mora na "caverna da montanha de Saturno".[13] E Alan Leo, em tempos modernos, deu continuidade a essas associações declarando que Saturno rege o mundo mineral.[14] Jung, que conhecia todas essas fontes, não ignorava a corrente histórica consistente das correspondências saturninas e observou que os sabeus, povo antigo do primeiro milênio antes de Cristo que habitava a região hoje conhecida como Iêmen, veneravam uma imagem de Saturno "feita de chumbo e pedra preta".[15]

As pedras tinham grande importância para Jung, desde a infância até o fim da vida. Em sua autobiografia, ele se estendeu na descrição das primeiras experiências com "minha pedra" no jardim da casa onde morava quando criança e daquela que esculpiu em Bollingen, também chamada por ele de "minha pedra". No caso da segunda pedra, decorada de um lado com símbolos astrológicos, Jung inscreveu uma paráfrase em latim oriunda de diversos textos alquímicos, cujo intento era representar a voz da própria pedra como a *lapis philosophorum*, símbolo central da alquimia:[16]

> Sou órfã e sozinha; no entanto, estou em todos os lugares. Sou uma, mas oponho-me a mim mesma. Sou ao mesmo tempo um jovem e um homem velho. Não tive pai nem mãe, porque precisei ser apanhada das profundezas como um peixe, ou caí do céu, como uma pedra branca. Pelos bosques e montanhas perambulo, mas me oculto nos recônditos da alma humana. Sou mortal para todos, porém intocável pelo ciclo das eras.[17]

O cenário de submundo da casa de Elias também é saturnino, pois essa divindade, como ressalta Jung, era, assim como Plutão, deus do submundo que "rege os mortos";[18] sua natureza terrestre, rochosa, titânica, pertence ao reino das cavernas escuras, dos fogos negros e das grutas subterrâneas repletas de tesouros.[19] A idade, a sabedoria e o dom profético de Elias – atributos sempre associados ao frenesi melancólico da "bile negra" de Saturno – apontam para o deus planetário que figurava com tanto poder na alquimia como o "Velho Rei", forma primordial do ouro alquímico.[20]

Jung se referia a Elias como símbolo do "fator de inteligência e conhecimento".[21] O poder de Saturno, na interpretação de Jung, era vivenciado, em particular, pela faculdade mental, atributo descrito por Fírmico Materno, para quem Saturno era o patrono dos grandes pensadores.[22] Alan Leo concordava:

> Saturno tende a uma atitude científica, promovendo um desejo intenso de descobrir o verdadeiro estado das coisas [...]. Dotado de mente vigilante e cautelosa, seu principal deleite consistirá no estudo e na pesquisa, ou em qualquer trabalho que exija postura mental intelectual, contemplativa e reflexiva.[23]

Segundo Leo, se Saturno se posicionasse no signo zodiacal de Aquário, como ocorreu na hora do nascimento de Jung:

> ele será, aí, a ponte entre a vontade do *Self* Superior e do Inferior. Aos que estão despertos, ele dá a habilidade de julgamento de caráter, concentração da atenção e meditação por meio de pensamentos subjetivos e abstratos.[24]

Confiante nos escritos de Blavatsky, Leo contava com antecedentes antigos para formar essa percepção de Saturno como planeta de "mente superior". Foi sobretudo por causa dos neoplatônicos que o planeta passou a ser associado a faculdades intelectuais superiores, em vez de ser interpretado apenas como influência "maléfica"; e numerosas fontes consultadas por Jung, na época em que escreveu sobre Elias, expressavam tal posição. Plotino via Saturno como símbolo do intelecto superior ($νους$),[25] e Fírmico Materno atribuía a Saturno o poder de produzir "famosos magos e filósofos, além de excelentes videntes e *mathematici* [astrólogos], que sempre acertam nas profecias, e cujas palavras têm autoridade divina, digamos assim".[26]

Frances Yates observou que, durante a revitalização renascentista das doutrinas neoplatônicas no fim do século XV e início do XVI, todas as influências celestiais acabavam sendo consideradas "boas", e cabia ao indivíduo fazer bom uso de seu horóscopo, em vez de utilizá-lo para o mal. Não existiam planetas intrinsecamente "maus" ou "maléficos", e Saturno era tido como o planeta dos grandes pensadores e profetas:

> Saturno, infeliz e mau na teoria astrológica normal, está no topo da lista. Sendo o planeta mais alto na ordem cósmica, é o mais próximo da fonte divina do ser e, portanto, associa-se às mais altas contemplações. Os "saturninos" não são aqueles personagens pobres coitados e infelizes da astrologia tradicional, mas, sim, inspirados estudantes e contempladores das mais elevadas verdades.[27]

Essa posição neoplatônica de Saturno era o que dava colorido ao papel central, embora ambíguo, do planeta na literatura alquímica, além de influenciar Alan Leo e o próprio Jung. Se levarmos em conta essas associações, não nos surpreenderemos por Jung se referir a Elias como figura que representava "predeterminação" ou "pensamento previdente". Essa qualidade, segundo Jung, tem relação com a figura mítica de Prometeu, titã terreno como Cronos-Saturno, cujo nome em grego significa "visão previdente" e "dá forma e definição àquilo que é caótico".[28] Elias habita e personifica um universo saturnino reconhecível: pedras, vidência, profecia e conversão do caos em forma pertencem, por tradição, a esse deus planetário.[29]

Na terceira noite após o encontro com Elias, Jung se vê "diante de uma cordilheira íngreme em um descampado". Assim como a cabra-montesa que simboliza o signo "noturno" de Saturno, Capricórnio,[30] Elias conduz Jung em uma escalada até o pico altíssimo, no qual ele se depara com um "templo do sol" circular, construído com pedras gigantescas. O velho profeta se transforma em anão: figura que Jung associava aos deuses-anões da mitologia grega, conhecidos como Cabiros, e também aos ferreiros anões nibelungos do mito teutônico. Jung relacionava a imagem do anão ao Anthroparion, ou "homúnculo de chumbo" da alquimia, que definia como "espírito de chumbo ou demônio planetário Saturno".[31] Elias promete mostrar a Jung "as termas", levando-o à solidão total de uma caverna escura. Ali, Jung tem visões através do cristal de Elias. O velho profeta, então, desaparece da narrativa por muito tempo (Jung diz que foram dois anos).[32] Mas reaparece quase no fim do *Liber Novus*, oferecendo sua filha a Jung como presente. Assim como muitos dos *dramatis personae* de Jung, ele sofreu uma transformação nesse meio-tempo, ao que parece, para pior: "perdeu o poder da sabedoria" e está fraco e pobre. Diz a Jung: "O excedente do meu poder passou para você".[33] É evidente que se integrou, ao menos em parte, à consciência; mas a essência de seu poder como "Velho Sábio" arquetípico revestirá agora sua encarnação posterior, o mago Filêmon.

Solidão e dor: o Velho Estudioso

Elias tem o poder de reencarnar em novas formas e revelar muitos níveis e dimensões, como costumam fazer os símbolos planetários arquetípicos no mundo astrológico de Jung. O velho profeta aparece, em seguida, com a aparência mais próxima do Velho Estudioso, cujo castelo construído de pedras se oculta em meio a uma floresta escura. Assim como a "composição do lugar" em torno de Elias e Salomé, o cenário do castelo do Velho Estudioso é uma mescla de pedra, a substância saturnina, e água, a substância lunar. Jung apontou o paralelo entre Elias e o Estudioso:

> Nessa aventura, vivenciei o que havia testemunhado no *Mysterium*. Os que lá eu vira como Salomé e Elias se tornaram, em vida, o velho estudioso e sua filha pálida, reclusa".[34]

Como era o caso de Elias, o Estudioso vive isolado com a filha, longe do mundo e da vida banal e fútil. Diferentemente de Elias, porém, ele não é profeta nem mago; é um sofredor recluso, refletindo, assim, a associação que Ficino faz de Saturno com a dor e a solidão. No "pequeno velho castelo", o saguão é repleto de urnas e guarda-roupas pretos" – cor que Jung associava a Saturno –, enquanto o estúdio do Velho Estudioso revela "estantes de livros nas quatro paredes e uma grande escrivaninha, à qual o velho se senta, vestindo uma longa túnica preta".[35] Os lençóis no minúsculo quarto onde ele oferece uma cama a Jung são "estranhamente ásperos", e o travesseiro é duro. A relação da cor preta com Saturno é frequente na Antiguidade, bem como na Idade Média e no início da era moderna, e hoje permanece na atribuição de pedras preciosas pretas como azeviche, obsidiana e ônix negra a esse deus planetário.[36]

O ar no quarto é abafado, e o Velho Estudioso parece "esgotado". Dedica-se de modo incansável "ao conteúdo de ciência e pesquisa, ao mesmo tempo ansioso e tranquilo, como se tivesse de representar pessoalmente a verificação da verdade científica". Nessa descrição, Jung parece recriar o retrato de Saturno dado por uma longa lista de autores astrológicos de diversos séculos, mas de forma extrema e bastante personalizada. A princípio, Jung acredita que o Velho Estudioso vive "uma existência ideal, ainda que solitária". Embora não apareça nenhuma imagem dele no *Liber Novus* – apenas seu castelo de pedra –, a descrição se assemelha à imagem do Eremita nos Arcanos Maiores do Tarô Waite-Smith, sozinho em uma paisagem montanhosa e estéril, com uma lanterna e um cajado.

O Estudioso, porém, apesar de pertencer à mesma corrente de imagens do *senex* que Elias, é uma figura triste e autodestrutiva. Sua personalidade é desequilibrada, pois ele parece personificar aquilo que Jung vivenciou como a própria rigidez de intelecto – a mesma que "envenenou" o gigante Izdubar. O Estudioso está "petrificado em seus livros, protegendo um tesouro valioso e escondendo-o do mundo".[38] O Velho mantém a filha em cativeiro, temeroso de deixá-la enfrentar os perigos de uma vida mundana. Nesse ponto da narrativa, fica óbvio que Jung já havia começado a entender que o intelecto, movido pela ambição de aprender e sem o apoio do envolvimento emocional da alma com a vida, resulta em uma existência árida e estéril:

FIGURA 4.1. Carta O Eremita no tarô Waite-Smith.[37]

>Talvez você pense que um homem cuja vida é consagrada à pesquisa tenha uma existência espiritual, e sua alma seja mais plena que a dos outros. Mas uma vida assim é também externa, tão externa quanto a vida de um homem que só vive para as aparências [...]. Vá a um encontro de estudiosos e os verá: esses velhos lamentáveis, com seus grandes méritos e almas famintas por reconhecimento, e uma sede que nunca pode ser saciada.[39]

A relação entre o "Velho Sábio" e a filha – ou, na interpretação astrológica de Jung, entre Saturno e Lua – é fluídica e frutífera no caso de Elias e Salomé, mas restritiva e danosa no caso do Velho Estudioso e a filha. Detalhe interessante: no horóscopo preparado para Jung pelo rosacruciano Max Heindel nos anos 1920, Saturno e Lua são apresentados formando um ângulo difícil entre si,[40] que Heindel interpreta de modo um tanto sombrio em *A Mensagem das Estrelas*:

> Saturno em quadratura ou oposição à Lua é uma das marcas de tristeza na vida, pois deixa a mente melancólica e fustigada por preocupações, de modo que a pessoa leva consigo uma constante atmosfera depressiva à sua volta [...]. Esses aspectos tornam o espírito amargurado e egoísta [...]. No horóscopo do homem, eles negam o matrimônio ou indicam a morte do cônjuge.[41]

Jung não era conhecido como um indivíduo melancólico ou amargo, e sua esposa só faleceu quando ele tinha 81 anos. Mas o Velho Estudioso perdeu a esposa quando ainda era jovem. A descrição de Jung das relações entre o Estudioso e a filha parece indicar que ele via um conflito psicológico específico no próprio horóscopo, apresentado de maneira mais criativa nas figuras de Elias e Salomé, embora depois houvesse enxergado a "inferioridade" da posição submissa de Salomé. Alan Leo é tão negativo quanto Heindel a respeito desse conflito planetário entre Saturno e Lua, embora ofereça a possibilidade de um esforço construtivo para minimizar os piores efeitos:

> Sendo um aspecto do destino, em geral traz infortúnio e tristeza à vida. Seria benéfico extirpar de sua natureza todo o egoísmo, evitando descontentamentos, pois esse aspecto limita e restringe as pessoas que sofrem sua influência.[42]

O Velho Estudioso parece personificar não só a experiência junguiana da própria melancolia, solidão e isolamento intelectual à época, mas também as descrições astrológicas de Leo e Heindel, que apresentam as qualidades dessa figura infeliz com grande precisão. Depois do encontro com Jung, o Velho Estudioso não aparece mais no *Liber Novus*. Mas o *senex* saturnino ressuscita mais uma vez, agora sob a religiosidade severa de Ammonius, o Anacoreta.

Teologia e filosofia: o Anacoreta

Jung começa a seção do *Liber Novus* intitulada "O Anacoreta" com uma "composição de lugar" totalmente diferente:

> Vi-me em caminhos novos; um ar quente e seco me cercava, e vi o deserto, areia amarela por todo o entorno, acumulando-se em ondas, um sol implacável terrível, um céu tão azul quanto o aço descolorido.[43]

Sem a presença lunar fria e úmida, o calor e a aridez do Sol fustigam a paisagem com ferocidade intolerável. Mas as rochas e pedras inférteis mais uma vez evocam o mundo de Saturno. Jung encontra uma cabana pequena feita de juncos e tijolos de barro, onde "um homem cansado, trajando um manto de linho branco", se senta sobre uma esteira, as costas apoiadas na parede. Ele parece estar lendo o evangelho em grego, e Jung percebe que está na presença de um "anacoreta do deserto da Líbia". Segundo Heródoto, cujas *Histórias* Jung cita muitas vezes nas *Obras Completas*, o linho branco era usado pelos antigos sacerdotes egípcios.[44] Uma das figuras nas visões hermético-alquímicas de Zósimo, que Jung traduziu e publicou, é Ion, o "sacerdote dos santuários interiores", que veste "uma túnica branca que vai até os pés".[45] O Anacoreta de Jung se chama Ammonius, nome inspirado em um indivíduo real da Antiguidade Tardia; em uma carta escrita em 1913, Jung comentou que Ammonius viveu no século III d.C.[46] Na verdade, existem quatro figuras históricas desse período que têm o mesmo nome, e todas elas poderiam ter sido o protótipo para o Anacoreta.[47] Dada a tendência de Jung a associar imagens e símbolos por meio de um tema ou significado comum, é possível que seu Ammonius seja uma destilação de aspectos das quatro figuras, cada uma delas refletindo, de alguma maneira, um sincretismo religioso e a confusão semelhante à que assolou Jung no momento de seu encontro imaginário.

Em uma carta ao pastor Tanner, escrita em 1959, Jung falou do fenômeno do Anacoreta no contexto da experiência religiosa e da linguagem em que tal experiência é comunicada:

> A solidão da experiência religiosa pode ser e será uma fase transicional inevitável e necessária a todos os que procuram a experiência essencial, isto é, a experiência religiosa *primordial* [...]. Mas o indivíduo que alcança essa certeza não poderá ficar sozinho com ela no decorrer da vida [...]. Que linguagem, porém, escolherá? [...]. Por razões práticas, não inventará um idioma novo [...] mas se verá obrigado a usar o mito imemorial, nesse caso o mito cristão.[48]

Esse parece ser o caso do Anacoreta de Jung, que era pagão, mas se converteu ao Cristianismo. Ammonius conversa com o "Eu" de Jung a respeito dos múltiplos significados que podem ser inferidos de cada leitura de um texto sagrado:

> Os homens se esforçam para encontrar apenas um significado para a sequência de palavras [...]. Em níveis mais altos de compreensão dos pensamentos divinos, tu reconhecerás que a sequência de palavras tem mais de um significado válido. Só o onisciente pode conhecer todos os significados da sequência de palavras.[49]

A princípio, essa abordagem parece muito promissora para Jung, que descreve, com entusiasmo, a vida solitária do Anacoreta:

> Ele enxerga o todo e o significado interior [...]. Nem o céu nublado nem qualquer névoa ou penumbra têm permissão de envolvê-lo; do contrário, não conseguiria discernir a longínqua multiplicidade no todo. Em decorrência, o solitário ama o deserto acima de todas as coisas, pois lá tudo ao redor é simples, e nada turvo ou embaçado se interpõe entre ele e o que está a distância.[50]

O "Eu" de Jung aprende muito com Ammonius, em particular as sutilezas da linguagem:

> Uma sucessão de palavras não tem um só significado. Mas os homens se empenham em atribuir um único significado à sequência para

terem, assim, uma linguagem sem ambiguidade. Esse empenho é fútil e limitante [...]. Em níveis mais altos de compreensão dos pensamentos divinos, tu reconhecerás que a sequência de palavras tem mais de um significado válido. Só o onisciente pode conhecer todos os significados das sequências de palavras.[51]

Entretanto, Jung acaba rejeitando a ideia de uma vida solitária que, segundo ele: "seria fria se não tivesse o imenso sol [...]. *O coração do solitário anseia pelo sol*". Jung explicou em *Psicologia do Inconsciente* que esse anseio pelo Sol é "astral-mitológico ou, em termos mais claros, de caráter astrológico": o Sol é a "única representação racional de Deus" e o único meio de resolver a dissonância "na qual a alma do homem caiu".[52] Ammonius, solitário saturnino em busca de verdades intelectuais nos significados ocultos que descobre nos textos sagrados, mostra-se incapaz de interiorizar a verdadeira luz solar. Ele adora um "Deus de palavras". O "Eu" de Jung expressa sua decepção derradeira com o caminho do solitário ao descrever seu desligamento final da plenitude da vida:

> O solitário fugiu do mundo; fechou os olhos, cobriu os ouvidos e se enterrou em uma caverna dentro de si, mas de nada adiantou. O deserto o sugou até secá-lo, as pedras expressaram em palavras seus pensamentos, a caverna ecoou seus sentimentos, e ele se tornou o deserto, a pedra e a caverna. E tudo era o vazio e o deserto, a impotência e a esterilidade, pois ele não brilhava e continuava a ser filho da terra, que sugava tudo de um livro e era sugada pelo deserto.[53]

Uma dose excessiva de Saturno sem nenhum Sol interior evidentemente resultará em "vazio e deserto". O "Eu" de Jung conclui que dele é exigido um tipo diferente de isolamento, no qual a dimensão venusiana sensual da vida – implícita na referência ao perfume das rosas – substitui a aridez do deserto:

> De repente, você mesmo quer ser aquele solitário que caminha pelo jardim com o sol, o olhar que repousa naquelas flores pendentes,

enquanto as mãos acariciam centenas de grãos, respirando como se bebesse o perfume de mil rosas.[54]

Após esse contato com o Anacoreta, Jung se depara com outra figura saturnina no deserto:

Há alguém ali sobre a última duna. Veste um casaco preto enrugado; está de pé, imóvel, e olha para um ponto distante [...]. É magro e tem um brilho profundamente sério no olhar.[55]

Jung o chama de "o obscuro". O homem lhe diz: "Sou frio, e meu coração nunca bateu". Jung replica: "És gelo e o fim; és o silêncio frio das pedras; e és a neve mais alta sobre as montanhas e a geada mais extrema do espaço exterior". Embora a identidade dessa figura não seja clara, ela se assemelha a um Ammonius com seu mundo interior revelado, vestindo preto em vez de branco e revelando a frieza absoluta do abismo em um homem cujo coração jamais despertou.

A aparição final de Ammonius no *Liber Novus* é um tanto embaraçosa. Jung encontra duas figuras que não reconhece à primeira vista: um velho monge e um homem alto e desengonçado, com jeito infantil de andar e roupas vermelhas desbotadas.[56] O sujeito desengonçado é o Cavaleiro Vermelho, mudado de forma radical: envelheceu, os cabelos ruivos ficaram grisalhos, e as roupas de tom vermelho-fogo estão puídas e desgrenhadas. O outro homem é barrigudo e se revela como Ammonius. Em uma bizarra inversão de papéis, ambos acusam Jung de paganismo, e Ammonius insiste em que sua derrocada se deve à persistente curiosidade de Jung, que comprometeu a fé cristã do Anacoreta, conquistada a duras penas. O Vermelho também culpa Jung por seu estado de deterioração, declarando que, após o encontro com ele, se tornou sério demais e acabou entrando para um mosteiro. Embora o Vermelho, em seguida, revele discretamente que está disfarçado, o disfarce não é atraente, pois envolve constante dissimulação. Ammonius não usa disfarce nenhum; sua natureza saturnina se cristalizou, e o pensamento se enrijeceu na ortodoxia. Após esse breve encontro, Jung deixa os dois para trás, de uma vez por todas.

O Bibliotecário e o Professor

A associação que Jung faz da face negativa do *senex* saturnino com "ambições intelectuais", "presunção intelectual" e "vaidade intelectual ferida" reaparece no Bibliotecário, "homem franzino, de compleição pálida", que Jung descobre sentado na sala de leitura de uma grande biblioteca.[57] Quando o personagem lhe pergunta o que deseja, Jung diz que gostaria de um exemplar de *Imitação de Cristo*, de Tomás de Kempis. Isso surpreende o Bibliotecário, pensador "moderno" que descarta o Cristianismo como "apenas uma religião". Fica óbvio que o Bibliotecário é Saturno nas vestes do cético e científico "espírito do tempo". A conversa que se desenvolve entre ele e Jung não poderia ser outra senão sobre questões teológicas. O Bibliotecário acredita que as pessoas "não podem mais se envolver em dogmas cristãos hoje", e insiste que Nietzsche, alternativa para as abordagens religiosas convencionais, "interioriza o homem muito bem" e "promove um precioso senso de superioridade" àqueles que precisam de mais liberdade na vida. Jung se vê adotando posição mais tradicional ao afirmar:

> Há no Cristianismo toda espécie de coisas que faríamos bem em seguir. Nietzsche questiona demais. Como tudo o que é saudável e duradouro, a verdade, infelizmente, adere mais ao caminho do meio, que abominamos de modo injusto.[58]

Jung sai da biblioteca com o exemplar de Tomás de Kempis em mãos e entra em uma grande cozinha, na qual se depara com a Cozinheira.

O Bibliotecário e sua Cozinheira refletem o par Saturno-Lua de Elias e Salomé e do Velho Estudioso e sua filha. Mas esse par é diferente, porque a Cozinheira não é filha nem esposa do Bibliotecário; tampouco, ao que parece, ele compreende as misteriosas profundezas que ela rege em segredo.

A Cozinheira diz a Jung que o Bibliotecário é um *gourmet* que "adora boa comida" e explica que trabalha para ele "há muitos anos".[59] Quando se afasta da Cozinheira e contempla a estranha jornada pelo submundo que teve ao adormecer na cozinha, Jung declara:

> Então aquela era a cozinheira do bibliotecário. Será que ele sabe que tipo de alimento é preparado lá dentro? Por certo, nunca entrou ali para um sono templário.[60]

Decidido a devolver o exemplar de Tomás de Kempis à biblioteca, Jung reencontra o Bibliotecário e lhe diz que adormeceu na cozinha. O Bibliotecário sugere que livros de orações como o de Tomás de Kempis "são terrivelmente enfadonhos". Em resposta à pergunta de Jung sobre se o Bibliotecário já tivera o "sonho de incubação" na cozinha, ele diz que nunca sequer tivera "uma ideia tão estranha como aquela". A alienação total do Bibliotecário a respeito da verdadeira identidade de sua Cozinheira, e de qualquer vislumbre de uma centelha espiritual interior, sugere ser ele uma figura de intelectualidade rígida, árido em termos emocionais, vazio, além de alguém que desdenha das profundezas lunares ocultas que cuidam de seu sustento.

Entre os dois encontros com o Bibliotecário, Jung descobre outra forma de rigidez saturnina na figura do Professor. O Professor, assim como o Bibliotecário, é uma personificação irônica de Saturno como faceta do "espírito do tempo", bem como uma paródia zombeteira do espírito da psiquiatria convencional pertencente ao ambiente profissional de Jung. Esse "homem pequeno e gordo", tal como o Bibliotecário, é profundamente cético quanto à religião e declara: "A imitação de Cristo conduz ao manicômio". Ele sugere que Jung talvez esteja doente porque ouve vozes que o acompanham, ao que Jung responde, despreocupado: "Ah, não, Deus me livre. Fui eu que as chamei".[61] Embora Jung insista em que "não está doente", fica encarcerado por um tempo em uma ala psiquiátrica. Expressa profunda preocupação com a natureza da loucura, de modo geral, e com a sua, em particular, que considera "uma forma superior" de força vital solar, semelhante à *mania* de Platão, inspirada pelo divino:[62]

> O problema da loucura é profundo. Loucura divina – uma forma superior de irracionalidade da vida fluindo por nós –, seja como for, uma loucura que não pode ser integrada à sociedade atual – mas como?[63]

Quando, enfim, retorna à antessala fechada com cortinas, onde viu, pela primeira vez, a entrada da biblioteca, Jung abre as cortinas e descobre que está em um teatro. O Bibliotecário e sua Cozinheira são "parte da peça"; é o único momento da narrativa em que essas duas figuras aparecem juntas. O Bibliotecário "se sente mal e está pálido", com "dor de estômago", enquanto a Cozinheira se mostra "decepcionada e furiosa".[64] Parece que, de maneira deliberada ou não, ela envenenou o Bibliotecário; a comida gordurosa e complexa que lhe deu não caiu bem. No decorrer da peça, esta se transforma na ópera final de Wagner, *Parsifal*, e Jung, que interpreta mais de um papel, acaba tirando "a armadura cravejada de história e meus ornamentos quiméricos" e veste uma camisa branca de penitente. No longo monólogo que sucede essa cena, Jung revela as profundas repercussões dos encontros com o Bibliotecário, o Professor e a Cozinheira. As fronteiras saturninas foram rompidas, o portão para o inconsciente se abriu, e ele se tornou profeta.

> Há certa instabilidade, um discreto terremoto subterrâneo, um forte estrondo distante. Abriram-se caminhos para o primordial e o futuro. Milagres e mistérios terríveis estão perto e acessíveis. Sinto como as coisas eram e como serão. Por trás do comum, escancara-se o eterno abismo. A terra me devolve o que havia escondido.[65]

As pinturas: (1) a mandala

Três pinturas de página inteira acompanham a percepção de Jung de que as portas para o submundo estão abertas, embora essas pinturas não pareçam ter relação óbvia com a parte específica do texto em que são inseridas.[66] A primeira, datada de novembro de 1919, é o que Jung chamava de "mandala", com uma pedra preciosa facetada no centro.[67] A mandala é dividida em 16 segmentos, com eixos horizontais e verticais demarcados por linhas sinuosas que representam rios.

A legenda da imagem deixa claro seu conteúdo astrológico-alquímico. Refere-se à pedra central como Pedra Filosofal e associa os quatro rios às "quatros torrentes" de Aquário, cujo regente é Saturno:

> Essa pedra, tão lindamente entalhada, por certo é a *Lapis Philosophorum*, mais dura que o diamante. Mas se expande pelo espaço por meio de quatro qualidades distintas, a saber largura, altura, profundidade e tempo. É, portanto, invisível, e podemos passar por ela sem notá-la. As quatro torrentes de Aquário fluem a partir dessa pedra.[68]

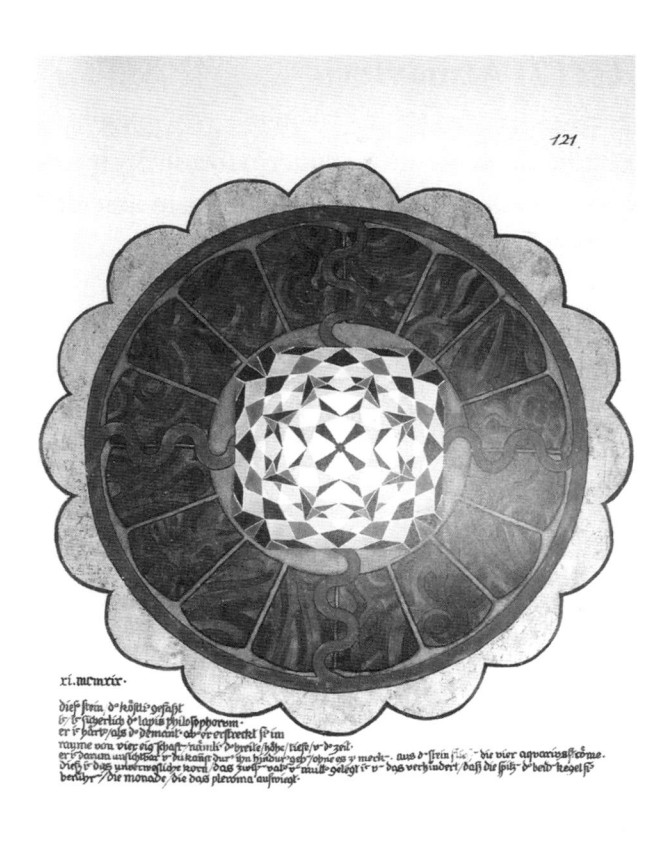

FIGURA 4.2. Mandala com a Pedra Filosofal.

Os quatro rios, que indicam uma referência bíblica aos rios do Jardim do Éden em Gênesis 2:10-14, receberam conotação astrológica no *Liber Novus*. A referência astrológica parece mostrar a compreensão que Jung tem das possibilidades inerentes para a humanidade na nova Era de Aquário: integração da personalidade individual com o *Self*, motivo pelo qual ele passa a ver a *lapis philosophorum* (a pedra filososal) da alquimia como símbolo primário.[69] Os quatro rios também podem se referir à percepção junguiana do potencial oferecido pela mitologia e pela psicologia mais pessoais do signo zodiacal ascendente na hora de seu nascimento. Jung tinha um olho focado na interpretação e na resolução de seus conflitos internos, enquanto o outro se fixava no coletivo e no "caminho do que está por vir".

As pinturas: (2) Atmavictu

A segunda pintura é diferente de qualquer outra imagem criada por Jung para o *Liber Novus* (ver Gravura 7). Retrata um rosto metade humano, metade animal, barbado e com nariz comprido, construído, ao que parece, a partir de rochas e pedras, em uma espécie de mosaico. Pequenos chifres nascem de sua cabeça. As pupilas são horizontais, característica limitada a poucos mamíferos, como fuinha, hipopótamo, ovelha e cabra;[70] desses, a combinação de longas barbas pretas e chifres pequenos sugere que Jung pensava em uma cabra. Esse rosto encara o observador e flutua, sem corpo, contra um fundo de pedras cinzentas, cercado por pedras lascadas ancestrais ou facas feitas de obsidiana e fósseis de amonites e outras criaturas pré-históricas. As cores são as da terra: cinza, marrom-avermelhada, ocre e preta. A legenda da imagem e os traços caprinos sugerem referências simbólicas específicas a Saturno.

> Este é o verso da gema.[71] Aquele que é retratado na pedra tem essa sombra. É Atmavictu, o velho, depois de se retirar da criação. Voltou para a história sem fim, onde assumiu seu começo. Tornou-se, mais uma vez, um resíduo pedregoso, completando, assim, sua criação.[72]

Sonu Shamdasani observa que Atmavictu apareceu pela primeira vez a Jung em uma visão de 1917, embora a pintura só tenha sido finalizada em dezembro de 1919. Em *Os Livros Negros*, datado de 1917, Jung escreveu:

> A serpente diz que Atmavictu foi seu companheiro por milhares de anos. A princípio, era um velho, depois morreu e se tornou um urso. Depois morreu de novo e virou uma lontra. Nova morte e voltou como um tritão. Por fim, morreu e se transformou em uma serpente. A serpente é Atmavictu. [...] A serpente diz que ela é o núcleo do *Self*. De serpente que era, Atmavictu se transformou em Filêmon.[73]

FIGURA 4.3. Escultura de Atmavictu no jardim de Jung.[75]

Um ano após produzir essa pintura, Jung criou uma escultura de Atmavictu, cujo nome, conforme explicou, lhe ocorreu enquanto trabalhava na pedra:

> Só quando comecei a esculpir foi que o inconsciente me forneceu um nome. Chamou a figura de Atmavictu – o "sopro da vida" [...] o impulso criativo.[74]

Parece haver um vínculo deliberado entre a natureza saturnina da figura em pedra de Atmavictu e a referência solar do "impulso criativo"; essa relação entre Saturno e Sol surge, a princípio, em Elias, cujo cenário pedregoso culmina em um templo circular do Sol, e no frio e árido Anacoreta, que mora em uma paisagem solar estéril, ansiando pela luz do Sol. A escultura de Atmavictu, que Jung colocou em seu jardim em Küsnacht, apresenta um velho barbudo em formato fino e alongado, como o de um ancião grego, com os braços estendidos ao redor do corpo, como uma serpente. Lembra a figura do deus mitraico Aion-Cronos, e também as figuras de Elias – sempre acompanhado da serpente negra – e Filêmon, cuja imagem no *Liber Novus* mostra a serpente à esquerda dos pés do velho mago. A declaração de Jung de que tanto Atmavictu quanto Elias se transformam em Filêmon, e os três são personificações da serpente, sugere um único núcleo arquetípico se revelando em imagens variadas, e todos convergindo para um núcleo saturnino.

A corrente de associações que Jung retratava e descrevia sobre a pintura de Atmavictu – velho, serpente, sombra, pedra, demiurgo, cabra, *prima materia* – é, sem uma única exceção, uma corrente de símbolos que ele via como *sunthemata* saturnina. Os próprios animais que representam as diversas encarnações de Atmavictu são, segundo Jung, saturninos. Ele associava o urso com "o *nigredo* da *prima materia*", idêntico a Saturno;[76] a serpente, que aparece no *Liber Novus* como a Alma de Jung, também é, assim como Saturno, o "núcleo do *Self*"; e o tritão, do mesmo modo que o sapo e o dragão, é parente da salamandra, imagem da *prima materia* saturnina que deve ser purificada no fogo para produzir o ouro alquímico.[77] Nessa criteriosa coletânea de uma rede de correspondências que reflete, de forma íntima, as "correntes" planetárias descritas por Jâmblico e Proclo, Jung demonstrou compreensão singular dos símbolos astrológicos, da relação deles com narrativas e imagens míticas e a capacidade de revelar vínculos insuspeitos com outros arquétipos planetários para formar uma dinâmica específica de relação, por exemplo, Saturno-Lua e Saturno-Sol.

Embora Jung talvez não entendesse o significado psicológico pleno da alquimia quando trabalhou na pintura de Atmavictu, tinha familiaridade com textos alquímicos greco-egípcios e suas correspondências astrológicas. Também conhecia bem o antigo deus caprino grego, Pã, com seu séquito de sátiros selvagens e sua importância como símbolo da libido.[78] Pã reflete "conexão absoluta com a natureza",[79] e o sátiro, segundo Jung, "é uma alusão ao Deus caprino, ou homem-bode; é emblemático, quase divino".[80] Nos textos gnósticos, Pã era também a "palavra de deus" e o "pastor de estrelas brancas" que Jung compreendia como sinônimos para o *Self*, a matriz e o princípio organizador da consciência.[81] Ao citar uma passagem de Nietzsche, Jung revelou, ainda, uma das possíveis inspirações para a legenda da imagem que acompanha a pintura de Atmavictu, aquele que "voltou para a história sem fim":

> O momento da eternidade é o meio-dia, sagrado para Pã: "O tempo voou? Não caio? Não caí – prestai atenção! – no poço da eternidade?".[82]

Jung também sabia que a cabra é o símbolo astrológico de Capricórnio, o domicílio "noturno" de Saturno:

> O símbolo para aquela parte do zodíaco em que o sol volta a entrar no ciclo anual no momento do solstício de inverno (no hemisfério norte) e do verão (no hemisfério sul) é Capricórnio, originalmente conhecido como "Peixe-Cabra" ($αιγοχερως$, "com chifres de cabra"): o sol escala como um bode as mais altas montanhas até o topo e de lá salta para as profundezas do mar como um peixe.[83]

As diversas associações de Jung com o símbolo da cabra sinalizam uma potência arquetípica que lhe era agora familiar. Segundo Jung, a cabra

– assim como Saturno – é associada ao Diabo e ao lado obscuro, pois "a natureza desregrada e lasciva dos bodes faz deles a própria imagem do mal".[84] Na alquimia, porém, o sangue do bode é "sinônimo para a água divina",[85] refletindo o profundo paradoxo inerente nesse símbolo; o bode macho*, como Atmavictu, é símbolo do "maná criativo", do "poder de cura e fertilidade".[86] Embora Jung não fizesse nenhuma alusão direta entre Pã e Saturno, o bode saturnino tem clara relação com o Grande Deus Pã, que, segundo Ésquilo, era filho de Cronos-Saturno.[87] No *Liber Novus*, Jung associa o bode ao bode expiatório em Levítico:

> Ainda procuramos o bode sobre o qual deve recair nosso pecado. Tudo que envelhece se torna mau; o mesmo acontece com o mais puro [...]. Também se pode trair e crucificar um Deus, isto é, o Deus do ano velho. Se um Deus deixa de ser o caminho da vida, deve cair em segredo.[88]

O "Deus do ano velho", conforme indicava Jung, morre no solstício de inverno (de verão, no hemisfério sul), no momento em que o Sol entra no signo zodiacal de Capricórnio, regido por Saturno, e nasce o Deus do novo ano.

A face de Atmavictu parece ser o retrato que Jung fez da face titânica de Saturno-Cronos, contornado por seus *sunthemata*. A visão original talvez não contivesse todos esses *sunthemata*, mas, quando completou a pintura, era óbvio que Jung já fizera associações suficientes entre sua visão e os diversos símbolos pertencentes a Saturno para justificar a inclusão deles como meio de aprofundar sua compreensão da visão e também de seu próprio regente planetário. Até os fósseis no pano de fundo, segundo um dos mais antigos lapidários gregos, têm ligação com Saturno, sobretudo as conchas petrificadas de criaturas marinhas como as ostras.[89] Esse *daimon* saturnino é o planeta regente de Jung, o "Mestre da Casa". Não é o Saturno

---

* É um reforço para destacar a natureza masculina dessa aplicação do símbolo – a cabra é feminina, assim como Capricórnio também é um signo feminino. (N. da. P.)

exclusivamente maléfico dos textos astrológicos tradicionais, mas parece representar para Jung um princípio dinâmico capaz de se exprimir por intermédio de numerosas formas e símbolos, cuja natureza paradoxal, na qualidade de inconsciente indiferenciado e bode expiatório para a projeção humana das trevas e do mal, exige transformação própria e a liberação de sua essência divina. O "velho", na mitologia, é, ao mesmo tempo, o demiurgo que cria a realidade manifestada (como o arconte planetário gnóstico, Ialdabaoth, equivalente a Saturno) e a matriz escura ou sombria, a "*prima materia* saturnina", que consiste no "núcleo do *Self*".[90] Ao que parece, Jung considerava Saturno seu *daimon* pessoal, e os primeiros encontros com os diversos homens velhos no *Liber Novus* constituem uma experiência direta de algo dentro dele que depois seria identificado como a dimensão mais problemática e trágica, porém mais frutífera, de seu horóscopo.

As pinturas: (3) o Portador de Água

A terceira pintura da sequência mostra uma figura jovem vestida em listras pretas, verdes e brancas, com o disco vermelho do Sol atrás de si, e outro disco, feito de sete faixas concêntricas e coloridas, sob os pés (ver Gravura 8).[91] Ele derrama água de um jarro, e a água é pintada em um padrão de zigue-zague idêntico ao glifo astrológico de Aquário (♒). Esse fluxo de água vertente alimenta sete plantas que crescem do corpo verde de um dragão-serpente enraizado na terra abaixo.

A semelhança dessa figura com as representações tradicionais do Portador de Água aquariano, retratadas em quase todos os manuscritos medievais sobre astrologia, relaciona a pintura às "quatro torrentes de Aquário" que fluem da pedra na pintura da Mandala. A figura em trajes listrados parece ser a pedra alquímica, o *Self*, em forma antropomórfica. A legenda da imagem para a pintura explica:

> Este é o despejador de água sagrada. Os Cabiri surgem das flores que brotam do corpo do dragão. Acima está o templo.[92]

Esse enigmático pronunciamento não esclarece a identidade da figura, pois diz apenas que ela carrega "água sagrada". Mas é, sem dúvida, uma representação do espírito de Aquário. A numerologia da pintura – sete plantas, sete círculos concêntricos – indica a presença de um cosmocrator que nutre as sete esferas planetárias e suas correspondentes terrenas. Os *sunthemata* também são saturninos. Aquário é regido por Saturno; os Cabiri (Kabeiroi) surgindo das flores são os deuses-ferreiros anões da mitologia grega que Jung associava a Saturno; e o dragão verde, onipresente em textos alquímicos, é a *prima materia* saturnina da qual eles brotam e florescem, alimentados pela água e também pela luz do Sol. As vestes de arlequim, aparentemente indicando uma *coniunctio oppositorum* de trevas e luz, combinadas com o verde da terra, surgem mais adiante no *Liber Novus*, na figura de Fanes, discutido no Capítulo 6, que, segundo a compreensão de Jung, era o deus da nova Era de Aquário. Fanes, enfim, parece ser um Saturno renascido e transformado em regente de Aquário e, no contexto das crenças idiossincráticas, porém de raízes cristãs profundas, é também uma nova e mais completa versão de Cristo, como se lê em João 4:14:

> Aquele, porém, que beber da água que eu lhe der nunca mais terá sede; pelo contrário, a água que eu lhe der será nele uma fonte a jorrar para a vida eterna.[93]

As três pinturas parecem envolver a percepção de Jung da iminente Era de Aquário, bem como a natureza de Saturno como regente dessa constelação. A predileção de Jung por relacionar variados temas simbólicos que apontassem o mesmo significado pode ser desanimadora para astrólogos com interpretação mais literal, assim como para psicológicos também com visão mais literal. Entretanto, essa preferência reflete a abordagem específica de Jung à astrologia, que constituía um aspecto essencial de sua postura psicológica. As pinturas sugerem, ainda, uma conexão com o que é descrito no *Liber Novus* como o recém-desperto dom junguiano de profetizar, que se desenvolve depois de sua jornada ao "reino das Mães". O "despejador de água sagrada" é uma espécie de personificação da Nova Era, ou novo *Aion*, "o caminho do que está por vir": o título da primeira seção do *Liber Novus*, em que a primeiríssima pintura incluída por Jung na obra retrata o Sol no ponto equinocial, representado como estrela, passando da constelação de Peixes para a de Aquário.[94]

O Bibliotecário saturnino e sua Cozinheira lunar podem parecer figuras insignificantes no *Liber Novus*, pois o encontro que tiveram com Jung é breve. Mas os *insights* que ele descreve logo após o contato com esses personagens envolvem um diálogo extenso com sua Alma, uma reorientação completa de seu modo de compreender a natureza de Deus, e a percepção da necessidade, apesar da qualidade ímpar de seus dons, de "estar satisfeito e cultivar o próprio jardim com modéstia".[95] Embora inseridas nessa seção específica do texto, as pinturas parecem ser arbitrárias; no entanto, transmitem o crescente conhecimento de Jung sobre a nova Era de Aquário, as qualidades ambíguas do regente planetário dela e o papel que ele acreditava lhe ser atribuído por meio de suas visões dolorosas e solitárias sobre as profundezas humanas.

Notas

1. Marsílio Ficino, *De vita triplici* III.2, em Marsílio Ficino, *Opera omnia* (Basileia: Heinrich Petri, 1576), p. 534. A tradução citada é de Raymond Klibansky, Erwin Panofsky e Fritz Saxl, *Saturn and Melancholy* (Nova York: Basic Books,1964), p. 261. Para uma tradução alternativa, ver Marsílio Ficino, *The Book of Life*, trad. Charles Boer (Irving, TX: Spring, 1980), p. 93. Quanto à referência de Jung a essa obra específica de Ficino, ver CW13, par. 170, n. 4. Jung cita a *Opera Omnia* de Ficino nas *Obras Completas*, particularmente em CW12, 13 e 14.
2. Invocação ao deus planetário Saturno em *The Picatrix*, trad. John Michael Greer e Christopher Warnock (Iowa City, IA: Renaissance Astrology/Adocentyn Press, 2010), pp. 159-60. Jung não cita *Picatrix* nas *Obras Completas*, e a obra não consta no catálogo de sua biblioteca, mas foi citada com frequência por Agrippa, umas das fontes importantes de Jung sobre astrologia, alquimia e magia. Para outra tradução da invocação de Saturno, ver Seznec, *The Survival of the Pagan Gods*, p. 53.

3. Jung, CW14, par. 306.
4. Jung, CW14, par. 298.
5. Ver 1 Reis 17. O nome Elias significa "Meu Deus é Javé".
6. Ver introdução de Shamdasani à tradução em Jung, *Liber Novus*, p. 210, e Jung, *Analytical Psychology*, p. 95.
7. Jung, *Liber Novus*, p. 246.
8. Sobre a cor aquática dessa pedra, ver Capítulo 3. Para uma explicação sobre vidência contemporânea e a escrita do *Liber Novus*, ver Theodore Besterman, *Crystal-Gazing* (Londres: Rider, 1924). Quanto aos experimentos de John Dee com vidência, ver Deborah E. Harkness, *John Dee's Conversations with Angels* (Cambridge: Cambridge University Press, 1999); Deborah E. Harkness, "Shows in the Showstone", *Renaissance Quarterly* 49 (1996), pp. 707-37. Sobre vidência como método antigo e difundido de adivinhação, ver Sarah Iles Johnston, "Introduction: Divining Divination", em Sarah Iles Johnston e Peter T. Struck (orgs.), *Mantikê* (Leiden: Brill, 2005), pp. 1-28; Georg Luck, *Arcana Mundi* (Baltimore, MD: Johns Hopkins University Press, 1985), p. 254.
9. Jung, *Liber Novus*, p. 246.
10. Hesíodo, *Theogony* 453-91. Jung conhecia a *Teogonia* e a citou em CW5, pars. 198 e 577, e CW12, par. 456.
11. Ver Klibansky, Saxl e Panofsky, *Saturn and Melancholy*, p. 154.
12. Manílio, *Astronomica*, II.929; Vettius Valens, *Anthologium*, I.1.
13. Jung, CW13, pars. 274-75. Sobre referência à suposta previsão de Khunrath, ver Greene, *Jung's Studies in Astrology*, Capítulo 6. [*Jung, o Astrólogo – Um Estudo Histórico sobre os Escritos de Astrologia na Obra de Carl G. Jung*. São Paulo: Pensamento, 2023.]
14. Alan Leo, *Saturn: The Reaper* (Londres: Modern Astrology Office, 1916), p. 20. [*Saturno: o Construtor de Universos*. São Paulo: Pensamento, 1988 (fora de catálogo).]
15. Jung, CW9ii, par. 128.
16. Sobre mais informações a respeito da pedra em Bollingen, ver Capítulo 5.
17. Jung, *MDR*, pp. 253-55. Sobre a pedra da infância de Jung, ver *MDR*, pp. 35-6.
18. Jung, CW10, par. 394.
19. Ver, por exemplo, Lucano I.652, em R. J. Getty, "The Astrology of P. Nigidius Figulus (Lucano I, 649-65)", *Classical Quarterly* 45:1-2 (1941), p. 17. Sobre Saturno como divindade do submundo, ver Peter Kingsley, *Ancient Philosophy, Mystery, and Magic* (Oxford: Clarendon Press, 1995), p. 71, n. 1, e p. 355.

20. Sobre a associação de Saturno com "bile negra" e profecia, ver diversas referências em Klibansky, Saxl e Panofsky, *Saturn and Melancholy*, pp. 10-49. A relação entre melancolia e transe profético aparece primeiro com Platão em *Timeu* 71a. Sobre Saturno velho e sábio, patrono dos grandes pensadores, ver Fírmico Materno, *Matheseos* 3:2; Ptolomeu, *Tetrabiblos* 3. Sobre Saturno como Pedra Filosofal, ver diversas referências em Jung, CW 12, 13 e 14.
21. Ver Jung, *Liber Novus*, p. 245, n. 157, e Jung, CW 18, pars. 1.518-31.
22. Fírmico Materno, *Matheseos* 3:2.
23. Leo, *The Art of Synthesis*, p. 89.
24. Leo, *Saturn*, p. 65.
25. Plotino, Ennead V.1:4.
26. Fírmico Materno, *Matheseos* 3:2.
27. Frances A. Yates, *The Occult Philosophy in the Elizabethan Age* (Londres: Routledge & Kegan Paul, 1979), p. 33.
28. Jung, *Liber Novus*, p. 247.
29. Ver, por exemplo, Leo, *Saturn*, p. viii: "A esfera planetária de Saturno tem muito a ver com a cristalização do Reino Mineral [...]. Saturno rege a estrutura óssea do homem e sua mente concreta e científica". Sobre Saturno como gerador de forma e estrutura a partir do caos em sentido individual, ver Leo, *Saturn*, p. 12: "Saturno representa o andaime em volta do verdadeiro *self*, enquanto o edifício da individualidade consiste no processo de construção".
30. Sobre a regência dupla de Saturno sobre Aquário e Capricórnio, ver Leo, *Saturn*, pp. 41-2.
31. Jung, CW 11, par. 350. O anão em quem Elias se transforma é Mime, o ardiloso mestre-artífice da ópera de Wagner, *Der Ring des Nibelungen* [*O Anel do Nibelungo*]. Wagner baseou seu personagem no Mimir da Islândia, conhecido na *Prose Edda* islandesa do século XIII como "o sábio", guardião do Poço da Sabedoria. Ver Padraic Colum, *The Children of Odin* (Nova York: Palgrave Macmillan, 1920), pp. 74-6. Quanto ao fascínio de Jung pelo simbolismo do anão, ver, por exemplo, Jung, CW 9i, pars. 406-7; CW 12, pars. 203 e 302; CW 13, par. 392. Para Jung, o anão é o guardião do limiar do inconsciente, papel também desempenhado por Saturno na literatura ocultista como "Habitante do Limiar"; ver, por exemplo, Dion Fortune, *The Mystical Qabalah* (Londres: Ernest Benn, 1976), p. 218. Max Heindel descreveu Saturno como "a porta para o Caos" (Heindel, *Message of the Stars*, p. 6).

32. Jung, *MDR*, pp. 338-39.
33. Jung, *Liber Novus*, p. 324.
34. Jung, *Liber Novus*, p. 263.
35. Jung, *Liber Novus*, p. 261.
36. Sobre referências de Jung a Saturno como "estrela negra" ou "sol negro" na alquimia, ver, entre outros, Jung, CW9ii, par. 307; Jung, CW12, par. 140; Jung, CW13, par. 337; Jung, CW14, pars. 113, 117, 229-30, 330-32. Sobre associações antigas de Saturno com a cor preta, ver Fírmico Materno, *Mathesis*, II:1. Proclo, *The Six Books of Proclus*, trad. Thomas Taylor (Londres: A. J. Valpy, 1816), X:1.5, p. 333; Ptolomeu, *Tetrabiblos*, III:11. Ver também Samuel L. Macey, *Patriarchs of Time* (Athens: University of Georgia Press, 2010), pp. 23-36. Sobre associações modernas de Saturno com azeviche, obsidiana e ônix negra, ver William Thomas Pavitt e Kate Pavitt, *The Book of Talismans, Amulets and Zodiacal Gems* (1914), p. 245; Diane Stein, *The Women's Book of Healing* (Nova York: Random House, 2011), p. 176; Raven Kaldera, *Pagan Astrology* (Rochester, VT: Inner Traditions/Destiny Books, 2009), p. 143. Sobre *sites* na internet sobre essas associações com pedras preciosas, ver, entre muitos outros, http://gemstonemeanings.us/black-onyx-meaning/; www.jewelinfo4u.com/Black_Onyx.aspx#sthash.LfzMTVsO.dpbs; www.jewelrynotes.com/heres-whatyou-should-know-about-onyx/.
37. Waite, *The Pictorial Key to the Tarot*, p. 105.
38. Jung, *Liber Novus*, p. 262.
39. Jung, *Liber Novus*, p. 264.
40. O horóscopo indica Saturno e Lua em quadratura (90°). Esse aspecto planetário também é indicado no horóscopo preparado para Jung por W. C. Bond. Não é mencionado no mapa de Ophuijsen para Jung, provavelmente pelo fato de o "orbe" ou a margem permissível para dois planetas em um aspecto inexato ser foco de debate entre os astrólogos. Thorburn não menciona o aspecto. Para esses horóscopos, ver Greene, *Jung's Astrological Studies*, Capítulo 2.
41. Heindel, *Message of the Stars*, p. 236.
42. Leo, *The Key to Your Own Nativity*, p. 95.
43. Jung, *Liber Novus*, p. 267.
44. Heródoto, *Herodotus, Book II*, org. Alan B. Lloyd (Leiden: Brill, 1976), II:81-82, e o comentário do editor sobre essa passagem na página 343. Ver também Ian S. Moyer, *Egypt and the Limits of Hellenism* (Cambridge: Cambridge University Press, 2011), p. 208.

45. Jung, CW13, "The Visions of Zosimos", III.v, p. 63.
46. Ver Jung, *Liber Novus*, p. 267, n. 45, em que são discutidas as possíveis figuras históricas nas quais Ammonius foi baseado.
47. Sobre as várias possibilidades históricas originárias de Ammonius, ver Shamdasani em Jung, *Liber Novus*, p. 267, n. 45.
48. C. G. Jung, carta ao pastor Tanner, 12 de fevereiro de 1959, em *C. G. Jung Letters*, vol. 2, pp. 482-88.
49. Jung, *Liber Novus*, p. 268.
50. Jung, *Liber Novus*, p. 269.
51. Jung, *Liber Novus*, p. 268.
52. Jung, *Psychology of the Unconscious*, p. 70.
53. Jung, *Liber Novus*, p. 273.
54. Jung, *Liber Novus*, p. 269.
55. Jung, *Liber Novus*, p. 273.
56. Jung, *Liber Novus*, p. 275.
57. Jung, *Liber Novus*, p. 292.
58. Jung, *Liber Novus*, p. 293.
59. Jung, *Liber Novus*, p. 302.
60. Jung, *Liber Novus*, p. 302.
61. Jung, *Liber Novus*, p. 295.
62. Platão, *Phaedrus*, 244a; *Ion*, 534b-3.
63. Jung, *Liber Novus*, p. 295.
64. Jung, *Liber Novus*, p. 302.
65. Jung, *Liber Novus*, p. 305.
66. Jung, *Liber Novus*, pp. 121-23.
67. Sobre explicações de Jung a respeito da natureza da mandala como símbolo do *Self*, ver Jung, CW9i, pars. 627-718; Jung, CW12, pars. 122-331.
68. Jung, *Liber Novus*, p. 305, n. 229.
69. Sobre a comparação de Jung da *lapis philosophorum* com o *Self*, ver, entre muitas referências, Jung, CW12, pars. 447-515; Jung, CW9ii, pars. 194, 257, 264, 387, 426; Jung, CW14, pars. 364, 524, 649, 716, 776.
70. Ver M. F. Land, "Visual Optics: The Shapes of Pupils", *Current Biology*, 16:5 (2006), pp. 167-68.
71. "A gema" é a pedra preciosa retratada na pintura anterior.

72. Jung, *Liber Novus*, p. 305, n. 231.
73. Jung, *Liber Novus*, p. 303, n. 222.
74. Jung, *MDR*, pp. 38-9.
75. Fotografia feita por Steven Herrmann, usada com sua permissão.
76. Jung, CW12, par. 726; Jung, CW14, par. 172.
77. Jung, CW12, par. 404, n. 8; Jung, CW13, par. 177; Jung, CW14, par. 172, n. 264.
78. Sobre Pã como símbolo da libido, ver Jung, CW5, par. 298.
79. Jung, *The Visions Seminars*, vol. 1, p. 62.
80. Jung, *The Visions Seminars*, vol. 1, p. 68.
81. Jung, CW9ii, par. 310.
82. Jung, CW9i, par. 210.
83. Jung, CW5, par. 290.
84. Jung, CW6, par. 389; Jung, CW9i, pars. 413 e 597.
85. Jung, CW14, par. 77, n. 211.
86. Jung, CW16, par. 340.
87. Ésquilo, Fr. 25b R, citado em Gantz, *Early Greek Myth*, p. 110. O deus romano Fauno, associado ao grego Pã, era filho de Saturno. De acordo com o *Hino Homérico* 19, Pã era filho de Hermes. No hino, é uma criatura das montanhas, citado como *daimon*. Ver Gantz, *Early Greek Myth*, p. 110.
88. Jung, *Liber Novus*, p. 241. O ritual do bode expiatório é citado em Levítico 16:7-10.
89. Sobre *Ostrachitis* como pedra de Saturno, ver Damigeron, *De Virtutibus Lapidum*, trad. Patricia Tahil, org. Joel Radcliffe (Seattle, WA: Ars Obscura, 1989), p. 4.
90. Sobre uma interpretação de Jung quanto a Saturno com o arconte planetário e demiurgo Ialdabaoth, ver Jung, CW9ii, par. 128.
91. Jung, *Liber Novus*, p. 122.
92. Jung, *Liber Novus*, p. 306, n. 233.
93. João 4:14, *King James Bible*. Versão usada nesta tradução: *Bíblia Sagrada – Almeida Revista e Atualizada*.
94. Ver Greene, *Jung's Studies in Astrology*, Capítulo 6. [*Jung, o Astrólogo – Um Estudo Histórico sobre os Escritos de Astrologia na Obra de Carl G. Jung*. São Paulo: Pensamento, 2023.]
95. Jung, *Liber Novus*, p. 306.

5

Saturno, o Eremita

Parte 2: ΦΙΛΗΜΩΝ e o *"daimon* pessoal"

Tudo se oculta em Saturno [...]. A Pedra chamada Pedra Filosofal vem de Saturno.[1]

— Johann Isaac Hollandus

Assim como Deus [contém] todo o tesouro de sua divindade [...] oculto nele mesmo como em um arquétipo [...] do mesmo modo Saturno carrega em si as semelhanças dos corpos metálicos.[2]

— Tractatus Aureus

Ele só pode encontrar Mercurius por meio do rito de subida e descida, a "destilação circular", começando pelo chumbo preto, com a escuridão, o frio e a malignidade do maléfico Saturno; em seguida, ascendendo através dos outros planetas até o Sol incandescente [...]. Lá, Saturno mudou de uma estrela de mau agouro para um *domus barbae* (Casa da Barba), onde "o maior de todos os sábios", Hermes Trismegisto, distribui sabedoria.[3]

— C. G. Jung

O Velho Sábio

Filêmon, cujo nome costuma estar escrito em grego no *Liber Novus*, talvez seja a figura mais significativa com quem Jung teve contato quando se envolveu na "busca por minhas imagens interiores". Sonu Shamdasani menciona que Filêmon ocupa "posição nodal" no "confronto de Jung com o inconsciente",[4] e parece que, enquanto outras figuras no *Liber Novus* eram esquecidas ou vistas no contexto de outras estruturas simbólicas, por exemplo, a alquimia, Filêmon manteve a mesma importância como potência interior até o fim da vida de Jung. O peso astrológico de Filêmon não é a única faceta desse *daimon* enigmático que merece investigação mais aprofundada. Apesar da relevância, é uma figura ignorada na riqueza da literatura interpretativa que surgiu desde a publicação de *Liber Novus*, em 2009, e pode proporcionar um elo entre as diversas facetas aparentemente contraditórias dessa extraordinária figura interior, além de se comportar como poder autônomo que, segundo Jung, lhe "deu" o maior escopo do material, tanto da parte inicial de *Liber Novus* quanto da seção chamada "Escrutínios", posteriormente conhecida como *Septem sermones ad mortos* [*Os Sete Sermões aos Mortos*].[5]

Apesar das amplas referências que ligam Filêmon à teia de atributos e *sunthemata* de Saturno, ele é muito mais multifacetado que qualquer personificação planetária óbvia, como o Vermelho. Essa figura é inequivocamente marcial, embora o Vermelho, como muitas outras *dramatis personae* no *Liber Novus*, exiba numerosas facetas que parecem associá-lo a um signo zodiacal específico (Sagitário), bem como a uma relação específica com outro planeta (Saturno). O papel de Filêmon como guia espiritual interior, ou *maggid*, e o modo como combina opostos do tipo juventude e velhice, racionalidade e magia, luz e escuridão, banalidade e profundidade – e, em termos de relações planetárias, Saturno, Mercúrio e o Sol – enfatiza, muito mais que O Vermelho, a natureza dinâmica da percepção que Jung tinha da astrologia e seu conceito dos "deuses" planetários ou arquétipos, por meio dos quais podia desenvolver, transformar e revelar afinidades secretas com outras potências planetárias pela interação entre elas e a consciência. No fim das contas, esses *daimons* planetários são absorvidos ou orquestrados pela imagem henoteísta do que os neoplatônicos e os teosofistas entendiam como o Sol espiritual central, que devia ser interpretado na estrutura psicológica de Jung como a expressão do *Self* pela personalidade individual. O centro solar do diagrama *Systema Munditotius* de Jung, discutido no Capítulo 7, parece refletir essa unidade subjacente secreta. Mas, segundo as tradições astrológicas desde Porfírio e Jâmblico até Alan Leo, mesmo o Sol no horóscopo se expressa por intermédio do regente planetário do indivíduo, que no caso de Jung é Saturno.

Jung descreve a origem, a função e o significado de Filêmon com uma ambiguidade às vezes inescrutável, e não nos surpreende que essa figura tenha despertado grande curiosidade por parte de psicólogos analíticos e comentaristas acadêmicos. Jung insistia em que, em termos psicológicos, Filêmon "representava um discernimento superior",[6] que remonta à afirmação de Plotino de que Saturno simboliza o aspecto divino da mente, compreendido como *Νους* ou Intelecto.[7] Filêmon recebeu o nome do velho mítico que aparece em *Metamorfoses*, de Ovídio, e que Goethe retratou como a vítima das maquinações malignas de Fausto:

> Filêmon (*Φιλημα* = beijo), o amável, o simples e velho casal amável, próximo da terra e ciente dos Deuses, o completo oposto do Super-homem Fausto, produto do diabo.[8]

De acordo com o conto de Ovídio, Filêmon e sua mulher, Baucis, trataram com bondade e generosidade incondicionais Zeus e Hermes, que, disfarçados de viajantes pobres, visitaram o velho casal. Quando as divindades se revelaram e prometeram conceder aos dois idosos seu mais acalentado desejo, Filêmon declarou que ele e a esposa só desejavam passar o resto da vida servindo no santuário de Zeus e morrer juntos para não sofrerem a solidão. Posteriormente, os dois foram os únicos sobreviventes do grande dilúvio que Zeus provocou por raiva contra a crueldade e a estupidez dos humanos e se tornaram servos no templo de Zeus, que o deus criou no local da humilde cabana do casal. No momento da morte simultânea dos dois, eles foram transformados em árvores entrelaçadas: Filêmon um carvalho, e Baucis, uma tília.⁹

Em *Fausto*, de Goethe, o mago é auxiliado por Mefistófeles na tentativa de expulsar o casal de idosos de seu santuário sagrado e os assassinou ao queimar totalmente a casa. É a relação entre Filêmon e Fausto que forma o tema do artigo de Shamdasani, "Quem é o Filêmon de Jung?". Jung parece ter se sentido responsável por esse evento mítico e, em sua interpretação, arquetípico, devido a sua ancestralidade alemã, e acreditava ter herdado a tarefa de expiar o crime de Fausto. Em uma carta a Paul Schmitt, escrita em janeiro de 1942, Jung declarou:

> De súbito, com terror, ficou-me claro que assumi Fausto como minha herança e, além disso, o advogado e vingador de Filêmon e Baucis, que diferente de Fausto, o super-homem, são anfitriões dos deuses em uma era cruel e profana.¹⁰

Em *Memórias, Sonhos, Reflexões*, Jung reitera essa percepção:

> Quando Fausto, em sua arrogância e prepotência, provocou o assassinato de Filêmon e Baucis, senti-me culpado, como se eu, no passado, tivesse ajudado a cometer o crime contra aquele casal de idosos [...]. Considerei minha responsabilidade redimir esse crime ou impedir que fosse repetido.¹¹

A necessidade de Jung "redimir" a destruição de Filêmon estendeu-se, inclusive, à torre que ele construiu em Bollingen, a qual chamou de "representação da individuação". No muro, ele inscreveu a declaração: *Philemonis sacrum – Fausti poenitentia* (Santuário de Filêmon – Arrependimento de Fausto).¹²

A acentuada dicotomia entre a racionalidade fria e arrogante da modernidade faustiana, que para Jung culminara na conflagração da Segunda Guerra Mundial,¹³ e a instintiva bondade e sabedoria do velho casal mítico de Ovídio reflete as observações de Jung em *Liber Novus* acerca do "espírito do tempo" e do "espírito das profundezas". Segundo Murray Stein, "o misericordioso acolhimento de Filêmon dos estranhos divinos" é o ponto central da atração que Jung sentia por essa figura específica:

> A virtude é [...] justamente o que Jung, como protagonista de *O Livro Vermelho*, precisa desenvolver em si próprio [...]. Ele [Filêmon] exibe a atitude religiosa do acolhimento ao Divino, que é a base para a experiência mística.[14]

"Acolhimento ao divino" reflete a descrição de Jâmblico de επιτεδειοτες – "adequação", "aptidão" ou "receptividade", que, para esse filósofo e mago neoplatônico, seria o requisito mais importante para uma união teúrgica bem-sucedida com os deuses.[15] Entretanto, de modo paradoxal, embora o Filêmon de Jung personifique o acolhimento da figura mítica benigna de Ovídio, ele é também Mefistófeles, o destruidor de Filêmon em *Fausto*. Em uma carta a Alice Raphael em que ele aborda a importância alquímica de Filêmon e sua mulher Baucis, Jung parece ter enfocado esse paradoxo do diabo e do divino como aspectos duais do inconsciente, representados na alquimia como a *prima materia,* ou substância primordial, simbolizada por Saturno:

> Na Alquimia, F. [Filêmon] e B. [Baucis] representavam o *artifex* ou *vir sapiens* e o *soror mystica* (Zósimo-Theosebeia, Nicolas Flamel-Péronelle, o senhor South e sua filha na XIX[a] Centúria) e o casal no *mutus liber* (por volta de 1677).[16] A obra alquímica tenta produzir a Pedra Filosofal com o *homo altus*, o ανθρωπος [*anthropos*], Hermes ou Cristo. O risco é de que o *artifex* fique idêntico à meta de sua obra. Envaidece-se e enlouquece: *multi perierunt in opere nostro*. Há um *daimon* na *prima materia*, e ele enlouquece as pessoas.[17]

A similaridade entre Filêmon e o bondoso velho da narrativa de Ovídio é, sem dúvida, relevante para compreendermos como Jung teria interpretado seu psicopompo imaginário. Mas outras facetas importantes da natureza multidimensional de Filêmon também são dignas de exploração. Jung tinha o hábito de associar diferentes narrativas míticas e temas de diversas culturas, com o objetivo de alcançar uma compreensão mais profunda de determinado padrão arquetípico. Em *Memórias, Sonhos, Reflexões*, ele afirma que Filêmon "desenvolveu-se com base na figura de Elias",[18] por sua vez extraído de um cenário bíblico, não greco-romano. Filêmon é a versão mais desenvolvida daquele princípio arquetípico específico que reforça não só Elias, mas também o Velho Estudioso, o Anacoreta, o Bibliotecário e o Professor, cada qual exibindo atributos diferentes, e às vezes, bastante insípidos, embora reconhecidamente saturninos, como rigidez de pensamento, dissociação da vida emocional, ceticismo obstinado quanto à necessidade não racional e compulsiva de isolamento. Cary F. Baynes, que transcreveu partes do *Liber Novus* para Jung, registrou em suas notas que, segundo Jung, Filêmon e suas formas anteriores – Elias, em particular – "pareciam ser fases do que gostaríamos de chamar de 'mestre'".[19] Dada a familiaridade de Jung com a especulação astrológica neoplatônica, Filêmon também poderia ser chamado de *oikodespotes*, o "Mestre da Casa".[20]

Jung deu a Filêmon a alcunha de "pagão", que trazia consigo "um clima egípcio-helênico com tons gnósticos". Filêmon é, enfim, uma espécie de híbrido sincrético. Nele se mesclam o velho mítico de Ovídio, "próximo da terra e ciente dos deuses";[21] o profeta bíblico Elias, levado até Deus em um carro puxado por cavalos de fogo; o Jâmblico "Divino", o teurgo neoplatônico que sabia invocar seu *daimon* pessoal; Abraão, o Judeu, herdeiro de Moisés e Salomão, capaz de invocar seu Anjo da Guarda para dominar os poderes dos reinos dos *daimons*;[22] Hermes Trismegisto, o mestre mítico de astrologia, alquimia e magia; e Basilides, o gnóstico alexandrino do século III, cujo nome Jung usava como o "autor" pseudepigráfico de *Septem sermones ad mortuos*, versão publicada da Parte III do *Liber Novus*.[23] Como afirmam vários comentaristas, e o próprio Jung declarou em sua carta a Alice Raphael, Filêmon é a quintessência do "Velho Sábio", cuja forma externa é saturnina e domina as outras figuras no *Liber Novus*, o que é próprio de um planeta que Jung compreendia como seu regente no horóscopo. Mas Jung também enfatizava as relações entre Filêmon e o Sol, bem como Mercúrio, que na alquimia era conhecido como Mercurius, cujo nome grego, Hermes, constituiu a base para o epíteto mais célebre da alquimia: a "arte hermética".

A gênese de Filêmon

Filêmon apareceu pela primeira vez como mago nos *Livros Negros* em janeiro de 1914. As asas proeminentes, reproduzidas na pintura no *Liber Novus* (ver Gravura 9), não faziam parte da descrição inicial de Jung e parecem ter sido acrescentadas depois do sonho com a figura alada segurando as chaves que ele registrou em *Memórias, Sonhos, Reflexões*. Jung pintou essa figura onírica em 1914; depois, talvez com imagens e visões adicionais oriundas de invocação teúrgica e de conhecimento astrológico, tenha omitido o papel de mago de Filêmon da figura alada do sonho e dos diversos *sunthemata* saturninos, resultando na imagem que aparece no *Liber Novus*.[24] As asas, que Jung descreve como as de um martim-pescador, com tons azul-esverdeados iridescentes característicos, sugerem uma presença angelical, associando-o

FIGURA 5.1. Primeira pintura de Filêmon feita por Jung, criada em 1914.[27]

ao anjo Raziel, aquele que ensina segredos mágicos na cultura judaica da Antiguidade Tardia.[25] A palavra "anjo" provém do termo grego *angelos*, que significa "mensageiro". As conotações angelicais de Filêmon, sobretudo como mago, são reforçadas pelo comentário enfático de Jung sobre a importância do mensageiro na prática da magia:

> Mas é diferente para quem abriu o caos em si próprio. Precisamos da magia para receber ou invocar o mensageiro.[26]

A natureza saturnina de Filêmon é ressaltada pela descrição de Jung no *Liber Novus*:

> Ele tem barba branca e cabelos brancos ralos, o rosto enrugado, e nesse rosto parece haver alguma coisa. Seus olhos são acinzentados e envelhecidos, e há algo estranho neles; poderíamos dizer, algo vivo [...]. Tu tens, ah, ΦΙΛΗΜΩΝ, a sabedoria das coisas que virão; portanto, és velho, ah, tão antigo, e, assim como me superas em idade, também superas o presente no futuro, e a extensão de teu passado é imensurável.[28]

Essa imagem reproduz a invocação de Saturno no grimório do século XI conhecido como *Picatrix*, no qual o deus planetário é "velho, antigo, sábio" e tem conhecimento que "é extenso e profundo".[29] Filêmon também é associado a Atmavictu, o "velho" que "retornou para a história sem fim". Em *Os Livros Negros*, obra escrita em 1917, Jung deixou claro esse vínculo ao afirmar que Atmavictu se transformara em Filêmon.[30] Entre os atributos tradicionais de Saturno, esse deus planetário é provedor de forma e leis. Para Alan Leo, seguidor de longa sucessão de astrólogos desde Ptolomeu, que relacionavam o planeta às qualidades aristotélicas de contração e cristalização de frieza e aridez, Saturno é

> Juiz e Legislador, e representa a Justiça de Deus [...]. Na qualidade de planeta individualizante, Saturno torna todas as coisas permanentes, unindo todas as formas, controlando e restringindo as expressões da vida.[31]

Em uma carta a Constance Long, uma de suas pacientes, Jung expressou o papel de legislador de Filêmon: "Filêmon é aquele que dá forma e lei [...]. Filêmon dá formulação às coisas dentro dos elementos do inconsciente coletivo.[32]

Sob uma perspectiva menos tradicional, Saturno, na alquimia, como *lapis philosophorum*, se conota pela pedra brilhante na mão de Filêmon, visível na pintura de Jung. Essa é a mesma pedra que Jung colocou no centro da Mandala na pintura após os contatos com o Bibliotecário e a Cozinheira. Na legenda dessa pintura da gema atrás do rosto de Atmavictu, Jung declarou que a pedra "é, com certeza, a *Lapis Philosophorum*", e "ΦΙΛΗΜΩΝ deu a pedra".[33] De acordo com o alquimista do século XVII, Johann Isaac Hollandus, um dos muitos que Jung gostava de citar nas *Obras Completas*, "Tudo se oculta em Saturno [...]. A Pedra chamada Pedra Filosofal vem de Saturno".[34] O esmero com que Jung inseriu essas relações saturninas no texto e nas pinturas do *Liber Novus* sugere um uso deliberado de referências simbólicas sobrepostas sobre uma visão genuinamente espontânea que ele se esforçava para entender, em grande parte, por meio da hermenêutica da astrologia.

Filêmon pode ser compreendido como um *paredos*, o *daimon* "assistente" no ritual neoplatônico;[35] ele é também uma "personalidade de maná", que Jung interpretava como símbolo do *Self*, "a mais completa expressão daquela mistura fatal que chamamos de individualidade".[36] Também pode ser visto como *maggid*, ou guia angelical, no sentido que os cabalistas davam a essa imagem, ou seja, a mais alta dimensão da alma individual.[37] As associações do velho mago com a antiga magia judaica são sugeridas, em parte, pela edificação abobadada sobre a qual se ergue Filêmon na pintura de Jung. Talvez ela represente o templo dourado em que a casa humilde de Filêmon se transformou, descrito na história de Ovídio, e um templo semelhante pode se visto nas pinturas de Jung do "despejador de água sagrada" e de Elias e Salomé. Mas essa arquitetura em domo não se parece com o templo descrito por Ovídio[38] e indica uma fonte mais ao leste: o Templo do Rei Salomão, mestre dos demônios, que recebeu um "selo" de YHVH que lhe permitia comandar os poderes dos *daimons* para ajudá-lo a construir a "Casa de Deus".[39]

O Filêmon cabalístico

Os detalhes visuais da pintura de Jung de Filêmon, assim como todos os símbolos, são passíveis de várias interpretações, nenhuma das quais inclui a "certa". Esses detalhes, porém, sugerem que, como no caso da pintura de Izdubar, o retrato final de Filêmon pretendia ser mágico, como se referia Jâmblico a um talismã cuidadosamente construído. Parece que Jung, seguindo as ideias neoplatônicas de prática teúrgica, inseriu *sunthemata* específicos com o objetivo de invocar o *daimon*. Abaixo do templo dourado, sob os pés de Filêmon, os símbolos para fogo e água aparecem à esquerda e à direita dos símbolos do Sol (representado por um círculo demarcado pelos quatro pontos cardeais) e da Lua (representada por uma crescente ao seu lado, como um receptáculo). Os mesmos *sunthemata* da conjunção do Sol com a Lua, fogo e água, aparecem nos cantos da pintura e ao longo da borda direita da torre, além de como três círculos como flores no céu, acima da cabeça e das asas de Filêmon. A *coniunctio* de Sol e Lua pode ser vista não apenas na alquimia, mas também no deus andrógino órfico Fanes, cujos atributos solar-lunares aparecem não só na pintura junguiana dessa divindade clássica no *Liber Novus*, mas em um baixo-relevo do mundo clássico que Jung reproduziu em *Símbolos da Transformação*, retratando a figura do deus com raios solares e coroa lunar.[40] É também um tema central em textos cabalísticos, nos quais a divindade contém atributos masculinos e femininos, cuja *coniunctio*, invocada em magia por prática ritual, pode resultar na restituição da divindade fraturada. Filêmon parece, assim como o Saturno da alquimia, presidir e gerar a partir de si a *coniunctio* que faz nascer a *lapis philosophorum*.

Assim como *O Sexto e o Sétimo Livro de Moisés* – supostamente uma obra cabalística de magia que Filêmon escondeu no armário –, outro *sunthemata*, o pomar de tamareiras no canto inferior esquerdo da pintura, também insinua um elo judaico e, em termos mais específicos, cabalístico.[41] A tamareira ou *tamar* (*Phoenix dactylifera*) já era importante símbolo judaico de ressurreição e redenção muito antes de ser assumida pelo Cristianismo. A árvore era usada em moedas para representar o reino da Judeia; suas folhas proporcionavam o tema para a ornamentação do Templo de

Salomão; e suas tâmaras ainda são comidas na noite de Rosh Hashanah, o Ano-Novo judaico.⁴² As conotações cabalísticas da tamareira são particularmente importantes para Filêmon, embora o conhecimento que Jung tinha da Cabala à época em que fez a pintura não devia ser extenso. Nos quarenta anos em que andaram pelo deserto, de acordo com o Livro do Êxodo, os filhos de Israel encontraram um oásis chamado Elim, onde havia setenta tamareiras; segundo os ensinamentos cabalísticos, elas são os setenta anciãos da tribo e as setenta "faces" da Torá reveladas àqueles que comem de suas frutas.⁴³ Na pintura de Jung, há dez tamareiras, talvez com o propósito de corresponder às dez *sephiroth* da Árvore da Vida na Cabala. O cabalista Moshe Cordovero produziu uma obra intitulada *Pardes Rimonim* [Jardim das Romãs] no século XVI, que deve ter inspirado a visão cabalística de Jung sobre a união das divindades masculina e feminina, que ele teve depois de um ataque cardíaco grave em 1944.⁴⁴ *Pardes Rimonim* estava incluído na compilação conhecida como *Kabbala Denudata* que Jung adquirira em edição original do século XVII. Cordovero também escreveu uma obra chamada *Palmeira de Débora*, cujo título tinha o intento de sugerir que o livro em si era um oásis no qual a alma poderia se refrescar e se renovar. Segundo a tradição do *Zohar* (na qual Cordovero baseou seu texto), a tamareira simboliza o *tzaddik* ou sábio:

> "O *tzaddik* floresce como a tamareira; ele cresce como um cedro do Líbano" (Salmos 92:12). Por que o *tzaddik* é comparado a uma tamareira? Assim como ela, quando cortada, leva muito tempo para crescer de novo; também quando o mundo perde um *tzaddik*, demora até outros aparecerem no lugar [...]. Assim como a tamareira não cresce (ou dá frutos) se o macho não for plantado pela fêmea, também o *tzaddik* não pode florescer se marido e mulher não se unirem, quando o aspecto masculino de *tzaddik* se une com o aspecto feminino de *tzaddik*, como Abraão e Sara.⁴⁵

A tamareira tem dois gêneros: há a árvore-macho e a árvore-fêmea. E, conforme afirma o *Zohar*, nenhuma fruta é produzida "se o macho não for plantado pela fêmea".[46] No *Sefer-ha-Bahir*, de um século anterior ao *Zohar* e que Jung cita em *Mysterium Coniunctionis*,[47] a natureza dupla da árvore é interpretada como símbolo da natureza andrógina da divindade.[48] A habilidade da tamareira para ser masculina ou feminina, segundo Gershom Scholem, é simbolizada no Livro do Gênesis pelos filhos de Tamar, que "indicam a lua e o sol contidos na tâmara do mesmo modo que o feminino e o masculino".[49] Embora Jung conhecesse a obra de Scholem,[50] o livro que contém essa afirmação, *As Origens da Cabala*, só foi publicado em 1942, trinta anos depois de terminado o *Liber Novus*. Mas Jung devia estar familiarizado com alguns temas cabalísticos enquanto trabalhava no livro, sobretudo por meio dos artigos de A. E. Waite. O pomar de tamareiras que ele pintou atrás de Filêmon remete a obras cabalísticas como o *Zohar* e o *Bahir*, que contêm vasto espectro de associações relevantes a Filêmon e, mais importante, o símbolo da união de opostos na imagem única do Velho Sábio. Entre seus muitos papéis, Filêmon é *tzaddik*. É também *maggid*, guia espiritual que, de acordo com a tradição judaica, pode instruir o iniciado no conhecimento de mundos superiores.[51] Em *Memórias, Sonhos, Reflexões*, Jung citou um amigo indiano que, após ser informado sobre Filêmon, lhe disse: "A maioria das pessoas tem um guru vivo. Mas sempre há algumas que têm um espírito como mestre".[52]

Também pode ser relevante que Saturno fosse visto, desde a Antiguidade até épocas posteriores, como o deus dos judeus, e a relação do planeta com magia poderia indicar pressuposições de conhecimento judaico da Antiguidade Tardia e da Idade Média na prática das artes ocultas.[53] Segundo Frances Yates, Saturno, como planeta especial dos judeus, era associado, na Renascença, à magia cabalística como ciência divina.[54] Essa associação também é citada por Moshe Idel, segundo o qual numerosas fontes judaicas a partir do século XII, além de autores romanos como Tácito e Cássio Dio, identificavam Saturno como o "gênio planetário" dos judeus, apesar da associação do planeta à magia, ou talvez por causa dela.[55] Muitos dos autores que se referem à conexão entre Saturno e os judeus – entre eles, Abu Ma'shar, Plotino, Proclo, Ficino e Agrippa – eram bem conhecidos por Jung, que sabia a respeito dessa antiga e longa associação de Saturno a uma forma judaica específica de conhecimento, magia e profecia do oculto. Em nível mais pessoal, também se pode sugerir que em Filêmon Jung encontrou uma qualidade de sabedoria inclusiva e um discernimento que antes buscara, mas não conseguira encontrar, no mentor judeu, Freud.

Na seção do *Liber Novus* intitulada "Escrutínios",[56] publicada em edição independente como *Septem Sermones ad Mortuos*, Filêmon, que aparece para Jung "vestindo a túnica branca de um sacerdote" (como antes fizera o Anacoreta Ammonius no *Liber Novus*),[57] é o porta-voz dos sete "sermões" e, ao mesmo tempo, seu comentarista. Na versão publicada, Jung deu o crédito da "canalização" a Basilides, gnóstico sírio ou egípcio do século II que vivera em Alexandria. Basilides ensinava a ideia da reencarnação da alma e disseminava uma cosmologia dualista em que o deus superior, Abraxas, cujo nome "contém em si os números correspondentes a 365", gerou 365 céus, simbolizando uma revolução solar completa.[58] Jung parece ter associado Filêmon e seu correspondente, o gnóstico Basilides, ao deus Abraxas, cujo nome estava inscrito no anel de Jung e que, na qualidade de *alter ego* de Fanes, simboliza o "deus renascido" de Jung.[59]

A invocação de Filêmon

Jung nem sempre era muito claro quanto às origens de suas imagens, o que é compreensível no contexto da época e em seu meio profissional. Se levarmos em conta sua familiaridade com o *De mysteriis* de Jâmblico e o ritual *Abramelin* para invocar o Anjo da Guarda, vemos que Filêmon e outras figuras no *Liber Novus* provavelmente eram, a princípio, invocados em rituais, em vez de aparecerem em sonhos ou serem chamados após uma visão espontânea ou um vislumbre onírico. No *Liber Novus*, quando o Professor pergunta a Jung se as vozes alucinatórias que ele ouve o seguem, Jung responde: "Ah, não, Deus me livre, fui eu que as chamei".[60] Há uma semelhança interessante entre a descrição de Jung de seu sonho inicial com Filêmon, ocorrido em 1914, e a descrição de Dion Fortune, escrita duas décadas mais tarde, da primeira manifestação do *maggid* angelical dela, figura que apareceu por meio de uma invocação teúrgica baseada no recital cabalístico dos Nomes Divinos. Segundo Fortune:

> Tinha dado início a meu ensaio mental dos nomes sagrados e, de repente, percebia apenas imagens mentais [...]. Mantinha a concentração nas imagens que brotavam na consciência e não a deixava se desviar [...]. Do céu e sobre as águas, uma vasta figura angelical começou a se formar, e eu a via como um arcanjo inclinado acima de mim, em ampla envergadura.[61]

Fortune, que tinha tão bom conhecimento de psicografia quanto Jung, atribuiu seu livro seguinte, *The Mystical Qabalah*,* à sabedoria comunicada por essa figura imaginária.[62] Se Jung, de fato, invocou Filêmon, baseou-se em uma tradição teúrgica muito remota que vinha da Antiguidade e se estende até hoje.

De acordo com a descrição que deu em *Memórias, Sonhos, Reflexões*, no começo ele não entendeu esse sonho inicial com Filêmon; por isso, resolveu pintá-lo, o que pode ser considerado uma forma de invocação.

> Havia um céu azul como o mar, encoberto não por nuvens, mas por nacos planos e marrons de terra. Pareciam estar se partindo, e se podia ver a água azul do mar entre eles. Mas, na verdade, o azul era o céu. De repente, apareceu do lado direito um ser alado, voando livre no céu. Vi que era um velho com chifres de touro. Carregava quatro chaves, uma das quais segurava como se estivesse pronto para inserir em uma fechadura. Tinha asas de um martim-pescador, com as cores características.[63]

Os chifres de touro não aparecem na pintura de Filêmon que Jung produziu para o *Liber Novus*, embora estejam presentes na pintura feita em 1914. Tampouco a versão posterior de Filêmon carrega chaves, apesar de esse *sunthema* pertencer ao deus mitraico Aion, como o próprio Jung observou.[64] Filêmon é um espírito alado ou um *daimon*, mas, de acordo com a descrição de Jung em *Memórias, Sonhos, Reflexões*, tem um pé manco: atributo associado

---

* *A Cabala Mística*. São Paulo: Pensamento, 1985.

ao diabo desde que Goethe usou tal descrição para Mefistófeles em *Fausto*,[65] e tem precedentes nas descrições astromédicas renascentistas do indivíduo saturnino com "pés deformados e calcanhar bifurcado".[66] Igualmente relevante é o Saturno manco da alquimia, retratado como um *senex* barbado de uma perna só na obra de Johann Mylius, *Philosophia reformata*, publicada em 1622, que Jung cita nada menos que 125 vezes nas *Obras Completas*. Ele possuía uma edição original desse texto alquímico, e uma imagem de Saturno aparece na Gravura 223 da obra *Psicologia e Alquimia*.[67]

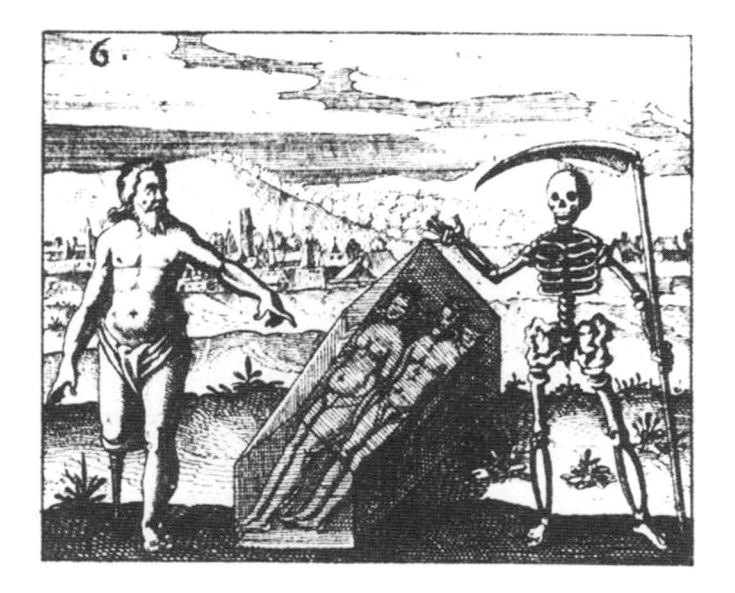

FIGURA 5.2. Saturno de uma perna só presidindo o *nigredo* alquímico em *Philosophia Reformata*, de Johann Mylius, Emblema 6.

O Filêmon hermético

Na época em que trabalhava no *Liber Novus*, Jung já conhecia inúmeros textos alquímicos da Antiguidade Tardia, em particular as *Visões* de Zósimo e diversos tratados em *Collection des Anciens Alchimistes Grecs* [Coleção dos Antigos Alquimistas Gregos], de Marcellin Berthelot.[69] A beneficência de Saturno na teurgia neoplatônica e a associação do deus planetário a uma Era de Ouro perdida também não escaparam aos olhos de Jung. O neoplatônico Damascius, por exemplo, referia-se a Cronos-Saturno como "o Demiurgo libertado" que governara a Era de Ouro,[69] e o próprio Platão declarara que, na Era de Ouro,

> Cronos deu às nossas comunidades seus reis e governantes, não homens, mas *Daimons*, seres de uma espécie superior e mais divina [...]. Portanto, o deus, em sua bondade para com o homem, fez o mesmo: estabeleceu a raça superior dos *Daimons* para nos governar.[70]

A associação de Saturno com a Era de Ouro e, portanto, com o ouro na qualidade de símbolo de perfeição, e com Mercurius como símbolo do ouro alquímico, não era ignorada pelos primeiros alquimistas modernos, como Mylius e Khunrath. Igualmente relevante para Jung eram os vários textos herméticos traduzidos por Mead – os mesmos descritos no *Liber Novus* como escondidos no armário de Filêmon –, em que a fonte do conhecimento "secreto" é o Velho Sábio e mago conhecido como Hermes Trismegisto.[71]

Na tradução de Mead de *Hermetica*, Cronos-Saturno corresponde ao deus egípcio com cabeça de chacal Anúbis, senhor do submundo que, como o grego Hermes, é um psicopompo que guia as almas dos mortos: "Ele gera todas as coisas a partir de si próprio e concebe [tudo] em si próprio".[72] Cronos-Saturno também se identifica com o deus jovem-velho eterno Aion em alguns desses tratados, além de na tradução de Mead dos *Oráculos Caldeus*, em que o deus planetário na *persona* de Aion é paradoxalmente "mais velho [que o velho] e mais jovem [que o jovem]".[73] Segundo Franz Cumont, o jovem Aion na *Liturgia de Mithra* também seria Cronos-Saturno.[74] A fusão de Jung do Velho Sábio com a figura do jovem divino, Hermes-Mercúrio, portanto, baseava-se em numerosos precedentes antigos.

No *Liber Novus*, Jung ilustrou o modo como via a relação entre Saturno e Mercúrio por meio de uma mandala que retratava o *senex* saturnino no topo de um eixo vertical, e o mercurial *iuvenis*, ou jovem, na base desse eixo (ver Gravura 10).⁷⁵ No eixo horizontal estão duas figuras femininas. A figura da esquerda se veste de vermelho e tem cabelos pretos e longos, e parece idêntica à pintura de Salomé que ilustra o primeiro contato de Jung com ela e Elias; essa figura retrata a dimensão erótica do feminino. A figura da direita veste azul-claro, com um véu branco e representa o que Jung, ou melhor, Filêmon, chamava de *Mater Coelestis* ou "Mãe Celeste": símbolo de espiritualidade humana que "concebe e abraça", sendo, portanto, "feminina como a mulher".⁷⁶ Essas duas representações femininas, segundo Jung, "podem facilmente ser reconhecidas como os dois aspectos da *anima*".⁷⁷ Uma polaridade semelhante entre *Luna Satanas* e a *Mater Coelestis* pode ser observada no *Systema Munditotius*, discutido no Capítulo 7.

Não há legenda nem data na pintura, embora, segundo Shamdasani, Jung tenha transcrito essa seção do *Liber Novus* em janeiro de 1919; a pintura, portanto, provavelmente data dessa época ou fim de 1918.⁷⁸ Em 1930, Jung reproduziu a mandala no "Comentário sobre o Segredo da Flor de Ouro", afirmando, como de costume, que fora desenhada por um paciente "no decorrer do tratamento".⁷⁹ Apesar da intenção de disfarçar, o comentário era verdadeiro, de certa forma: Jung era, de fato, um paciente em tratamento, embora o médico fosse a psique inconsciente. Ele reproduziu a pintura mais uma vez em 1952 como a Figura 28 de um ensaio intitulado "A respeito do simbolismo da Mandala". Nele, chamou-a de "Imagem feita por um homem de meia-idade" – de novo, nada mais que a verdade – e referiu-se ao jovem mercurial como "Loki ou Hefesto com cabelos chamejantes".⁸⁰ Loki é um deus brincalhão, a versão nórdica de Hermes-Mercúrio; Hefesto, pai do anão Cabiri, é um deus ardiloso, cuja principal habilidade, segundo Homero, seria a dos "truques".⁸¹ No breve comentário sobre a pintura, Jung descreveu a identidade secreta entre o "velho na atitude de contemplação" – vestindo túnica azul-clara, como Filêmon em "Escrutínios" – e o jovem com "cabelos chamejantes" que segura um templo nas mãos. Embora o templo seja indistinto, parece ter uma abóbada semelhante à do templo nas pinturas do "despejador de água sagrada", Elias e Salomé e Filêmon.

> O velho corresponde ao arquétipo do significado, ou do espírito, e a figura ctônica escura ao oposto do Velho Sábio, ou seja, o elemento

luciferiano mágico (e, às vezes, destrutivo). Na alquimia, é Hermes Trismegisto *versus* Mercurius, o evasivo *trickster*.[82]*

Hermes Trismegisto é Hermes disfarçado como o Velho Sábio, mas Mercurius (do mesmo modo associado às figuras ambíguas de Loki e Hefesto) também é Hermes disfarçado de "brincalhão". Filêmon, que contém ambos, é, portanto, não apenas saturnino, mas também mercurial; é um anjo fulgurante como Raziel, mas também um anjo das trevas como Lúcifer. Cada um está contido às escondidas no outro e, apesar de serem opostos, compartilham de um único núcleo arquetípico que Jung tentou articular numa estrutura psicológica em seus três volumes sobre alquimia, nos quais Saturno, a *prima materia* escura retratada como Velho Rei, se transforma em Mercurius, agente alquímico mágico que é também a Pedra Filosofal. As ideias de Jung a respeito de Saturno tinham evoluído muito, desde o frio, seco e maléfico de *Tetrabiblos,* obra de Ptolomeu.

O cristão patrístico do século III, Orígenes, cuja obra Jung possuía em edição inglesa, declarou em sua obra *Contra Celso* que Saturno é "o regente racional da mente pura... e abre para o mundo o portão que tu fechaste contra teu reino".[83] Filêmon, assim como Saturno de Orígenes, é o *daimon* que abre o portão: um *angelos* ou "mensageiro" que serve de intermediário entre o mundo revelado e o mundo oculto, papel atribuído, em geral, a Hermes-Mercúrio na mitologia clássica. Jung citava o alquimista Mylius para endossar a ideia de que Saturno contém e faz manifestar Mercurius, o espírito *daimon* que anima e manifesta a obra alquímica.[84] Essa ideia é sugerida no *Liber Novus* pelo fato de Filêmon possuir os tratados herméticos e pelo bloco de pedra de Jung em Bollingen, com sua figura do anão jovem, Filêmon/Telésforo, coroado pelo glifo astrológico de Saturno e portando o glifo de Mercúrio no peito.[85] Jung também declara que "Mercurius *senex* é idêntico a Saturno"; ambos são "hermafroditas", e Saturno é "o pai e a origem de Mercurius; portanto, este último é chamado de 'filho de Saturno'".[86] E ainda ressalta:

---

* *Trickster* – espírito folclórico da Europa e da América do Norte que prega peças nas pessoas. (N. do T.).

"Mercurius é intimamente relacionado [...] de modo especial, a Saturno. Como Mercurius, ele é *juvenis*; como Saturno, *senex*".[87]

Para Jung, portanto, Saturno não é apenas um planeta maléfico cuja influência restritiva, na condição de regente de seu horóscopo, ele teria de aceitar de bom grado. Saturno é "a morada do próprio diabo", mas a obra alquímica – ou, em termos psicológicos, individuação – só poderá dar seu fruto final "se concebermos Saturno como um processo que começa com o mal e termina com o bem".[88] Essa afirmação é uma paráfrase de um comentário de Goethe por intermédio de Mefistófeles, que declara a Fausto que ele é "Parte do Poder que sempre deseja o Mal e sempre faz o Bem".[89] Segundo Jung, tanto Saturno quanto Mercúrio estão associados ao "caos", a fonte cosmogônica primordial:

> No gnosticismo, Saturno é o arconte mais alto, o Ialdabaoth com cabeça de leão, que significa "filho do caos". Mas na alquimia o filho do caos é Mercurius.[90]

FIGURA 5.3. Pedra em Bollingen esculpida em 1950.

Na interpretação de Jung, o caos é o reino sombrio, embrionário, do inconsciente primordial, e qualquer transformação de consciência, de acordo com o *Liber Novus*, só pode ser realizada "magicamente" por intermédio dessa junção de Saturno e Mercúrio. Para que ocorra uma integração da personalidade, a escuridão do inconsciente deve antes entrar no domínio defendido do ego consciente, por mais doloroso e caótico que seja:

> Você abre os portões da alma para deixar a correnteza sombria do caos fluir até sua ordem e sentido. Se casar o ordeiro com o caótico, você produzirá a criança divina, o sentido supremo que transpõe qualquer significado ou falta dele.[91]

O próprio Filêmon articula essa ideia em "Escrutínios", quando revela a unicidade secreta do caos e da lei que, para Jung, se encontrava na união dos opostos simbolizada por Saturno:

> Ensino a eles [os espíritos dos mortos] o caos sem medida e totalmente ilimitado, para o qual justiça e injustiça, leniência e severidade, paciência e raiva, amor e ódio nada são [...]. Portanto, fica-se sabendo que a lei eterna também é lei nenhuma. Por isso, não posso chamá-la de lei. Mas de mais chamaria?[92]

A relação secreta e sutil entre Saturno e Mercúrio é inteiramente alheia aos textos astrológicos tradicionais e parece ser uma das diversas inovações de Jung em termos da peculiaridade de seu conhecimento astrológico. A *prima materia* obscura e potencialmente destrutiva do inconsciente, representada por Saturno, tem uma união secreta com o misterioso agente intermediário na psique representado por Mercúrio, que fomenta o reconhecimento consciente de significado e teleologia. Como poder que "sempre deseja o Mal, mas sempre faz o Bem", Saturno é, ao mesmo tempo, um *maleficus* e um *trickster* divino. Essa percepção parece refletir a certeza que Jung tinha de que muitos acontecimentos desafortunados, restritivos e "fatídicos" indicam em segredo a ação de algum processo intermediário ou "mágico". Se uma relação pode ser desenvolvida entre a consciência e o mundo primordial de imagens, os eventos se tornam símbolos que transmitem significação profunda e podem alterar o modo de um indivíduo compreender a vida e com ela se relacionar.

O serviço oculto que um planeta oferece a outro – nas descrições de Jung, que Mercúrio fornece ao Sol, o "deus mais alto", como seu "vizir", e que o próprio Mercúrio oferece a Saturno como agente da transformação deste – reflete a ideia de Jâmblico do *daimon* pessoal, "supervisor e líder de nossa alma", que orquestra e infunde o horóscopo inteiro e todas as suas configurações com um destino específico:

> O *daimon* não é o guia de apenas uma ou outra parte de nosso ser, mas de todas ao mesmo tempo, e estende a nós a administração total de nós mesmos, como nos foi designada desde todas as regiões do universo.[93]

Na linha dessa ideia neoplatônica, Alan Leo sugeriu que o regente planetário do horóscopo é o "representante por toda a vida atual" do núcleo espiritual do indivíduo nos "mundos inferiores". É a chave musical específica dada a cada "Fragmento Divino" (ou, nas palavras de Jung, o *Self*, que "poderia muito bem ser chamado de 'Deus em nós'")[94] antes de entrar na encarnação terrena; e os outros seis planetas, que funcionam por meio do "ambiente", proporcionam a "melodia" baseada nessa nota fundamental.[95] Mercúrio, segundo Leo, expressa-se, enfim, em todo mapa astral por meio do poder centralizador do regente do horóscopo;[96] e a melodia de Mercúrio, acompanhada das melodias de todos os outros planetas, só pode ser tocada pela nota oferecida por Saturno, como no caso de Jung.

Como símbolo astrológico, Mercúrio é convencionalmente relacionado à comunicação e às viagens. Em muitos textos astrológicos medievais e modernos, o planeta costuma ser minimizado em termos de sua importância no horóscopo natal, embora descrições psicológicas e espirituais mais sofisticadas sejam dadas em anos recentes, como acontecia na Antiguidade.[97] Embora não tenha estabelecido nenhuma conexão específica entre Saturno e Mercúrio, Alan Leo apresentou uma interpretação de Mercúrio bastante incomum para a época, enfatizando a função intermediária do planeta e ressaltando sua importância como regente da faculdade visual:

> Ele não é positivo nem negativo, mas *ambos*. É o planeta do adepto [...]. Em uma palavra: é o planeta da *Razão*. No mundo físico, Mercúrio governa o sentido da visão. [...] Mercúrio, acompanhando a alma até Hades, representa o fio de prata da memória no qual se prendem as contas que representam as personalidades de suas vidas terrenas [...]. No fim de cada vida, Mercúrio representa o conhecimento obtido, como Memória, o creme do qual a posse permanente do ego é adquirida em forma de Sabedoria.[98]

Max Heindel, por sua vez, fazia uma interpretação mais convencional de Mercúrio. Reconhecia a importância do planeta na união de corpo, alma e espírito, mas, para Heindel, Mercúrio significava, em termos primários, "a mente concreta inferior"; ele é o "exponente da razão, o agente criativo do progresso físico na obra do mundo".[99] Para compreender Mercúrio, é provável que Jung tenha tido inspiração maior que apenas a da alquimia e das interpretações de Leo; talvez a da *De occulta philosophia*, de Agrippa, em que Mercúrio rege a faculdade da "Fantasia" – termo usado por Jâmblico para a imaginação –, sendo descrito como "amigo" de Saturno.[100] Ambos os planetas regem juntos o domínio dos anjos (os "mensageiros"),[101] e os dois estão relacionados à magia e à profecia. Segundo Agrippa, os "antigos sábios" criaram uma estátua mental por meio das "funções" de Saturno e Mercúrio:

> Uma Imagem de metal batido, como um belo homem, que, segundo a promessa dos sábios, seria capaz de prever acontecimentos futuros, e a fizeram no dia de Mercúrio, na terceira hora de Saturno, com o signo de Gêmeos como ascendente, na casa de Mercúrio, com o significado de profeta, Saturno e Mercúrio em conjunção em Aquário no nono lugar do Céu, que é também chamado Deus.[102]

Tanto no contexto de Agrippa quanto no de Jung, Filêmon, o mago, "Pai do Profeta" e "pai de todos os espectros", é, ao mesmo tempo, saturnino e mercurial.[103] Sua imagem hierática em *Liber Novus* pode até mesmo ser comparada com a "imagem de metal batido" de Agrippa, composta por Mercúrio, Saturno, Gêmeos (signo zodiacal de Mercúrio) e Aquário (signo zodiacal de Saturno), capaz de "prever acontecimentos futuros".

Diversas ideias de Jung acerca de Mercúrio eram muito diferentes das oferecidas pelos astrólogos de sua época. Ele compreendia esse *daimon* planetário como "guia da alma pela escuridão dos mistérios", que "desempenha papel particularmente importante na magia"; Mercúrio também "personifica o *sapientia dei*", ou conhecimento de Deus.[104] Jung não só mesclava Mercúrio com Saturno, mas via Mercúrio como servo do Sol. Em 1936, em uma palestra dada no Instituto Federal de Tecnologia de Zurique (ETH, sigla de Eidgenössische Technische Hochschule Zürich), na Suíça, sobre o contexto histórico da interpretação dos sonhos, ele discorreu longamente sobre essa dimensão solar do Mercúrio astrológico:

> Na astrologia, ele [Mercúrio] é o planeta mais perto do sol [...]. Os antigos o chamavam de Stilbon, o reluzente [...]. É, digamos assim, o ministro do *sol*, ou *helios*. O que temos aqui, portanto, é a imagem do deus mais alto, e seu vizir, seu ministro mais próximo [...]. É aquele que está mais perto da luz. Por isso, é sempre iluminado pelos raios divinos do sol.[105]

Assim como Filêmon, Mercúrio também tem asas e é retratado como espírito aéreo em textos alquímicos como o *Rosarium philosophorum*, do século XV, que Jung usou como base para seu ensaio sobre a psicologia da transferência.[106] Mercúrio também é incandescente, "fogo invisível que opera em segredo"[107] e reflete, ao mesmo tempo, os cabelos chamejantes da figura do jovem na mandala de Jung e os fogos dos infernos pertencentes a Saturno como "a morada do próprio diabo".[108] Na interpretação de Jung, a "astrologia antiga" e as doutrinas gnósticas dos arcontes planetários formavam a base da apresentação alquímica profundamente paradoxal de Mercúrio.[109] O "espírito" do metal de Mercúrio, a prata, é idêntico ao espírito planetário mercurial, e esse espírito planetário, por sua vez, também é Saturno: nas palavras de Jung: "Saturno é simplesmente Mercurius" e o "pai e a origem de Mercurius".[110]

Os estoicos também podem ter ajudado Jung a contemplar Mercúrio como algo mais que a mera "mente concreta", pois, como o próprio Jung ressaltou, "em concepções estoicas, Hermes é logos ou o intelecto do mundo", papel também atribuído a Filêmon como "discernimento superior".[111] No fim do ensaio sobre "O Espírito Mercurius", Jung apresenta uma síntese dos atributos do Mercurius alquímico, que ele via como "idênticos" ao espírito planetário. Entre esses atributos, encontram-se os seguintes "múltiplos aspectos":

> Mercurius consiste em todos os opostos concebíveis.
> Ele é, ao mesmo tempo, material e espiritual.
> É o processo pelo qual o inferior e material se transforma no superior e espiritual, e vice-versa.
> Ele é o diabo, um psicopompo redentor, um brincalhão evasivo e o reflexo de Deus na natureza física [...]
> Representa, por um lado, o *self* e, por outro, o processo de individuação, e, por causa do número ilimitado de seus nomes, também o inconsciente coletivo.[112]

Nessa descrição desconfortavelmente inclusiva, talvez o ponto mais relevante para o uso da astrologia por parte de Jung no *Liber Novus* seja seu modo de ver um planeta ou, mais especificamente, um espírito planetário, como o símbolo de um "processo". Embora fosse mais simples atribuir a astrologia de Filêmon a Hermes-Mercúrio – afinal, Filêmon abrange todos os atributos que Jung associava a Mercurius –, ele é, no entanto, um velho e parece incluir Mercúrio e Saturno, jovem e velho, alado e manco ao mesmo tempo.

O Filêmon solar

No *Liber Novus*, Filêmon também uma relação com o Sol. Na pintura, essa relação é sugerida pelo nimbo solar dourado em volta da cabeça do mago, observado não só na iconografia cristã, mas também em representações de Mithra e muitas outras divindades solares antigas.[113] A função de Filêmon como *oikodespotes* ou *daimon* pessoal lhe permite absorver e orquestrar todos os outros deuses planetários, incluindo o Sol, que, para Jung e Alan Leo, parecia representar o principal veículo para a expressão do *Self* por meio da personalidade individual. Segundo Jung, todos os alquimistas versados em astrologia conheciam "a natureza secreta do Sol" como o "testador supremo"; ele é o "governador da prisão" onde a alma está encarcerada, assim como o Velho Estudioso em *Liber Novus* mantém a filha cega no cativeiro, aguardando a liberdade com a intervenção da arte alquímico-psicológica.[114] Mas Filêmon, assim como Saturno, contém luz solar e também magia e truque mercurial. Ao revelar sua identidade como o gigante solar que se transforma no deus-Sol em uma parte anterior do *Liber Novus*, Filêmon anuncia a Jung: "Meu nome era Izdubar".[115] Ele também declara que se tornará Fanes, "aquele que trouxe o ☉".[116] Segundo Jung:

> Saturno, a "estrela do sol" na astrologia, é interpretado em termos alquímicos como preto; chamam-no, inclusive, de "sol niger", e ele tem natureza dupla como substância arcana, preto como chumbo no exterior, mas branco por dentro.[117]

A imagem de um sol noturno circulado por serpentes – um *sol niger* saturnino – é descrita por Jung no Livro Um do *Liber Novus*:

> Nos mais profundos recônditos da torrente brilha um sol vermelho, irradiante através da água escura. Tomado de terror, vejo ali pequenas serpentes sobre as paredes escuras de pedra, rastejando em direção às profundezas, onde o sol brilha.[118]

O tema é apresentado mais uma vez após o assassinato de Siegfried, quando Jung se refere ao "sol das profundezas cercado de enigmas, um sol da noite".[119] A imagem se repete várias outras vezes no *Liber Novus*, entre elas em uma descrição de dois sóis – um "sol inferior" e um "sol superior" – que mantêm tensão criativa entre o mundo da terra e o mundo do espírito.[120] Jung também faz uma afirmação no *Liber Novus* que não se refere diretamente a Saturno, mas, se considerarmos todos os seus comentários a respeito desse planeta como *prima materia* escura, podemos ver, de forma definitiva, como ele percebia a relação paradoxal entre Saturno e o Sol:

> Tememos, portanto, o que é inferior em nós, pois aquilo que não possuímos une-se para sempre com o caos e faz parte do fluxo misterioso de sua maré. Quando aceito o inferior em mim, ou seja, aquele sol vermelho brilhante das profundezas, e me torno vítima da profusão do caos, o sol brilhante superior também se eleva. Assim, aquele que almeja o mais alto encontra o mais fundo.[121]

Esse é um reflexo da afirmação de Alan Leo acerca da real natureza de Saturno: "Apesar de parecer a mais baixa, a influência de Saturno é a mais alta que o homem mortal pode alcançar".[122]

O Saturno alquímico é chumbo, o mais pesado dos metais, mas o objetivo da obra alquímica é a transmutação desse chumbo em ouro solar imperecível; portanto, a obra começa com Saturno e culmina com o Sol. Esse era o processo convoluto que Jung comparava ao processo psicológico da individuação. O paradoxo do mais baixo, ou inferior, transformado no mais alto, ou superior, foi registrado no início do século III por Orígenes em *Contra Celso*, em que Celso descreve a "escada de sete portões" da ascensão espiritual, começando com o chumbo de Saturno e culminando com o ouro do Sol.[123] Celso presumia que sua escada fosse mitraica, embora, na verdade, seja alquímica.[124] Jung, porém, propenso a localizar padrões arquetípicos repetidos nas mais variadas fontes antigas, encontrara nas traduções de Dieterich e Mead, da *Liturgia de Mithra*, a ideia de que Mithra nascera de uma rocha circundada por uma cobra;[125] seus locais de culto, como a morada de Elias no *Liber Novus*, eram quase sempre cavernas e grutas subterrâneas.[126] Jung interpretava esse aspecto dual de Mithra – divindade solar nascida da escuridão – como "mito solar" e foi buscar corroboração na *Saturnalia* de Macróbio, em que o ciclo anual do Sol termina e começa no solstício de inverno, quando o Sol infante nasce e o Sol moribundo é simultaneamente "representado pela forma de um velho que encolhe aos poucos".[127] O Sol infante como criança divina foi retratado por Waite em sua carta do Arcano Maior, o Sol:

> A carta significa [...] que a luz manifestada deste mundo, representada pelo glorioso sol da terra, se transmuta na luz do mundo futuro, que transcende a aspiração e é tipificada pelo coração de uma criança.[128]

Sob a interpretação de Jung, Saturno é a *lapis philosophorum* dourada que tem "propriedades mágicas e divinas".[129] É também a *prima materia*, a substância crua escura e diabólica da alquimia, que ele associava aos poderes sombrios e demoníacos do inconsciente.

> A *prima materia* é "saturnina", e o maléfico Saturno é a morada do diabo, isto é, a mais desprezada e rejeitada de todas as coisas, "jogada à rua", "descartada no monte de lixo", "encontrada da imundície".[130]

Mas Saturno é também o Hélios mitraico, "jovem, com cabelos dourados, vestido de branco, com uma coroa dourada".[131] E ele é o próprio Mithra, o "herói-sol", aos chamados de "bem-amado", assim como Filêmon é o "amado" na legenda da imagem que acompanha a pintura de Jung.[132] Filêmon é uma *coniunctio oppositorum*, em vários sentidos. Ele liga Saturno a Mercúrio por meio do processo misterioso e mágico de fazer aflorar na consciência aquilo que se esconde nas profundezas desconhecidas; une Sol e Lua como imagem da totalidade e da androginia do *Self*; é o "pai" da Lua e, por isso mesmo, contém em si a fatalidade cíclica lunar; combina Saturno e o Sol, por sua vez servido por seu "vizir" Mercúrio como *sapientia dei*, como símbolos do começo e do fim do processo psicológico que Jung via como individuação.

FIGURA 5.4. Carta O Sol no tarô Waite-Smith.

O Filêmon aquariano

Quando consideramos o conhecimento que Jung tinha de seu horóscopo e o regente planetário, não nos surpreendemos por Filêmon demonstrar *sun-themata* pertencentes a Aquário, signo zodiacal em que se posicionava o Saturno de Jung na hora de seu nascimento. Saturno está em seu "domicílio" em Aquário; e John Thorburn, na análise do horóscopo de Jung, enfatizou a importância dessa posição, assinalando a natureza "incomum" da força de Saturno e suas relações harmoniosas com outros planetas, particularmente

Júpiter, que, segundo Alan Leo, indica "qualquer sentimento religioso em que as emoções tenham proeminência".[133] Thorburn também destacou a importância do elemento Ar no horóscopo de Jung, uma vez que tanto Saturno como Júpiter estão posicionados em signos que pertencem a esse elemento, o primeiro em Aquário, e o segundo em Libra. Em uma síntese desses diversos fatores, Thorburn explicou a Jung que o aspecto benéfico entre esses dois planetas "é uma evidência muito forte do trabalho de uma vida em prol da humanidade e uma orientação ética e religiosa inquestionável".[134]

Uma esfera em que a natureza aérea de Aquário se mostra em relação a Filêmon é a associação que Jung fazia com o "discernimento superior" de Filêmon. Embora os autores neoplatônicos associassem Saturno em qualquer signo zodiacal "às faculdades superiores", Filêmon é, sem dúvida, um *daimon* da mente, imbuindo Jung de completa cosmologia, filosofia e estrutura moral e ética no decorrer do *Liber Novus*. Todas as figuras saturninas em *Liber Novus* exibem intelecto apurado, embora o Velho Estudioso, o Anacoreta, o Bibliotecário e o Professor nem sempre o utilizem de modo construtivo. Um elo mais óbvio entre Filêmon e as qualidades aquarianas do Saturno de Jung é a imagem do jovem vestido de preto, verde e branco, discutidos anteriormente, que aparece pela primeira vez no *Liber Novus* despejando água "sagrada" das "quatro torrentes de Aquário" para alimentar as plantas que crescem do corpo do dragão terreno, abaixo.

Essa figura é *iuvenis*, não *senex*, e, conforme sugerem imagens subsequentes, parece ser uma representação humanizada de Fanes, deus órfico de Jung da nova Era de Aquário. O templo nos céus à esquerda da imagem é a mesma estrutura abobadada do templo de Filêmon, porém branca em vez de dourada. As "quatro torrentes de Aquário" emanam da Pedra Filosofal com aspecto de joia na pintura anterior; e a pedra, como indica Jung, foi "trazida" por Filêmon e aparece nas mãos do velho mago. Ao descrever Filêmon em um dos *Livros Negros*, Jung o associou diretamente às "quatro torrentes":

> Os *daimons* se conciliam naquele que se encontrou, que é a fonte dos quatro rios, da terra de onde brota a fonte. De seu ápice, fluem as águas nas quatro direções. Ele é o mar que gera o sol; ele é a montanha

que carrega o sol; ele é o pai de todos os quatro rios; ele é o elo entre os quatro grandes *daimons*.[135]

Jung também sublinhou o tema do Portador de Água celestial ao dizer a Filêmon: "Despejas água vivente, da qual as flores de teu jardim brotam, uma água estrelada, um orvalho da noite".[136] Filêmon "prevê" a vinda de Fanes a Jung, desempenhando, assim, o papel de João Batista ao anunciar a vinda de um Jesus novo e transformado. Mas Filêmon também declara que ele próprio se tornará Fanes.[137] Parece que o velho mago não é apenas a personificação do *daimon* pessoal de Jung, mas também a forma saturnina do jovem deus da iminente Era de Aquário que, como explica Shamdasani, é "o Deus de Jung".[138] Essa rede de associações, presente nos *Livros Negros* a partir de 1916, indica, sem dúvida, a crença de Jung de que seu destino individual e sua contribuição para o melhor entendimento da psicologia humana tinham ligação inextricável com o grande desvio na consciência coletiva, simbolizado pela mudança das eras astrológicas, em relação às quais Fanes representava a nova imagem-deus coletiva e das quais Filêmon era o avatar pessoal interior junguiano.

Filêmon, o mago

Antes de Filêmon aparecer no *Liber Novus*, Jung comenta que os antigos "inventaram a magia para enfrentar o destino", declarando em seguida:

> Precisamos dela [da magia] para determinar o destino interior e encontrar o caminho que somos incapazes de abrir. Por muito tempo, perguntei-me qual seria esse tipo de magia. E, no fim, nada encontrei. Quem não consegue encontrá-la dentro de si precisa se tornar aprendiz; e, então, isolei-me em um local afastado, onde vivia um mago de cuja reputação eu ouvira falar.[139]

O uso persistente de Jung do nome $\Phi I \Lambda H M \Omega N$ em grego dificilmente teria sido arbitrário ou pura afetação. O mesmo ele fez com Fanes ($\Phi A N H \Sigma$);[140]

e na escultura em Bollingen, cuja inscrição menciona Telésforo (*ΤΕΛΕΣΦΟΡΟΣ*) – figura relacionada a Filêmon/Fanes –, o nome também está reproduzido em grego.[141] No *Liber Novus*, ostensivamente um diário particular que, pelo menos no início, não seria aberto ao público, Jung parece estar disposto a seguir a instrução de Jâmblico de se dirigir a um *daimon* ou a uma divindade na língua deles, por mais incompreensível que pudesse ser:

> O caráter simbólico de divina semelhança, que é intelectual e divino, deve ser presumido nos nomes [dos deuses]... Por essa razão, precisamos entender que nossa comunicação com os deuses deve ser feita em um idioma apropriado... Pois os nomes não preservam exatamente o mesmo significado quando são traduzidos... Ainda que pudessem ser traduzidos, não preservariam o mesmo poder.[142]

Como figura saturnina relacionada a outros solitários no *Liber Novus*, a associação mais óbvia de Filêmon entre os Arcanos Maiores do Tarô – embora no *Liber Novus*, assim como no mito de Ovídio, ele tenha esposa – poderia ser o Eremita. Apesar de mencionada de modo breve, Baucis não aparece no *Liber Novus*. É possível que a imagem junguiana de Filêmon fosse, em parte, influenciada pela elaboração e interpretação do Tarô Waite-Smith. O resumo bem conciso de Jung do significado da carta, segundo Hanni Binder, era de "sabedoria simbolizada pela lâmpada [...] introversão".[143] Waite não inclui em suas imagens *sunthemata* como tamareiras, a serpente, o templo abobadado e a pedra brilhante nas mãos de Filêmon; suas referências simbólicas eram quase sempre relacionadas a temas rosacrucianos e maçônicos. Entretanto, sua imagem do tarô apresenta o retrato clássico de um *senex* sábio segurando o tradicional cajado mágico e a lâmpada da iluminação. O Eremita, segundo Waite, "mescla a ideia do Antigo dos Dias com a Luz do Mundo". Em linguagem filosófica, ele é, portanto, "o Sábio", ou *tzaddik*, e, apesar da gritante antipatia por qualquer forma do que ele interpretava como magia "negra", Waite era capaz de admitir, embora relutante:

> Diz-se que a lanterna do Eremita contém a luz da ciência oculta e que seu cajado é uma varinha mágica.[144]

Filêmon não é apenas um velho solitário; é um mago, e a ilustração da carta do Mago no Tarô Waite-Smith, primeira carta numerada dos Arcanos Maiores, também pode ser relevante para a descrição que Jung faz de Filêmon. O simbolismo na figura de Waite, cujo semblante jovem é mais mercurial que saturnino, vai ao encontro de diversas referências de Jung sobre Filêmon.

> Em torno da cintura ele tem a representação de uma serpente que parece devorar a própria cauda [...]. Na mão direita do Mago, uma varinha aponta para o céu... Essa carta significa o motivo divino no homem refletindo Deus... É também a unidade do ser individual em todos os planos; e, em sentido muito elevado, é o pensamento.[145]

FIGURA 5.5. Carta O Mago no tarô Waite-Smith.

Os quatro elementos astrológicos em forma dos naipes do tarô estão presentes nessa imagem: a varinha (Fogo), o pentáculo (Terra), o cálice

(Água) e a espada (Ar). E o modo como o Mago aponta para cima com uma mão e para baixo com a outra parece ser uma representação pictórica do antigo axioma atribuído a Hermes Trismegisto, "Assim em cima como embaixo".[146] As diversas referências na descrição de Waite refletem intimamente vários atributos que Jung associava a Filêmon: a serpente, a varinha mágica, o "motivo divino no homem", o "pensamento" superior e a "unidade do ser individual" encapsulados na ideia que Jung tinha do *Self*. O cinto em forma de serpente se assemelha à serpente aos pés de Filêmon na pintura de Jung, bem como às esculturas da Antiguidade Tardia do deus mitraico Aion e ao baixo-relevo romano do deus órfico Fanes, que Jung reproduziu em *Símbolos da Transformação*. E a referência pictórica de Waite ao antigo axioma da conhecida Tábua de Esmeralda de Hermes Trismegisto se reflete no fato de Filêmon possuir a *Hermetica* trancafiada no armário. Waite também enfatizou o "jardim de flores" na parte inferior da carta, com o intuito de "insinuar a cultura de aspiração"; essas flores parecem repercutir no cultivo consciencioso de Filêmon de seu jardim e também nas flores de Kabeiroi que desabrocham do dragão verde na pintura do "despejador de água sagrada", de Jung. Waite elaborou duas cartas relacionadas diretamente à magia: o Eremita e o Mago. Ele apresentou o Eremita como figura saturnina, mas seu Mago é, sem dúvida alguma, o jovem Hermes-Mercúrio, que controla os quatro "elementos da vida natural". Do mesmo modo, Filêmon "une os quatro grandes *daimons*" dos elementos. Evidentemente, a figura do Mago criada por Waite apresentava temas que Jung achava bastante relevantes para a dimensão mercurial do próprio mago saturnino.

O Saturno astrológico é associado à magia já há dois milênios. Nas doutrinas órficas que inspiraram Platão e os neoplatônicos da Antiguidade Tardia e da Renascença, esse deus planetário era considerado vidente (προμαντις).[147] Apesar de aparecer pela primeira vez no *Liber Novus* como um velho alquebrado, cuidando com tranquilidade dos canteiros de tulipas, Filêmon é também um mago poderoso. Até seu jardim reflete a magia alquímica do *daimon* planetário, como observou o próprio Jung: "Na alquimia, Saturno é o jardineiro, enquanto a terra preta e a *prima materia* são chumbo".[148] O astrólogo árabe e filósofo islâmico Abu Ma'shar, escritor do fim do século VIII, declarou que o planeta Saturno rege a magia; também o astrólogo e astrônomo árabe Al-Qabisi (Alcabitius), no século X, afirmou que Saturno é o senhor dos magos.[149] A descrição de Saturno por parte de Marsílio Ficino, citado no início do Capítulo 4, mescla agricultura e magia, solidão e "teologia esotérica", exibindo numerosas semelhanças com o Filêmon de Jung.

> Quando nos afastamos das coisas terrenas, quando apelamos para a reclusão, o relaxamento, a constância, a teologia esotérica e a filosofia, ou a superstição, a magia, a agricultura e o sofrimento, caímos sob a influência de Saturno.[150]

Ao falar daquele poder mágico de fazer brotar coisas da "terra preta" da psique, Jung diz o seguinte sobre Filêmon:

> És sábio, ó ΦΙΛΗΜΩΝ, pois nada dás. Queres que teu jardim floresça e tudo cresça a partir de ti.[151]

Segundo Ficino, se um mago deseja criar um talismã mágico para vida longa, deve escolher a hora de Saturno e gravar em uma safira uma imagem de um velho com a cabeça coberta.[152] A palavra "safira" (em grego, *sappheiros*) deriva do sânscrito *sánipriya*, que significa "querida para Saturno", planeta associado a essa pedra preciosa na astrologia védica.[153] É uma interessante coincidência que Ficino, que se considerava melancólico, mas também um mago-astrólogo, citado com frequência por Jung nas *Obras Completas*, atribuísse sua melancolia e necessidade de isolamento ao fato de Saturno, na hora de seu nascimento, estar próximo do Ascendente em Aquário, mesma posição no horóscopo natal de Jung.[154] Para Ficino, assim como para Jung, Saturno era o *oikodespotes*, o Mestre da Casa.

Entre os dons de Saturno ao temperamento "melancólico" (ou, sob a possível interpretação de Jung, "pensamento introvertido") de seus filhos estão os "estudos com números e medidas": matemática, astronomia, astrologia, numerologia cabalística. São cultivados como "a mais elevada espécie de aprendizado que aproxima o homem do divino".¹⁵⁵ Saturno agracia com "propensão excepcional para a contemplação metafísica" os indivíduos por ele regidos.¹⁵⁶ A melancolia também serve para ajudar a alma a se separar do corpo, dotando-a de clarividência e profecia.¹⁵⁷ Segundo Agrippa, o indivíduo melancólico regido por Saturno é, por natureza, um profeta, pois sua alma

> torna-se um receptáculo de espíritos divinos e aprende com eles os segredos das coisas divinas [...]. Ele prevê coisas determinadas pela predestinação especial de Deus, como futuros prodígios ou milagres, a chegada de um profeta, uma mudança de Lei.¹⁵⁸

Em concordância com essas fontes antigas, Alan Leo se referia a esse planeta como "o deus da Contemplação, da Regeneração e da Perfeição"¹⁵⁹ e afirmava que Saturno é

> a grande Ponte [...] a ponte da autoconsciência que conduz, primeiro, da consciência simples para a autoconsciência e depois da autoconsciência para o limiar da supraconsciência ou consciência cósmica.¹⁶⁰

Embora não usasse a palavra "magia" – que não era bem-vinda em muitos círculos teosóficos do século XX, como não o é ainda hoje em diversos círculos psicológicos –, ela está implícita na ideia de que Saturno facilita o avanço da percepção humana comum para a "consciência cósmica", ou, nos termos de Jâmblico, a comunhão direta com os deuses que só pode ser alcançada por meio da teurgia.

Quando escreveu seus dois ensaios sobre sincronicidade, Jung abordou a ideia de magia em relação aos fenômenos sincronísticos. Esses ensaios se basearam na experiência astrológica por ele conduzida, com a assistência da astróloga e psicóloga analítica Liliane Frey-Rohn.¹⁶¹ Além disso, ele mantinha extensa correspondência sobre a ideia da sincronicidade com o físico suíço, professor Markus Fierz, na tentativa de convencer esse racionalista convicto de que "eventos divinatórios produzem, de fato, fenômenos sincronísticos... que me parecem claramente discerníveis na astrologia".¹⁶²

Os artigos de Jung a respeito da sincronicidade são hoje muito citados por astrólogos, com o intuito de oferecer a céticos como Fierz uma explicação racional de como funciona a astrologia. Esses textos têm importância patente em termos dos esforços de Jung para enquadrar a astrologia em uma estrutura científica e linguística aceitável. Entretanto, consistem, na atualidade, em obras publicadas e adaptadas que apresentam os mecanismos implícitos nos "procedimentos mânticos" como astrologia, alquimia e tarô a um público racional e predisposto a negar qualquer coisa que pareça seguir os rastros do misticismo.[163] Esses artigos não revelam o que Jung de fato sentia sobre seu trabalho astrológico, ou o que a astrologia significava para ele na época em que trabalhou no *Liber Novus*. Citando os habituais suspeitos – Zósimo, Paracelso, Agrippa –, Jung se referia à "teoria de *correspondentia*" e à "ideia clássica da *simpatia de todas as coisas*" como precursoras de sua ideia de sincronicidade, evidenciando-se, assim, sua crença de que a astrologia "funciona" na mesma base de outras artes mânticas.[164] Existe uma *sumpatheia* inata entre um deus planetário, como imagem de qualidade específica do tempo, e um dinamismo específico na psique inconsciente humana, pois compartilham um princípio arquetípico subjacente.

> Sincronicidade, portanto, consiste em dois fatores: a) uma imagem inconsciente chega à consciência de modo direto (*i.e.*, literal) ou indireto (simbolizada ou sugerida) na forma de sonho, ideia ou premonição; b) uma situação objetiva coincide com esse conteúdo.[165]

Segundo Jung, a sincronicidade como base dos mecanismos da astrologia precisa ser vista "em parte, como fator universal existente desde toda a eternidade, e, em parte, como a soma de inúmeros atos individuais de criação que ocorrem no tempo".[166] A prática deliberada da magia, por sua vez, é um esforço para um uso consciente da *sumpatheia* entre objetos, eventos e estados psíquicos aparentemente díspares, por meio dos símbolos ou *sunthemata* que os unificam. A magia, assim com a astrologia, é, enfim, um acordo entre um "ato individual de criação" e "fatores universais existentes desde toda a eternidade", que Jung compreendia como arquétipos. O ato individual de criação, por sua vez, depende de uma espécie específica de receptividade emocional, resultando em eventos sincronísticos e mágicos.

Em referência à crença de Goethe de que os eventos sincronísticos surgem de uma "faculdade mágica da alma" e são desencadeados por emoções e paixões reprimidas, Jung observou: "Os acontecimentos sincronísticos ('mágicos') são considerados dependentes de afetações".[167] Além disso, dependem também do momento astrológico certo.[168] Assim como a magia, o "tempo" astrológico funciona porque há empatia entre *kairos* – o "momento certo" – e o estado emocional inconsciente do indivíduo, que, Jung insistia, conhece de forma inata a natureza qualitativa de um momento específico no tempo e cuja psique inconsciente nesse momento reflete tais qualidades. As diversas observações sobre a atividade inconsciente de eventos sincronísticos fazem eco à afirmação de Filêmon de que a magia "nunca se perderá para a humanidade, pois ela renasce com cada um de nós".[169] A magia não se limita a práticas rituais; ela é inerente ao próprio inconsciente. É muito provável que Jung tenha praticado o uso teúrgico da astrologia para invocar Filêmon, após ter feito a conexão entre a figura visionária inicial e a potência planetária que mais se assemelhava a ela. Como afirmou no *Liber Novus*:

> Precisamos de magia se quisermos receber ou invocar o mensageiro e a comunicação do incompreensível.[170]

Quaisquer que fossem as abordagens técnicas adotadas por Jung para sua invocação, essa aplicação teúrgica da astrologia é, em si, um aspecto do conhecimento que o velho mago tinha e da antiga sabedoria por ele personificada.

Não é nenhuma surpresa que o "Eu" de Jung, após o contato com o velho mago, afirme: "aprendi magia com ΦΙΛΗΜΩΝ".[171] A compreensão do termo "magia" por parte de Jung, como vimos, baseia-se na ideia de *sumpatheia*, que funciona por meio do inconsciente e de sua intervenção significativa na vida consciente. O diálogo inicial entre Jung e Filêmon tem a ver com a natureza da magia, a qual Filêmon define, por fim, como "tudo o que escapa à compreensão".[172] O que Jung aprende sobre magia com Filêmon se resume a uma percepção inteiramente mercurial, com meandros desafiadores:

> É um erro acreditar que práticas mágicas podem ser aprendidas. Não podemos entender a magia. Só podemos entender o que se harmoniza com a razão. A magia se harmoniza com o irracional, que não é compreensível [...]. A compreensão da magia é o que chamamos de incompreensão. Tudo o que funciona magicamente é incompreensível, e o incompreensível, em geral, funciona de maneira mágica [...]. A prática da magia consiste em tornar compreensível, de modo incompreensível, aquilo que não é compreendido.[173]

Antes, no *Liber Novus*, em um diálogo com sua alma sobre magia, Jung ganha uma varinha preta mágica em forma de serpente, parecida com o cajado que Moisés e Aarão usaram para derrotar os magos do Faraó.[174]

> É fria e pesada como o ferro. Os olhos perolados da serpente me olham cegos e vidrados. O que queres, dádiva misteriosa?... És o tempo e o destino? A essência da natureza, dura e eternamente inconsolável, e, no entanto, a soma de toda a força criativa? Palavras mágicas primordiais parecem emanar de ti, efeitos misteriosos circulam ao teu redor, e que artes poderosas jazem dormentes em ti?[175]

O ferro, como já vimos, é o metal de Marte; as pérolas, extraídas das profundezas do mar, pertencem por tradição à Lua. Jung associava os dois símbolos planetários ao mundo do inconsciente, que exibe uma "faculdade mágica da alma".[176] Filêmon também possui um cajado mágico, mas ele está escondido em seu armário com a *Hermetica* e *Moisés*, o que leva Jung a supor que Filêmon se afastou da prática mágica por tempo integral e agora se contenta em murmurar "alguns encantamentos mágicos para o bem-estar do gado enfeitiçado".[177] Entretanto, aos poucos, fica evidente que Filêmon não precisa mais desses recursos materiais, pois ele próprio é a personificação da magia.

Planetas e processos

Na aparência, na natureza e na fala, Filêmon compõe a trama de numerosas e antigas disciplinas, cosmologias, sistemas simbólicos e formulações religiosas, permitindo a Jung construir uma ponte frágil, porém útil, entre as dimensões pagã e cristã de sua complexa visão do mundo. É improvável que Jung pretendesse reduzir Filêmon a um único símbolo astrológico, tampouco poderia o velho mago ser "explicado" somente pela astrologia. Talvez nem possa ser explicado de nenhuma maneira, em sentido estritamente racional. Também não se pode saber, com certeza, como Jung interpretava o funcionamento de seu planeta regente, exceto pelo que sugere seu comentário feito ao escritor norte-americano Upton Sinclair em 1955:

> O regente do meu nascimento, o velho Saturno, retardou meu processo de maturação em tal medida que tomei conhecimento de minhas próprias ideias apenas no início da segunda metade da vida, ou seja, exatamente aos 36 anos.[178]

"Trinta e seis anos" a partir de seu nascimento seria 1911-1912, quando Jung começou seus estudos de astrologia, com os fundamentos filosóficos, míticos e teúrgicos da Antiguidade Tardia; foi também quando teve início seu afastamento de Freud, quando ele vivenciou um período de sofrimento psíquico, às vezes interpretado como um momento de "colapso" mental. Sob a perspectiva de Jung, o *oikodespotes*, ao agir, como *daimons* pessoais tendem a fazer, como regente do destino do indivíduo, evidentemente ocultava o caminho final de Jung até que estivesse pronto para ser revelado, no momento ideal, quando as estruturas conscientes rígidas seriam então quebradas e surgiria uma nova visão criativa. Embora Jung recorresse a diversos astrólogos para lhe explicar seu mapa astral, ele não apresentou nenhuma interpretação de seu horóscopo, ou, se o fez, até hoje não foi descoberta. Mas o papel que Filêmon desempenha no *Liber Novus* sugere que Jung via seu regente planetário, Saturno, como potência mítica, arquétipo dominante que representava, ao mesmo tempo, uma faceta da psique coletiva e uma dimensão de sua personalidade: a voz do *Self* expressando-se por meio do caminho exclusivo de seu *daimon* e do processo de individuação.

Filêmon proporcionou a Jung sabedoria, discernimento, compreensão dos mecanismos da psique e, por fim, sua cosmologia, traduzida em termos psicológicos. Filêmon parece ter oferecido também o alicerce para a ideia de sincronicidade, que Jung associava ao funcionamento da magia. Como figura saturnina, Filêmon é o porta-voz e regente de todas as outras potências planetárias; é um processo de destino pessoal em desenvolvimento. Como arquétipo do "Velho Sábio", é universal, no sentido de que todas as pessoas, não só Jung, nascem com Saturno em algum lugar no horóscopo natal. Mas, para Jung, Filêmon tinha importância pessoal porque personificava seu "Mestre da Casa", o *daimon* específico por trás de sua jornada da alma. Filêmon surgia como "guru" interior ou guia transpessoal, uma "personalidade de maná" que falava a Jung sobre sua função e seu destino, e um repositório para o desenvolvimento total da história psicológica humana – o que Blavatsky chamava de *akasha*, "memória da natureza" – se disponibilizou, a princípio, por intermédio de um sonho, depois com a invocação deliberada por parte de Jung.

A abordagem astrológica sugerida pela figura de Filêmon era exclusiva de Jung à época, embora talvez Zósimo, Jâmblico, Plotino, Proclo, os autores dos papiros mágicos gregos, os magos medievais e do início da era moderna, como Ficino, Paracelso e Agrippa, tenham chegado lá antes dele e apresentado precedentes compreensíveis. Apesar de perfeitamente capaz de articular uma descrição ptolemaica clássica dos atributos caracterológicos dos signos zodiacais e dos planetas, Jung não usou apenas símbolos astrológicos como recurso hermenêutico enquanto trabalhava na segunda "camada" do *Liber Novus*; parece ter também desenvolvido uma forma de magia astral, ou, em termos mais corretos, teurgia astral, que envolvia o uso deliberado da faculdade imaginária para entrar e participar do mundo dos *daimons* planetários, que ele compreendia como potências psicológicas. Esse é justamente o objetivo da teurgia de Jâmblico, e o Filêmon desenvolvido na plenitude talvez seja o resultado mais potente dos esforços de Jung. Durante um período em que boa parte de sua vida era caótica, dolorosa e estressante, essa figura parece ter proporcionado a Jung o fio condutor de significado que explicava o que ele vivia, inspirando-o a formular uma psicologia enraizada tanto no simbolismo astrológico quanto na mitologia que ele acreditava ser a base desse simbolismo.

Jung nunca escreveu um livro sobre interpretação astrológica, e é muito fácil entendermos por quê. A relutância ao deixar as pessoas vislumbrarem a profundidade de seus interesses astrológicos o impedia de escrever sobre eles. E, mesmo que desejasse fazê-lo, não poderia ter reduzido a natureza de suas percepções e experiências a uma lista de esboços do tipo "livro de receitas", como os que eram oferecidos pelos astrólogos da época. Os manuais e suas descrições da natureza e da função do "planeta regente" não conseguem abordar a profundidade, a complexidade, a sutileza e a potência extraordinária do que Jung criou em Filêmon; ou, visto sob outra perspectiva, do que Filêmon criou em Jung.

Notas

1. Johann Isaac Hollandus, *Opus Saturni*, em Basilius Valentinus, *Of Natural and Supernatural Things*, trad. Daniel Cable (Londres: Moses Pitt, 1670), pp. 184-85.
2. *Tractatus aureus*, em *Theatrum chemicum* (Estrasburgo, 1613), vol. IV, p. 718, citado por Jung, CW9i, p. 4, n. 8.
3. Jung, CW14, par. 303.
4. Sonu Shamdasani, "Who Is Jung's Philemon?", *Jung History* 2:2 (2011), www.philemonfoundation.org/resources/jung_history/volume_2_issue_2.
5. Jung, *Liber Novus*, p. 339: "Provavelmente a maior parte do que escrevi na primeira parte deste livro foi-me passado por ΦΙΛΗΜΩΝ".
6. Jung, *MDR*, p. 208.
7. Plotino, Ennead 5, 8.13. A palavra Νους não implica intelecto no sentido do pensamento racional, como talvez interpretemos no século XXI, mas sugere a ideia platônica de "razão" ou o discernimento verdadeiro inspirado por uma compreensão intuitiva da unidade do cosmos e dos elos ocultos que formam as correntes de interconexões simbólicas. Νους também pode se referir à ideia platônica de Mente Divina.

8. Jung, carta a Alice Raphael, citada por Sonu Shamdasani, "Who Is Jung's Philemon?, Unpublished Letter to Alice", *Jung History* 2:2 (2011), www.philemonfoundation.org/resources/jung_history/volume_2_issue_2.
9. Ovídio, *Metamorphoses*, Livro VIII, Internet Classics Archive, http://classics.mit.edu//Ovid/metam.html.
10. C. G. Jung, carta a Paul Schmitt, 5 de janeiro de 1942, em *C. G. Jung Letters*, vol. 1, pp. 309-10.
11. Jung, *MDR*, p. 260.
12. Ver Shamdasani, "Introdução", em Jung, *Liber Novus*, p. 216. Shamdasani sugeriu que a torre "pode ser considerada uma continuação tridimensional do *Liber Novus*: seu 'Liber Quartus'" (*Liber Novus*, p. 216).
13. Ver C. G. Jung, carta a Alice Raphael, 7 de junho de 1955, citado por Shamdasani, "Who Is Jung's Philemon?", quando Jung declara que, por conta da inflação, o "demônio" na *prima materia* sufocaria a nação alemã.
14. Murray Stein, "What Is *The Red Book* for Analytical Psychology?", *Journal of Analytical Psychology* 56 (2011), 590-606, na p. 600.
15. Sobre a receptividade de Jâmblico, ver Greene, *Jung's Studies in Astrology*, Capítulo 4. [*Jung, o Astrólogo – Um Estudo Histórico sobre os Escritos de Astrologia na Obra de Carl G. Jung*. São Paulo: Pensamento, 2023.]
16. "Senhor South" é Thomas South, estudioso com inclinações esotéricas e pai de Mary Ann Atwood, que escreveu uma obra seminal sobre as dimensões espirituais da alquimia intitulada *Hermetic Philosophy and Alchemy* (Londres: Trelawney Saunders, 1850). Essa obra, publicada originalmente como anônima, exerceu enorme influência sobre o crescente movimento ocultista na Inglaterra no fim do século XIX e fazia parte da biblioteca particular de Jung. Nicholas Flamel (1330-1418) foi escrivão e vendedor de manuscritos francês que adquiriu fama póstuma de alquimista no século XVII por causa de um livro intitulado *Le Livre des figures hiéroglyphiques* (Paris: Veuve Guillemot, 1612). Sobre as referências de Jung a essa obra, ver Jung, CW8, par. 394; CW9i, par. 246; CW14, par. 45.

    A esposa de Flamel se chamava Péronelle. *Mutus Liber* [O Livro Silencioso], de "Altus", publicado em 1677, é uma obra sobre alquimia com imagens, mas sem texto (daí o título); o processo alquímico é descrito por meio de um casal ou par (marido e mulher, irmão e irmã, Sol e Lua) que trabalha em conjunto na obra alquímica. Sobre *Mutus Liber*, ver Jung, CW14, par. 181, n. 317.

Sobre a série completa de gravuras de *Mutus Liber*, ver Stanislas Klossowski de Rola, *The Golden Game* (Londres: Thames and Hudson, 1988), pp. 266-84.
17. Jung, carta a Alice Raphael, citado por Shamdasani, "Who Is Jung's Philemon?".
18. Jung, *MDR*, p. 207.
19. Shamdasani, "Introdução", em Jung, *Liber Novus*, p. 213.
20. Ver Greene, *Jung's Studies in Astrology*, Capítulo 4. [*Jung, o Astrólogo – Um Estudo Histórico sobre os Escritos de Astrologia na Obra de Carl G. Jung*. São Paulo: Pensamento, 2023.]
21. C. G. Jung, carta a Alice Raphael, 7 de junho de 1955, citado por Shamdasani, "Who is Jung's Philemon?".
22. *Sobre* Abraão, o judeu e seu grimório, ver Greene, *Jung's Studies in Astrology*, Capítulo 4. [*Jung, o Astrólogo – Um Estudo Histórico sobre os Escritos de Astrologia na Obra de Carl G. Jung*. São Paulo: Pensamento, 2023.]
23. C. G. Jung, *Septem Sermones ad Mortuos*, trad. Stephan A. Hoeller, em Stephan A. Hoeller, *The Gnostic Jung and the Seven Sermons to the Dead* (Wheaton, IL: Theosophical Publishing House, 1982), pp. 44-58. O *Septem Sermones* também foi reimpresso em inglês por Robert A. Segal (org.), *The Gnostic Jung* (Princeton, NJ: Princeton University Press, 1992), pp. 181-93, e o texto está disponível em: www.gnosis.org/library/7Sermons.htm. A respeito da história da publicação da obra, ver Hoeller, *The Gnostic Jung*, pp. xxiii-xxiv, 8-9, 219-20.
24. Na verdade, há quatro pinturas de Filêmon. Duas delas parecem ter desaparecido em coleções particulares, embora tenham sido publicadas em diversos artigos sobre a obra de Jung. A primeira pintura, criada por Jung em 1914, foi reproduzida na primeira edição de Gerhard Wehr, *An Illustrated Biography of Jung*, trad. M. Kohn (Boston: Shambhala, 1989), p. 72. Essa pintura representa o sonho descrito por Jung em *MDF*. A imagem aparece também em um artigo de Jay Sherry, "A Pictorial Guide to the Red Book", *ARAS Connections: Image and Archetype* 1 (2010). Não se sabe o paradeiro do original. A segunda pintura é a versão apresentada no *Liber Novus*. A terceira foi feita na torre. A quarta pintura, que apresenta Filêmon como um gigante atrás e cercando ou emanando cinco figuras menores (talvez imagens planetárias) com um disco solar abaixo, foi mostrada em uma exposição sobre *O Livro Vermelho* no Musée Nationale des Arts Asiatiques Guimet, em Paris, em outono de 2011, mas seus créditos são citados como "Collecton particulière: droits réservés" – ou seja, coleção particular cujo dono prefere o anonimato. Essa pintura também apareceu em

um artigo de Sylvester Wojtkowski intitulado "Jung's "Art Complex", publicado em *ARAS* 3 (2009), mas não há referência à fonte ou ao local.

25. Sobre referências às asas do martim-pescador, ver Jung, *MDF*, p. 207. Sobre o anjo Raziel, que Jung mencionou nas obras reunidas, CW14, par. 572, ver Rachel Elior, "The Concept of God in Hekhalot Mysticism", em Joseph Dan (org.), *Binah*, vol. 2 (Nova York: Praeger, 1989), pp. 97-120, esp. pp. 101 e 112. Raziel pode ser considerado o equivalente judaico de Hermes Trismegisto. Sobre *Sefer ha-Raziel* [Livro de Raziel], ver Jung, CW14, par. 572; Joseph Dan, "Book of Raziel", em *Encyclopaedia Judaica*, 13 volumes, pp. 1.591-593; François Secret, "Sur quelques traductions du Sefer Raziel", *REJ* 128 (1969), pp. 223-45. Sobre a tradução em inglês do *Sefer ha-Raziel,* ver Steve Savedow, *Sepher Rezial Hemelach* (York Beach, ME: Weiser Books, 2001). Outra tradução em língua inglesa, Sloane MS 3826, pode ser encontrada no British Museum, intitulada *Liber Salomonis*; ver Savedow's Appendix of *Sefer ha-Raziel* manuscripts in Savedow (trad.), *Sepher Rezial Hemelach*, pp. 280-86. Ver também Capítulo 2.

26. Jung, *Liber Novus*, p. 314.

27. Wehr, *An Illustrated Biography of C. G. Jung*, p. 72, © 2007 Foundation of the Works of C. G. Jung, Zurique.

28. Jung, *Liber Novus*, pp. 312-16.

29. *Picatrix*, pp. 159-60; citação completa e referências no início deste capítulo.

30. Ver Capítulo 4.

31. Leo, *Esoteric Astrology*, pp. 25-6.

32. C. G. Jung, carta a Constance Long, citado por Shamdasani em Jung, *Liber Novus*, p. 232, n. 306.

33. Ver Jung, *Liber Novus*, p. 121.

34. Johann Isaac Hollandus, *Opus Saturni*, em Basilius Valentinus, *Of Natural and Supernatural Things*, trad. Daniel Cable (Londres: Moses Pitt, 1670), pp. 184-85, disponível em: www.levity.com/alchemy/hollandus_saturn.html. O texto é encontrado em latim na compilação de Valentinus na biblioteca de Jung: *Opera mineralis, sive de lapide philosophico* (Middleburgi, 1600), *C. G. Jung Bibliothek* CE39.

35. Ver Henry Corbin, *The Man of Light in Iranian Sufism* (Green Oaks, IL: Omega, 1994), pp. 13-37, *paredos* ou "gêmeo celeste". Ver também Porfírio, *Life of Plotinus* 10.14-30 para uma descrição do divino "*daimon* assistente" de Plotino.

36. Jung, CW7, par. 405. Ver também CW7, par. 399, sobre a "personalidade de maná", e Shamdasani, "Introduction", em Jung, *Liber Novus*, p. 218.
37. Sobre os *maggid*, ver a seguir.
38. O templo descrito em *Metamorfoses*, de Ovídio, tem telhado de ouro e colunas de mármore; as colunas não aparecem na pintura de Filêmon. Em algumas apresentações pictóricas do templo de Salomão do século XV até o século XX, a mesquita conhecida como Abóbada da Rocha, hoje situada no local do Segundo Templo, foi usada como modelo; um exemplo é a vista do Templo da *Nuremberg Chronicle*, de Hartmann Schedel, c. 1493. Ver Pamela Berger, "Ways of Knowing Through Iconography: The Temple of Solomon and the Dome of the Rock", texto acadêmico para o Boston College, BOISI Center for Religion and American Public Life, 8 abr. 2009. Jung descreve o templo de Filêmon com um "templo dourado", *Liber Novus*, p. 315.
39. Sobre Salomão como grande mago, ver Pablo A. Torijano, *Solomon the Esoteric King* (Leiden: Brill, 2002).
40. Sobre esse baixo-relevo, ver Capítulo 6.
41. O próprio Moisés era visto como grande mago por autores da Antiguidade e da Idade Média; ver Andreas Kilcher, "The Moses of Sinai and the Moses of Egypt", *Aries* 4:2 (2004), pp. 148-70; John G. Gager, *Moses in Greco-Roman Paganism* (Nova York: Abingdon Press, 1972); Jan Assman, *Moses the Egyptian* (Cambridge, MA: Harvard University Press, 1998). Um vínculo entre Moisés e Filêmon é sugerido pelo cajado preto mágico, que é também a serpente negra que acompanha Elias e Filêmon no *Liber Novus*: quanto ao cajado, ver Jung, *Liber Novus*, pp. 307-8. Ele próprio estabeleceu uma conexão entre Moisés e Elias: ver Jung, *Liber Novus*, p. 248, n. 187, citando o *Livro Negro 2*, p. 84, em que Jung afirma que Elias lembrava o "Moisés sentado" de Michelangelo.
42. Ver Levítico 22:40; Neemias 8:15; 1 Reis 6:29.
43. Êxodo 15:27.
44. Jung, *MDR*, p. 325. Jung conheceu a obra de Cordovero mais tarde, no compêndio cabalístico elaborado no século XVIII por Christian Knorr von Rosenroth, traduzido para o latim e conhecido como *Kabbala Denudata*. Essa obra constava na biblioteca de Jung em edição original: Christian Knorr von Rosenroth, *Kabbala Denudata*, 3 volumes (Sulzbach/Frankfurt: Abraham Lichtental, 1677-1684). A

Kabbala Denudata é muito citada por Jung, CW5, edição revisada de *Psicologia do Inconsciente*. Entretanto, ele não a menciona na publicação original.

45. *Zohar, Bereshit* 82a.
46. Jung conhecia *Zohar*, a grande obra seminal do pensamento cabalístico, escrita no fim do século XIII. Ele possuía cópias da obra em alemão e em inglês: Ernst Müller (trad.), *Der Sohar* (Düsseldorf: Diederich, 1932), e Harry Sperling e Maurice Simon (trad.), *The Zohar*, 5 volumes (Londres: Soncino Press, 1931-1934). Jung também tinha uma cópia da obra de A. E. Waite, *The Doctrine and Literature of the Kabbalah* (Londres: Theosophical Publishing Society, 1902), e outra de A. E. Waite, *The Secret Doctrine of Israel* (Londres: William Rider & So, 1912), além de A. E. Waite, *The Holy Kabbalah* (Londres: Williams & Norgate, 1929). Todas essas obras extensas de Waite incluem exposições minuciosas do *Zohar*. Outras obras sobre Cabala na biblioteca de Jung publicadas antes, durante e logo depois do período em que trabalhou no *Liber Novus* são: Gershom Scholem, *Die Geheimnisse der Schöpfung* (Berlin: Schocken, 1935); Oswald Erich Bischoff, *Die Elemente der Kabbalah*, 2 volumes (Berlim: Hermann Barsdorf, 1913-1920); Knut Stenring (trad.), *The Book of Formation (Sepher Yetzirah) by Rabbi Akiba ben Joseph* (Nova York: Ktav Publishing House, 1923), com introdução de A. E Waite; Chajim Bloch, *Lebenserinnerungen des Kabbalisten Vital* (Viena: Vernay--Verlag, 1927). Essa última obra pode ser especialmente relevante para o conhecimento inicial de Jung sobre a Cabala, porque o rabi Bloch, historiador e estudioso cabalístico que mantinha contato com Freud, afirmou em uma entrevista que Freud possuía numerosas obras cabalísticas em sua biblioteca. Para essa referência, ver Bakan, *Sigmund Freud and the Jewish Mystical Tradition*, p. xviii. G. R. S. Mead, embora nunca tenha publicado nada sobre a Cabala, a conhecia muito bem por causa da forte e duradoura amizade com o rabi Moses Gaste; ver Greene, *Magi and Maggidim*, pp. 291-92.
47. Jung, CW14, par. 625.
48. *Sefer ha-Bahir*, 117 e 139.
49. Gênesis 38:28-30. Ver Gershom Scholem, *Origins of the Kabbalah*, org. R. J. Zwi Werblowsky, trad. Allan Arkush (Princeton, NJ: Princeton University Press, 1987; publicado originalmente em alemão como *Ursprung und Anfänge der Kabbala* (Berlim: Walter de Gruyter, 1962), p. 173.
50. Jung possuía várias obras de Scholem sobre a Cabala, a primeira das quais (*Das Geheimnisse der Schöpfung: Ein Kapitel aus dem Sohar*) tendo sido publicada em 1935.

51. Sobre a definição de *maggid*, ver Joseph Dan, "Maggid", em *Encyclopaedia Judaica*, 16 volumes (Jerusalém: Keter, 1971), 11:698-701. Sobre as instruções no século XVII para invocar um *maggid*, ver a revelação do rabi Joseph Taitazak em Joseph Dan (org. e trad.), *The Heart and the Fountain* (Oxford: Oxford University Press, 2002), pp. 175-80. Sobre exemplos de cabalistas que acreditavam que seus escritos eram "ditados" por um *maggid*, Werblowsky, *Joseph Karo*, pp. 257-86; Moshe Idel, *Absorbing Perfections* (Leiden: Brill, 2002), pp. 143-45; Louis Jacobs, "The Maggid of Rabbi Moses Hayyim Luzzato", em Louis Jacobs (org e trad.), *The Jewish Mystics* (Londres: Kyle Cathie, 1990), pp. 136-47; Fine, *Physician of the Soul*, pp. 96-9. Isaac Luria, tema do último livro mencionado, acreditava que seu *maggid* fosse ninguém menos que o profeta Elias. A ocultista britânica Anna Bonus Kingsford, fim do século XIX, cuja obra parece ter interessado Jung, também tinha *maggid* angélico, e os "Mestres" de Blavatsky parecem baseados no protótipo da tradição cabalística judaica. Para mais informações acadêmicas sobre os *maggid*, ver Wolfson, "Beyond the Spoken Word"; Moshe Idel, "Transmission in Thirteenth-Century Kabbalah", em Elmon e Gershoni (org.), *Transmitting Jewish Traditions*, pp. 138-65. Sobre o uso de *maggidim* e dos guias angélicos na revitalização ocultista no fim do século XIX e início do XX, ver Greene, *Magi and Maggidim*.
52. Jung, *MDR*, pp. 208-9.
53. Sobre referências de Jung a Saturno como "estrela dos judeus", ver Jung, CW5, par. 421, n. 5; Jung, CW9ii, par. 128; Jung, CW11, pars. 350 e 403. Para uma exposição total dessa tradição histórica, ver Moshe Idel, *Saturn's Jews* (Londres: Continuum, 2011). Ver também Joshua Trachtenberg, *The Devil and the Jews* (New Haven, CT: Yale University Press, 1943); Greene, *Magi and Maggidim*, pp. 125-26.
54. Frances A. Yates, *The Occult Philosophy in the Elizabethan Age* (Londres: Routledge & Kegan Paul, 1979), pp. 23, 33-4.
55. Idel, *Saturn's Jews*, p. xiii. Para uma lista detalhada de referências sobre a relação entre Saturno e os judeus, ver Idel, *Saturn's Jews*, p. 120, n. 1.
56. Esta seção do *Liber Novus*, que começa na p. 333, não pertence ao *Liber Novus* original. Foi escrita em 1917 e consistia nas fantasias de Jung entre abril de 1913 e junho de 1916. Shamdasani observa que "Escrutínios", embora escrito separadamente do corpo principal da obra, foi produzido no mesmo período e "efetivamente forma o *Liber Tertius* do *Liber Novus*". Ver Shamdasani, "Introduction", em Jung, *Liber Novus*, p. 207.

57. Jung, *Liber Novus*, p. 346. O traje o associa ao sacerdote em *Visões*, de Zósimo.
58. Irineu, *Against Heresies* I.24.3-7. Para a referência de Jung a Abraxas como "nome inventado que significa 365", ver Jung, *Visions Seminars*, vol. 2, pp. 806-7. Todas as obras de Basilides desapareceram, mas são descritas por apologistas cristãos e heresiólogos como Irineu; Clemente, *Stromateis* 4-5; Hipólito, *Philosophumena* VII; e Epifânio, *Adversus Haeresias* 7:20-7. Jung conhecia e citava frequentemente todos esses autores. Para mais referências a Basilides, ver Gilles Quispel, "Gnostic Man: The Gospel of Basilides", em *The Mystic Vision* (Princeton, NJ: Princeton University Press, 1968), pp. 210-46; Paul Allan Mirecki, "Basilides", em *The Anchor Bible Dictionary*, vol. 1, p. 624.
59. Ver Shamdasani, "Introduction", em Jung, *Liber Novus*, p. 207. Os atributos de Abraxas são apresentados por Jung, *Liber Novus*, p. 349. Mais sobre Abraxas, ver Capítulo 6.
60. Jung, *Liber Novus*, p. 295.
61. Citado por Gareth Knight, *Dion Fortune and the Inner Light* (Loughborough: Thoth, 2000), pp. 213-14. Fortune ficou profundamente impressionada com o trabalho de Jung e adotou-o em sua linha particular de ocultismo, embora provavelmente não tivesse acesso a nenhum material de *O Livro Vermelho*. Entretanto, tinha acesso às discussões de Jung sobre imaginação ativa, bem como à obra *De Mysteriis*, de Jâmblico, e à tradução de Samuel Liddell MacGregor Mathers de *The Sacred Magic of Abramelin the Mage*. Mais a respeito de Fortune e suas fontes, ver Greene, *Magi and Maggidim*, pp. 377-440.
62. Ver Knight, *Dion Fortune*, p. 212.
63. Jung, *MDR*, p. 207.
64. Jung, *Psychology of the Unconscious*, p. 314.
65. Johann Wolfgang von Goethe, *Faust: Der Tragödie erster Teil* (Tübingen: J. G. Cotta'schen, 1808), IV:2.184. *Schleppfuss*, palavra adotada por Thomas Mann para o nome de seu personagem mefistofeliano, dr. Schleppfuss, em *Doktor Faustus* (Frankfurt: S. Fischer, 1947), significa "arrastar o pé". Sobre o uso do epíteto por parte de Goethe e de Mann, ver E. M. Butler, *The Fortunes of Faust* (Cambridge: Cambridge University Press, 1952), p. 326; Harry Redner, *In the Beginning Was the Deed* (Berkeley: University of California Press, 1982), pp. 226-27; John P. Anderson, *Mann's Doctor Faustus* (Boca Raton, FL: Universal, 2007), p. 157; Caroline Joan S. Picart, *Thomas Mann and Friedrich Nietzsche* (Amsterdã: Editions Rodopi, 1999), p. 45.

66. Ver, por exemplo, Johannes of Hasfurt, *De cognoscendis et medendis morbis ex corporum coelestium positione*, fol. 22v, citado por Ioan P. Couliano, *Eros and Magic in the Renaissance* (Chicago: University of Chicago Press, 1987), p. 47.
67. Jung, CW12, p. 410. A imagem oferecida por Johann Daniel Mylius, *Philosophia reformata* (Frankfurt: Jennis, 1622), Emblema 6, é reproduzida aqui sob a permissão de Adam McLean, em www.alchemywebsite.com/Emblems_Mylius_Rosarium_1622.html. Ver também a gravura de Michael Maier do Saturno alquímico de uma perna só como jardineiro em Maier, *Symbola aureae mensae* (1617).
68. Ver, por exemplo, as referências a Zósimo em Jung, *Psychology of the Unconscious*, pp. 351 e 416. Jung se refere à obra de Berthelot na p. 511, n. 36, e ao "significado original da alquimia" na p. 511, n. 37. O exemplar de Jung de *Collection des anciens alchimistes grecs*, de Marcellin Berthelot, foi publicado em 1887-1888, e *Les origines de l'alchimie*, também de Berthelot, em 1885.
69. Damascius, *Dubitationes et solutiones de primis principiis in Platonis Parmenidem*, 2 volumes (Paris: Ruelle, 1889), II:214, 222, citado por Shaw, *Theurgy and the Soul*, p. 137.
70. Platão, *Leis* 713c-d.
71. Mead, *Thrice-Greatest Hermes*. I.417.
72. Mead, *Thrice-Greatest Hermes*, I. 322.
73. G. R. S. Mead, *The Chaldaean Oracles*, publicada como volume 8 de *Echoes from the Gnosis* (Theosophical Publishing Society, 1908), p. 22, n. 2. Ver também Lewy, *Chaldean Oracles and Theurgy*, p. 152 e p. 406, n. 25, em que Lewy se refere à mesma comparação de Aion e Cronos em Proclo e no culto mitraico; Copenhaver, *Hermetica*, p. 167.
74. Cumont, *Textes et monuments*, vol. 1, p. 76.
75. Jung, *Liber Novus*, p. 105. Ver comentários de Shamdasani em *Liber Novus*, p. 297, n. 186.
76. Jung, *Liber Novus*, p. 352.
77. Jung, *Liber Novus*, p. 297, n. 186.
78. Jung, CW9i, par. 682. Essa referência também é dada por Shamdasani em Jung, *Liber Novus*, p. 296, n. 179.
79. Jung, CW13, p. 56.
80. Jung, CW9i, par. 682.

81. Ver Margery L. Brown, "Hephaestus, Hermes, and Prometheus: Jesters to the Gods", em Vicki K. Janik (org.), *Fools and Jesters in Literature, Art, and History* (Westport, CT: Greenwood Press, 1998), pp. 237-45; Esther Clinton, "The Trickster", em Jane Garry e Hasan El-Shamy (orgs.), *Archetypes and Motifs in Folklore and Literature* (Armonk, NY: M. E. Sharpe, 2005), pp. 472-81; Norman Oliver Brown, *Hermes the Thief* (Madison: University of Wisconsin Press, 1947), pp. 21-2, 48 e 64; Joseph Russo, "A Jungian Analysis of Homer's Odysseus", em Polly Young-Eisendrath e Terence Dawson (orgs.), *The Cambridge Companion to Jung* (Cambridge: Cambridge University Press, 2008), pp. 253-68.
82. Jung, CW9i, par. 682.
83. Orígenes, *Contra Celsum*, XXXI. A edição de Jung dessa obra foi publicada em dois volumes em Frederick Crombie (org. e trad.), *The Writings of Origen* (Edimburgo: 1910-1911).
84. Jung, CW9ii, par. 215.
85. Os quatro principais glifos planetários na pedra, exceto por Mercúrio no centro, são os do Sol e da Lua, além de Saturno e Marte. O glifo de Júpiter é menor e parece estar subordinado ao Sol, e o glifo de Vênus também é menor e parece subordinado à Lua. O simbolismo de Júpiter e Vênus não tem proeminência no *Liber Novus*.
86. Jung, CW13, par. 274.
87. Jung, CW13, par. 250. Ver também Jung, CW13, par. 269; Jung, CW14, par. 298.
88. Jung, CW13, par. 276.
89. Goethe, *Fausto*, Parte I, Cena 3.
90. Jung, CW13, par. 275.
91. Jung, *Liber Novus*, trad. p. 235.
92. Jung, *Liber Novus*, trad. pp. 350-51.
93. Jâmblico, *De mysteriis*, IX.7.
94. Jung, CW7, par. 299.
95. Leo, *Esoteric Astrology*, p. 149.
96. Claro que Mercúrio pode ser o regente do mapa se um de seus signos zodiacais, Gêmeos ou Virgem, estiver ascendendo na hora do nascimento. Nesse caso, todos os outros planetas, incluindo Saturno, se expressam através de Mercúrio.
97. Sobre obras que se concentram na importância de Mercúrio, ver, por exemplo, Freda Edis, *The God Between* (Londres: Penguin, 1996); Per Henrik Gullfoss, *The Complete Book of Spiritual Astrology* (Woodbury, MN: Llewellyn, 2008),

pp. 107-19. Sobre definições antigas de Mercúrio que Jung conhecia, ver, entre outros, Ptolomeu, *Tetrabiblos* II.3; Vettius Valens, *Anthologies*, I.1.

98. Leo, *How to Judge a Nativity*, p. 36.
99. Heindel, *Simplified Scientific Astrology*, p. 149; Heindel, *Message of the Stars*, p. 35.
100. Agrippa, *De occulta philosophia*, II:xxvii; I.xvii. Não se sabe ao certo quando Jung encontrou, pela primeira vez, *De Occulta Philosophia*; ele reproduziu uma imagem da obra nas *Obras Completas* 5 (CW5), versão revisada de *Psicologia do Inconsciente*, mas ela não aparece na publicação original. Todas as citações de Agrippa nas *Obras Completas* foram escritas muito depois de terminado o *Liber Novus*. Entretanto, como Jung conhecia desde muito antes grimórios como *O Sexto e o Sétimo Livro de Moisés*, bem como a fama de Agrippa de grande mago alemão, em quem Goethe baseou muitos aspectos de Fausto – observação bem conhecida no fim do século XIX –, é improvável que Jung desconhecesse *De Oculta Philosophia* na época em que desenvolvia a figura de Filêmon. Sobre uma discussão anterior sobre Fausto de Goethe e Agrippa, ver Anton Reichl, "Goethes Faust und Agrippa von Nettesheim", *Euphorion* 4 (1897), pp. 287-301. Sobre discussões mais recentes, ver J. M. van der Laan, *Seeking Meaning for Goethe's Faust* (Londres: Continuum, 2007), pp. 8, 11, 54-6; Paola Zambelli, *White Magic, Black Magic in the European Renaissance* (Leiden: Brill, 2007), pp. 115-16.
101. Agrippa, *De occulta philosophia*, II.1.
102. Agrippa, *De occulta philosophia*, II.xxxvii.
103. Jung, *Liber Novus*, p. 317. Ver também Jung, *Liber Novus*, p. 154; o texto na imagem de Filêmon diz: "Pai do Profeta, Amado Filêmon".
104. Jung, *Dream Interpretation, Ancient and Modern*, p. 165.
105. Jung, *Dream Interpretation, Ancient and Modern*, p. 165.
106. Jung, CW13, par. 261. Para 'Psicologia da transferência', ver Jung, CW16, pars. 353-539.
107. Jung, CW13, par. 256.
108. Jung, CW13, par. 276.
109. Jung, CW13, par. 273.
110. Jung, CW13, par. 274, referindo-se à obra do alquimista Heinrich Khunrath.
111. Jung, *Psychology of the Unconscious*, p. 547, n. 61.
112. Jung, CW13, par. 284.

113. Sobre o halo como símbolo solar nas iconografias cristã e pré-cristã, ver, entre outros, Jonathan Bardill, *Constantine, Divine Emperor of the Christian Golden Age* (Cambridge: Cambridge University Press, 2012), pp. 97-9; John M. Rosenfield, *The Dynastic Art of the Kushans* (Berkeley: University of California Press, 1967), pp. 196-98; David Ulansey, "Mithras and the Hypercosmic Sun", em John R. Hinnells (org.), *Studies in Mithraism* (Roma: L'Erma' di Brettschneider, 1994), pp. 257-64; Steven Hijmans, *Sol: The Sun in the Art and Religions of Rome* (dissertação para Ph.D. não publicada, University of Groningen, 2009).
114. Jung, CW14, par. 140.
115. Ver Jung, *Liber Novus*, p. 305, n. 232.
116. Ver Jung, *Liber Novus*, p. 301, n. 211.
117. Jung, CW9ii, par. 215. Ele também afirma nesse parágrafo que Saturno é citado como "o chumbo sagrado dos sábios".
118. Jung, *Liber Novus*, p. 237.
119. Jung, *Liber Novus*, p. 239.
102. Jung, *Liber Novus*, p. 292, n. 157, citando um verbete do *Livro Negro 7*, escrito em outubro de 1917.
121. Jung, *Liber Novus*, p. 300.
122. Leo, *Esoteric Astrology*, p. 26.
123. Orígenes, *Contra Celsum*, 6:22.
124. A ordem planetária da ascensão mitraica da alma é diferente, começando com Mercúrio e culminando com Saturno; ver Beck, *Planetary Gods*, p. 8.
125. Jung, *Psychology of the Unconscious*, p. 293.
126. Jung, *Psychology of the Unconscious*, pp. 407 e 550, n. 89.
127. Jung, *Psychology of the Unconscious*, citando Macróbio, *Saturnalia*, 1:18, p. 226.
128. Waite, *Pictorial Key to the Tarot*, p. 144.
129. Jung, CW9ii, par. 215.
130. Jung, CW13, par. 209.
131. Jung, *Psychology of the Unconscious*, citando a *Liturgia de Mithra* (*Mithras Liturgy*, p. 111).
132. Sobre Mitra, "o bem-amado", ver Jung, *Psychology of the Unconscious*, pp. 104-5. Para a tradução da legenda da imagem de Filêmon, ver Jung, *Liber Novus*, p. 317, n. 282.
133. Leo, *Esoteric Astrology*, p. 28.
134. Thorburn, "Natus for C. G. Jung", p. 1.

135. Ver comentários de Shamdasani: Jung, *Liber Novus*, p. 305, n. 230; a citação é do *Livro Negro 7*, p. 61.
136. Jung, *Liber Novus*, p. 316.
137. Jung, *Liber Novus*, p. 301, n. 211. A afirmação é do *Livro Negro 6*, p. 195.
138. Jung, *Liber Novus*, p. 301, n. 211.
139. Jung, *Liber Novus*, p. 311.
140. Ver, por exemplo, Jung, *Liber Novus*, p. 301, n. 211.
141. Ver Jung, *Liber Novus*, p. 303, n. 222.
142. Jâmblico, *De Mysteriis*, VII.4-5.
143. http://marygreer.wordpress.com/2008/04/18/carl-jung-on-the-major-arcana/.
144. Waite, *The Pictorial Key to the Tarot*, p. 17.
145. Waite, *Pictorial Key to the Tarot*, pp. 72-5, ilustração na p. 73.
146. O texto inteiro diz: *Quod est inferius est sicut quod est superius; et quod est superius est sicunt quod est inferiorius ad perpetranda miracula rei unius* ("Assim em cima como embaixo, para que o milagre da coisa única seja realizado"). Texto de Heinrich Khunrah, *Amphiteatrum sapientiae aeternae* (Hanau, 1609).
147. Ver Klibansky et al., *Saturn and Melancholy*, p. 154.
148. Jung, *On Psychological and Visionary Art*, p. 64. Embora essa referência a Saturno tenha sido citada em uma palestra em 1945, Saturno como senhor da agricultura é descrito em *Geórgicas*, de Virgílio, sendo provável que Jung tenha visto, ainda que não entendesse seu significado pleno, gravuras dos autores alquímicos do século XVII, como Michael Maier e Michael Sendivogius, que retratavam o mesmo Saturno manco cuidando do solo com a foice e regando a Árvore dos Filósofos.
149. Abu Ma'shar, Leiden Codex or. 47; Alcabitius, Bodleian Marsh 663; ambas citadas por Klibansky et al., *Saturn and Melancholy*, pp. 130-31. Sobre referências de Jung a Abu Ma'shar, ver Jung, CW9ii, pars. 128, 131, 133, 153-54.
150. Marsílio Ficino, *De vita triplici*, III.2.
151. Jung, *Liber Novus*, p. 316.
152. Ficino, *De vita triplici*, III.18. O Eremita de Waite tem a cabeça coberta, embora a de Filêmon, na pintura de Jung, esteja descoberta.
153. Ver Eric Partridge, *Origins: A Short Etymological Dictionary of Modern English* (Londres: Routledge, 2006), p. 588.
154. Marsílio Ficino, carta a Filippo Valori, 7 de novembro de 1492, em Marsílio Ficino, *Opera*, p. 888, citado por Couliano, *Eros and Magic*, p. 46. Ficino

nasceu em 19 de outubro de 1433, às 13h26 (LMT, hora média local), em Figline Valdamo, Itália. Em seu mapa astral, Saturno está em Aquário em conjunção com o Ascendente a 6°, na primeira casa. No mapa de Jung, Saturno em Aquário está mais distante, a 22° do Ascendente, mas no mesmo signo e na mesma casa.

155. Yates, *The Occult Philosophy*, p. 51.
156. Couliano, *Eros and Magic*, p. 48.
157. Couliano, *Eros and Magic*, p. 49.
158. Agrippa, *De occulta philosophia*, I:60.
159. Leo, *Saturn*, p. iv.
160. Leo, *Saturn*, p. 25.
161. C. G. Jung, "Synchronicity", em Jung, CW8, pp. 417-519; C. G. Jung, "On Synchronicity", em Jung, CW8, pp. 520-32. Para Frey-Rohn, ver Greene, *Jung's Studies in Astrology*, Capítulo 2. [*Jung, o Astrólogo – Um Estudo Histórico sobre os Escritos de Astrologia na Obra de Carl G. Jung*. São Paulo: Pensamento, 2023.]
162. Jung, CW18, par. 1.198. A coletânea "Cartas sobre sincronicidade" (CW18, pars. 1.193-212) também inclui uma carta a Michael Fordham em que ele discute a natureza "psicoide" do arquétipo inconsciente. Para mais sobre Fordham, ver Greene, *Jung's Studies in Astrology*, Capítulo 1. [*Jung, o Astrólogo – Um Estudo Histórico sobre os Escritos de Astrologia na Obra de Carl G. Jung*. São Paulo: Pensamento, 2023.] Ver também Jung, CW18, pars. 1.174-192, uma versão condensada do ensaio mais longo "An Acausal Connecting Principle".
163. A astrologia, para Jung, tem "caráter mântico"; ver Jung, CW8, par. 994. O adjetivo "mântico" deriva do grego *mantikos*, que significa profético ou oracular, de *mantis*, vidente. Ver o uso da palavra *mantikos* em *Fedro* 265b e 275b, de Platão.
164. Jung, CW8, par. 965.
165. Jung, CW8, par. 858.
166. Jung, CW8, par. 967.
167. Jung, CW8, par. 860.
168. Ver citação de Jung de Alberto Magno no Capítulo 3.
169. Jung, *Liber Novus*, p. 313.
170. Jung, *Liber Novus*, p. 314.
171. Jung, *Liber Novus*, p. 317.

172. Jung, *Liber Novus*, p. 313.
173. Jung, *Liber Novus*, p. 314.
174. Jung, *Liber Novus*, p. 307. Sobre os poderes mágicos dos cajados de Moisés e Aarão, ver Êxodo 7:17, 8:5, 8:16-17, 9:23, e 10:13.
175. Jung, *Liber Novus*, p. 307.
176. A pérola, segundo Jung (CW5, par. 510), é símbolo de "mistério": o tesouro oculto na escuridão do inconsciente. Nos antigos lapidários gregos, a pérola tinha ligação com Mercúrio e a Lua. Ver Damigeron, *De Virtutibus Lapidum*, p. 4; Diane Morgan, *Gemlore: Ancient Secrets and Modern Myths from the Stone Age to the Rock Age* (Westport, CT: Greenwood Press, 2008), pp. 137-40.
177. Jung, *Liber Novus*, p. 312.
178. Jung, carta a Upton Sinclair, 25 de fevereiro de 1955, em *C. G. Jung Letters*, vol. 2, pp. 230-32.

6

ΦΑΝΗΣ, "Aquele que Trouxe o Sol"

Esse *Chronos* sem idade, de recurso imortal, gerou
Aither e um grande Abismo, vasto a perder de vista, sem limite no próprio fundo, sem base, sem lugar para repouso [...]
Então, o grande Cronos criou do divino Aither um ovo branco reluzente.[1]

— Rapsódias Órficas

Ele [Fanes] é a visão antecipada. É o fim do medo. É a semente a germinar, o broto a desabrochar [...]. Ele é a fonte e o deserto. É o abrigo seguro e a noite tempestuosa. É a certeza no desespero. Ele é o sólido na dissolução. É a libertação do encarceramento. É o conselho e a força, em antecipação. Ele é o amigo do homem, a luz que emana do homem, a luz que o homem vê iluminando seu caminho.[2]

— C. G. Jung

A criança divina

Em 1919, Jung pintou uma figura parecida com uma criança, cujo corpo é composto de formas esféricas, usando um traje de arlequim em padrão preto e branco contra um fundo dourado. Acima da imagem, escreveu:

Esta é a imagem da criança divina. Significa a completude de um longo caminho. Assim que a imagem foi finalizada, em abril de 1919, e o trabalho da imagem seguinte mal havia começado, aquele que me trouxe o ☉ [Sol] chegou, como $ΦIΛHMΩN$ [Filêmon] havia previsto. Chamei-o $ΦANHΣ$ [Fanes], porque é o Deus recém-aparecido.[3]

FIGURA 6.1.   Fanes, o "Deus recém-aparecido".[4]

Fanes é a grande divindade andrógina primordial do mito cosmogônico órfico,[5] identificado por Aristófanes como idêntico a Eros,[6] a quem Platão chamava "não gerado" e o mais velho dos deuses.[7] No *Livro Negro 7* de Jung, Fanes recita um longo monólogo poético sobre seus atributos e poderes, mas não aparece no *Liber Novus* como um personagem com quem Jung dialoga.⁸ Em vez disso, ele é a divindade para a qual se direciona todo o movimento do *Liber Novus*: "o caminho do que está por vir". Interessante que Abraxas, cujo nome *não* está escrito em grego no *Liber Novus*, seja sua personificação nas tramas do corruptível mundo físico. Embora Jung tenha comentado no *Livro Negro 6* que Fanes era o mensageiro de Abraxas,⁹ várias referências no *Liber Novus* deixam claro que Jung, por fim, via Abraxas como a manifestação de Fanes no reino corpóreo, gerando os ciclos de vida de todos os seres.

Na literatura órfica, Fanes tem numerosos atributos solares, e há paralelos diretos entre essa divindade e o gigante Izdubar. Eles compartilham não apenas temas solares, mas também o do surgimento do ovo cósmico. Após sua cura, Izdubar ressurge de um ovo, cercado por chamas e transformado no deus-Sol. Fanes, o "brilhante", também emerge de um ovo nos textos e na iconografia órfica, cercado por chamas. Antes do contato com Izdubar, Jung já tinha escrito bastante no *Liber Novus* a respeito da "criança divina" como imagem da fonte solar de vida e também da forma nascente do *Self*, tendo declarado: "Meu Deus é uma criança".¹⁰ Quando esse centro misterioso do ser se intromete na consciência individual, seu propósito como *daimon* é impiedoso:

> A força primordial é o fulgor do sol [...]. Mas, se a alma mergulha no fulgor, torna-se tão impiedosa quanto o próprio Deus, pois a vida da criança divina que você devorou dará a sensação de carvões em brasa em suas entranhas. Queimará como um fogo terrível, inextinguível [...]. Então, você entenderá que seu Deus está vivo, e sua alma terá vagado por caminhos cruéis. Você sentirá que o fogo do sol irrompeu em suas entranhas.¹¹

A criança divina "que você devorou" se refere a Fanes, devorado em vida na cosmogonia órfica: primeiro pelo neto Zeus, que o engole com o intuito de absorver o poder criador de vida de seu progenitor, depois quando Fanes renasce como Fanes-Dionísio e é despedaçado e devorado pelos titãs da terra. Das cinzas dos titãs, que Zeus destrói com um relâmpago, surgem seres humanos: terrenos, gananciosos e selvagens como seus genitores titânicos, mas contendo em si uma minúscula centelha da divindade primordial de luz e revelação[12] que, para Jung, queima por dentro "como um fogo terrível, inextinguível".

O ovo cósmico recebe diferentes antecedentes nas variadas versões do mito de Fanes. Às vezes, é descrito como a progênie do Caos e da Noite, mas os neoplatônicos insistiam que Cronos (o Tempo), reproduzido como serpente alada e depois mesclado ao Cronos-Saturno planetário,[13] gerara o ovo do mundo:[14]

> Cronos [...] gerou um ovo enorme que, por estar cheio, foi partido em dois pelo atrito da força daquele que o gerou. Sua coroa se tornou Ouranos [Céu], e o que escorreu para baixo, Gaia [Terra]. Também surgiu, fulgurante, um deus incorpóreo [Fanes].[15]

O nome grego Fanes provém do verbo *phaino* ("mostrar" ou "revelar"). Gerou palavras modernas como "teofania" (a aparência visível de um deus), "epifania" (súbita aparição ou revelação), "diáfano" (transparente) e "fenômeno" (objeto visível à percepção humana). Mead citou a exegese do nome, segundo Clemente de Alexandria, como "surgir com fulgor" (αυτου φανεντος), porque, quando Fanes emerge do ovo, "o universo surge fulgurante a partir dele, com o brilho do Fogo, o mais glorioso dos elementos".[16] Jung se referia a Fanes como o "fulgurante"[17] e via o deus órfico como símbolo da libido, "impulso criativo" equivalente a Eros (associação já feita, segundo Jung, por Hesíodo e Platão):[18]

> Lembro-me aqui do significado cosmogônico de Eros em Platão e Hesíodo, e também da figura órfica de Fanes, o "iluminado", o primeiro a ser criado, o "pai de Eros". Em termos órficos, Fanes também significa Príapo; é um deus de amor, bissexual e semelhante a Dionísio Lísio de Tebas.[19]

Nos hinos órficos, Fanes se chama Erikepaios, palavra que, segundo estudiosos órficos do século XX, não é grega e parece não ter interpretação unânime.²⁰ Sob perspectivas mais atuais, o nome talvez provenha de uma palavra composta com o significado paradoxal de "criança adulta do sexo masculino".²¹ Talvez não seja coincidência que o belo e jovem Fanes, conforme descrito pelo heresiólogo Hipólito, também possa aparecer como um velho grisalho alado: a descrição exata do Filêmon junguiano.²² Jung encontrou o nome Erikepaios na tradução de Thomas Taylor do hino órfico ao deus²³ e o usou como epíteto para Fanes na pintura cosmológica que intitulou *Systema Munditotius*, produzida em 1916, três anos antes de pintar Fanes no *Liber Novus*.²⁴ Na legenda da pintura, utilizou o glifo astrológico do Sol em vez da palavra em si. Nessa extraordinária imagem visual, a figura andrógina é, ao mesmo tempo, criança e adulto, arredondada, como se feita de esferas (que para Jung conotava o todo),²⁵ e flutua entre nuvens douradas, vestindo um traje semelhante ao do "despejador de água sagrada" aquariano, que tem um disco solar atrás da cabeça.

Jung pintou Fanes novamente, dessa vez retratando sua forma rotunda de frente para um tigre agachado. Embora a imagem do deus seja idêntica à da pintura anterior, o nome mudou, e ele passou a ser chamado ΤΕΛΕΣΦΟΡΟΣ. Fanes-Telésforo compartilha a pintura com Atmavictu, retratado como um enorme crocodilo de múltiplas pernas, as mandíbulas abertas para engolir o disco solar acima ou, o que é mais provável, o deu à luz, assim como Saturno na alquimia dá à luz o deus solar. Segundo Alan Leo, o crocodilo é "a forma pré-planetária de Saturno" e "o verdadeiro símbolo saturnino de Capricórnio";²⁶ esse comentário ressalta a relação entre o Atmavictu de Jung e a pedra alquímica que ele esconde e a polaridade (e identidade secreta) entre Saturno e o Sol, já sugerida pelo Elias saturnino com seu Templo do Sol, pelo Anacoreta Ammonius saturnino e seu anseio pela luz do Sol, e pelos crocodilos que adornam a pintura de Izdubar, o herói solar. À direita do crocodilo-Atmavictu na pintura de Telésforo, a figura de um jovem se ajoelha em reverência, vestindo o traje de arlequim de Fanes e com os mesmos cabelos pretos em corte arredondado, quase egípcio; mas o branco na túnica desse jovem é substituído pelo vermelho marcial. A legenda sob a figura diz *Iuvenis adiutor* ("simpatizante juvenil"). Em contraste, o tigre se agacha em genuflexão diante da forma diminuta de Fanes-Telésforo, a criança divina. As cores escolhidas por

Jung para essa pintura e as diferenças de quem venera quem parecem indicar que o jovem, movido pelo instinto marcial, adorará Deus na forma do crocodilo-Atmavictu, enquanto o mundo instintivo regido por Atmavictu em sua manifestação de tigre se curvará agora em reconhecimento à criança divina interior. O nome Telésforo significa "o que traz a completude". Sob o tigre, Jung escreveu: *Spiritus malus in hominibus quibusdam*: "O espírito maligno em alguns homens". Mesmo esse "espírito maligno" prestará homenagem àquele que traz a completude: Fanes, o deus na Nova Era.

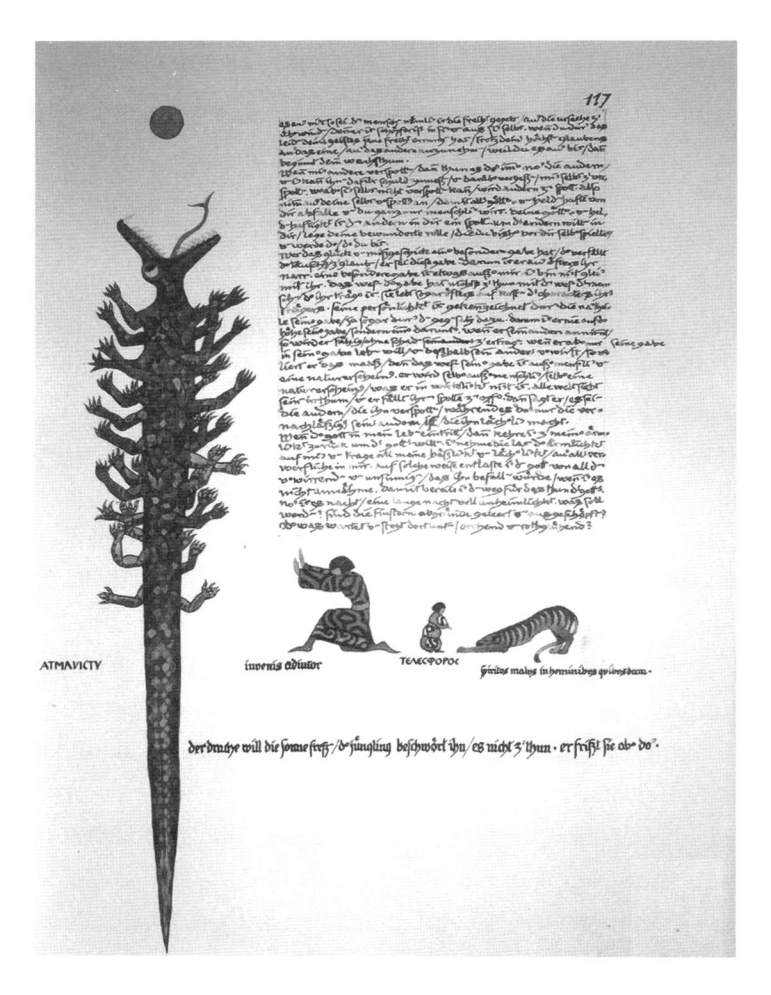

FIGURA 6.2.   Fanes-Telésforo.[27]

Telésforo é um dos anões *Kabeiroi* (Cabiros), às vezes, associado, na mitologia, com o deus-curador Asclépio, *daimon* de cura e condutor de sonhos.[28] Jung se intrigava com os *Kabeiroi*, que, em geral, aparecem em grupos nas narrativas da Antiguidade; ele os associava ao aspecto fálico da libido, como a "expressão visível da força criativa encarnada no homem".[29] Devia interpretar o tamanho minúsculo dos *Kabeiroi* como representação do microcosmo divino no campo instintivo. O Sol, por outro lado, representa o microcosmo divino na alma humana.[30] Na escultura de Jung de Fanes-Telésforo em Bollingen, os sete planetas estão representados no deus, e também à sua volta, pelos glifos tradicionais: o deus-anão, que também é Fanes e Filêmon, contém ou rege todo o panteão planetário. Ele se encontra em um círculo pequeno dividido em setores e, por sua vez, cercado por outro círculo maior: o glifo astrológico tradicional do Sol, que também serve para a forma do Templo do Sol descrita por Jung no *Liber Novus* durante seu encontro com o profeta Elias.

Fanes como cosmocrator

Jung fez uma terceira pintura de Fanes retratando, com clareza, a divindade primordial órfica como "aquele que trouxe o Sol" (ver Gravura 11). Sentado no céu em uma almofada flutuante sob o disco solar, Fanes usa a mesma túnica listrada e tem os mesmos cabelos pretos em forma de tigela do "despejador de água sagrada", com quem parece ter profunda relação.[31] Mas o jarro usado pelo portador para despejar sua dádiva sobre a terra na imagem anterior encontra-se, dessa vez, sobre a cabeça de Fanes, como receptáculo para a força vital solar. O disco do Sol é, como de costume, dividido em quatro partes, para designar os equinócios e solstícios nos quatro pontos cardeais, as "voltas" de seu ciclo anual. Jung não colocou legenda para explicar essa pintura, talvez porque nenhuma fosse necessária.

Entre as várias fontes de material órfico, Jung se baseou na obra do amigo e colega de Mead, o historiador de arte e estudioso bíblico Robert Eisler, recomendado por Mead a Jung em uma carta de 1919.[32] Em 1910, Eisler tinha publicado uma obra em dois volumes, escrita em alemão, sob o título *Weltenmantel und Himmelszelt* [O Manto Mundial e Tenda Celestial], na qual incluíra uma fotografia de um baixo-relevo romano de Fanes, oriundo do século II d.C.[33] Eisler argumentava que essa figura não era o Aion mitraico, como teria sugerido Franz Cumont quatro anos antes, mas, sim, o Fanes órfico.[34] Jung reproduziu a imagem em *Símbolos da Transformação*, chamando-a "Fanes no ovo", e a citou como "relevo órfico". A identificação dela como órfica em vez de mitraica se baseia no argumento de Eisler.[35]

No baixo-relevo, Fanes surge de um ovo cósmico repleto de chamas, como o ovo do qual Izdubar se eleva após a deificação. Fanes tem asas e está no círculo do zodíaco; carrega no corpo as cabeças de um touro (Touro), um leão (Leão), um carneiro (Áries) e uma cabra (Capricórnio). É envolto por uma serpente, assim como as imagens mitraicas de Aion, a figura do Mago no Tarô Waite-Smith, a escultura de Atmavictu no jardim de Jung e o próprio Jung no *Liber Novus* durante sua "crucificação".[37] Diferentemente, entretanto, do Aion mitraico e do Leontocéfalo de Jung, a figura no baixo-relevo tem a cabeça de um belo jovem, em vez de a de um leão. Os pés de Fanes são como as patas de um bode, traço sugestivo de Pã, deus da natureza primitiva que se reflete no rosto caprino da pintura junguiana de Atmavictu.[38] Carrega na cabeça uma coroa de raios solares, como a coroa solar na pintura de Izdubar e o halo solar de Filêmon; os chifres de uma crescente lunar se erguem por trás dos ombros do deus, como a crescente lunar na pintura junguiana da *Anima*. Na mão esquerda, Fanes segura um cajado cuja extensão desconhecida vai além do baixo-relevo, interpretado por David Ulansey como o polo cósmico em torno do qual circulam as estrelas e os planetas.[39] Nessa representação feita na Antiguidade Tardia, Fanes surge como uma *coniunctio* de Sol e Lua, masculino e feminino, dia e noite, luz e escuridão, céu e terra. É também cosmocrator do ciclo solar através do zodíaco, sendo, portanto, o "Sol espiritual central" como força vital noética.

Segundo Proclo, Fanes, "o Pai", foi o criador do cosmos astrológico, gerando as constelações, os planetas, a Lua e o Sol, tendo nomeado o Sol como "guardião" para exercer "soberania sobre todas as coisas".[40] Jung associava Fanes – também conhecido como Protógono, o "primogênito"[41] – ao Filêmon

FIGURA 6.3.   O deus primordial órfico Fanes.[36]

saturnino e ao símbolo astrológico do Sol; via esse princípio cósmico andrógino e inclusivo como símbolo de uma nova imagem de Deus que despertava na psique coletiva, para a qual Filêmon, o *senex* alado, era a personificação pessoal. Na literatura órfica, Fanes nunca foi uma divindade planetária, embora na Antiguidade Tardia houvesse passado a ser associado ao Sol "inteligível" ou espiritual, distinto do Sol físico no firmamento.[42] Segundo Nono de Panópolis, poeta épico grego da Antiguidade Tardia, assim como Fanes criara tudo, também podia prever tudo e gravou em um conjunto de tábuas sagradas os grandiosos eventos que havia "determinado" para o mundo, de acordo com "a casa [constelação zodiacal] apropriada a cada um".[43]

Embora não seja um *daimon* planetário no sentido estrito, Fanes está no centro de uma cosmologia astrológica, refletida nos escritos dos neoplatônicos e na faixa zodiacal em torno de sua figura no baixo-relevo de Módena. O fato de que Jung associava todos os deuses planetários a Fanes se evidencia tanto no diagrama do *Systema Munditotius*, discutido no próximo capítulo, quanto na comparação de Fanes com Telésforo, que, na escultura em Bollingen, aparece cercado pelos glifos dos sete planetas. A identificação que Jung faz de Fanes com Aquário, o Portador de Água, nas pinturas do *Liber Novus* indica uma associação zodiacal específica. Mas a iconografia e os atributos de Aquário, segundo Jung, proporcionam a forma imaginária por meio da qual os seres humanos só visualizarão a força vital com a entrada da Nova Era, ou *Aion*, astrológica. Em outras eras, essa força vital obviamente era visualizada de outras maneiras, cada qual apropriada ao simbolismo da constelação zodiacal da era específica: a fertilidade da deusa da terra em Touro, o domínio dos patriarcas e heróis em Áries e o messias sacrificial em Peixes.

Assim como Izdubar sai transformado do ovo cósmico flamejante no *Liber Novus*, o mesmo acontece com Fanes no "Hino Órfico a Protógono":

> Ó Poderoso primogênito, ouve minha prece,
> Duplo, nascido do ovo, peregrino do ar;
> Teu bramido é o do touro, e glórias em tuas asas douradas,
> De ti brotam a raça de Deuses e dos mortais.
> Ericapaeus, celebrada potestade;
> Inefável, oculto, flor sempre reluzente.
> De ti a luz sagrada purga a visão das trevas,
> É de ti que se espalha o esplendor, puro e sagrado.[44]

Em 1917, pela "voz" de Filêmon, Jung escreveu o próprio hino a Fanes, registrado no *Livro Negro 7*. Apesar de mais pessoal que o "Hino Órfico a Protógono", foi, sem dúvida, inspirado por alguns dos temas desse hino, que Jung leu na tradução inglesa de Thomas Taylor. Uma característica particular de todos os hinos órficos – substantivos e epítetos usados como forma de invocação da divindade – é repetida com precisão no hino de Jung.[45]

> Fanes é o deus que se ergue, reluzente, das águas.
> Fanes é o sorriso do amanhecer.
> Fanes é o dia resplandecente.
> Ele é o presente imortal...
> Ele é a luz que ilumina toda escuridão.
> Ele é o dia eterno.
> Ele é a luz prateada da lua.
> Ele é as estrelas cintilantes.
> Ele é a estrela cadente que brilha, cai e espera.[46]

O hino de Jung continua por muitos versos mais, sendo seguido de outra invocação semelhante a Fanes, escrita em 1918.[47] Jung criou uma liturgia própria para esse deus, mas sua familiaridade com o hino órfico aparece na descrição que faz de Fanes como "a luz que ilumina toda escuridão", reflexo da declaração do hino de que é a obra de Fanes que "purga a visão das trevas".[48] Jung se referia a Fanes como "pássaro dourado",[49] semelhante à referência no hino às "asas douradas" de Fanes. Jung também sabia que Blavatsky associara Fanes a Eros. Ela afirmou que Fanes, o deus "revelado" que é luz primordial primogênita, também é simbolizado pela serpente como emblema da "divindade oculta ou não revelada" de onde ele surgiu: Cronos-Saturno.[50] A própria madame Blavatsky, assim como Jung, baseou-se em Taylor para traduzir os textos órficos e afirmou que Taylor era "um dos pouquíssimos comentaristas de autores gregos e latinos que atribui a justa parcela a esses antigos por seu desenvolvimento mental".[51]

Fanes e Abraxas

Jung relacionava Fanes à fonte invisível da vida: símbolo da libido ou da força vital, que é também a alma do mundo e a união de todos os opostos. Enquanto Filêmon parece representar a "centelha" dessa divindade na condição de *daimon* individual de Jung, Fanes é a força criativa universal retratada no *Liber Novus*, assim como na carta do Sol no Tarô Waite-Smith, como a criança divina. Esse deus é emulado por outro, que despertou grande interesse em Jung, sobretudo nas partes finais do *Liber Novus*: a divindade gnóstica chamada Abraxas. Em amuletos de pedras preciosas da Antiguidade Tardia, o nome Abraxas costuma ter a conotação de poder solar, mas parece simbolizar a força vital solar manifestada no mundo, não no céu. A imagem mais comumente associada a esse deus em amuletos mágicos é a de um ser com pernas em forma de cobra (anguípede) e cabeça de galo, vestindo roupas de cocheiro e segurando um chicote.[52] Mas essa figura pode vir acompanhada de nomes diferentes de Abraxas, como IAO, versão grega do hebraico *YHVH*; e a palavra "Abraxas" costuma aparecer em amuletos relacionada a outras imagens, como Quenúbis, que, assim como Abraxas, costuma ser retratada em forma de serpente.[53]

Na Parte III do *Liber Novus*, Filêmon instrui os mortos sobre a natureza de Abraxas:

> Plenitude e vazio, geração e destruição são o que distinguem Deus do diabo. Efetividade é comum aos dois [...]. A efetividade, porém, está acima deles, e é um Deus acima de Deus, pois une a plenitude e o vazio graças à sua eficiência. Esse é um Deus que vós não conhecíeis, pois a humanidade se esqueceu dele. Chamamo-lo pelo nome ABRAXAS [...]. Para distingui-lo de Deus, chamamos a Deus de HÉLIOS ou sol. Abraxas é efeito [...]. É força, duração, mudança.[54]

Enquanto Fanes é eterno e existe antes do tempo, Jung se referia a Abraxas como um "deus do tempo", que se refletia no significado numerológico do nome como o ciclo solar de 365 dias. Abraxas é "vida e morte", porque é "a vida da vegetação no decorrer de um ano, a primavera e o outono, o verão e o inverno, o sim e o não da natureza".[55] Ele é solar como Fanes, mas um sol "escuro", como o *sol niger* da alquimia e do *Liber Novus*: o poder criador que move o mundo e a força instintiva por trás da vida física dos seres humanos. O equivalente mais próximo de Abraxas nas fontes filosóficas de Jung é, provavelmente, a ideia de Nietzsche de Dionísio como deus do caos, do instinto e da irracionalidade.[56] Jung ilustrou sua percepção de

Abraxas ao colocar esse deus na base ou raiz da mandala do *Systema Munditotius*, retratando-o como uma serpente negra e lhe dando o nome de "Dominus mundi" ("Senhor do Mundo"), título outrora dado aos imperadores do Sacro Império Romano, e "Vita" ("Vida").[57] Abraxas também parece ter sido a serpente-dragão da terra, cujo corpo gera as sete flores regadas pelo Portador de Água aquariano na pintura de Jung.

No terceiro Sermão aos Mortos em "Escrutínios", Filêmon faz um discurso ao estilo de hino a Abraxas, assemelhando-se ao hino anterior de Jung a Fanes e fazendo eco, mais uma vez, ao tom hierático dos hinos órficos. No recital de Filêmon, "Abraxas terrível" é chamado de Príapo, deus da fertilidade que Kerényi descrevia como filho de Pã,[58] comparado a Fanes no "Hino Órfico a Protógono". Abraxas é, ainda, o "hermafrodita das origens primordiais", também uma descrição do Fanes andrógino, primordial. Mas Abraxas, como "ser criado", não tem o poder partenogênico de Fanes.[59] Ele é menos *daimon* e mais uma imagem da qualidade de poder expressa pelo *daimon* no mundo. Talvez por esse motivo Jung, no *Liber Novus*, nunca tenha citado o nome no alfabeto grego. Embora Abraxas seja "efetividade", isso só é possível no contexto de tempo e matéria, não na atemporalidade, no reino eterno do "fulgurante".

Abraxas tem grande afinidade com o Atmavictu saturnino, e tanto a forma de crocodilo de Atmavictu quanto a de tigre na pintura junguiana de Fanes-Telésforo também podem ser compreendidas como Abraxas. Filêmon, nesse terceiro Sermão, declara: "Neste mundo, o homem é Abraxas, criador e destruidor de seu próprio mundo".[60] Se Fanes personifica todo o coro celestial de deuses planetários como potências arquetípicas na psique, Abraxas, assim como Fanes no mundo da forma, é esse mesmo coro celestial, porém em expressões terrenas e instintivas. Como Jung afirmou, Abraxas "é a vida da terra".[61] Segundo ele, o horóscopo e a astrologia, em geral, podem ser compreendidos em dois níveis: macrocósmico e microcósmico, no sentido universal, e psicológico e físico, no individual. Para Jung, não havia contradição essencial entre entender os planetas como padrões arquetípicos universais expressos na psique e aqueles mesmos planetas como significadores específicos do caráter e das circunstâncias terrenas do indivíduo.

Essa dualidade de níveis também reflete a percepção de Jung sobre a natureza dual dos textos alquímicos, que descrevem os espíritos planetários divinos e interpretam suas personificações materiais como metais planetários na terra, aguardando transformação e libertação graças aos esforços individuais do alquimista. No contexto da astrologia, Jung parece ver Fanes como símbolo do princípio espiritual que anima todos os "deuses" planetários e está implícito no impulso para a individuação: ou seja, o *Self*, que não é referido pelas restrições de tempo e espaço do horóscopo natal. Fanes é o poder que une os opostos, entre eles antimônios planetários como Mercúrio e Saturno, Sol e Saturno e Sol e Lua. Abraxas, por outro lado, parece ser o reflexo da *durée créatrice* biológica e instintiva, nas palavras de Henri Bergson, que anima as manifestações corpóreas dos "deuses" planetários. Ele é "o terrível Abraxas" porque essas manifestações costumam ser acompanhadas de sofrimento e conflito, vivenciadas pelo indivíduo como "má sorte". Jung acreditava que Abraxas fosse um deus "gnóstico" que demonstrava a visão profundamente pessimista dos gnósticos sobre o *Heimarmene*. Mas, no fim das contas, Fanes e Abraxas, deuses gêmeos do *Liber Novus* que Jung colocou no ápice e na raiz de seu "Sistema de Todos os Mundos", se espelham, transformam-se um no outro e formam uma unidade oculta "cujas raízes descem até o Inferno e cujo topo alcança o Céu".[62]

Notas

1. *Orphic Rhapsodies*, Fragmentos 66 e 70, traduzido e citado por M. L. West, *The Orphic Poems* (Oxford: Oxford University Press, 1983), p. 198.
2. Jung, *Livro Negro 7*, pp. 16-9, citado por Jung, *Liber Novus*, p. 301, n. 211.
3. Jung, *Liber Novus*, p. 301.
4. Imagem de Jung, *Liber Novus*, p. 113, © 2007 Foundation of the Works of C. G. Jung, Zurique, usada com a permissão de W. W. Norton & Co.
5. Para mais informações sobre o Fanes órfico, ver Alberto Bernabé e Ana Isabel Jiménez San Cristóbal, *Instructions for the Netherworld: The Orphic Gold Tablets* (Leiden: Brill, 2008), pp. 142-54; Walter Wili, "The Orphic Mysteries and the

Greek Spirit", em Joseph Campbell (org.), *The Mysteries* (Princeton, NJ: Princeton University Press, 1955), pp. 64-92; Apostolos N. Athanassakis e Benjamin M. Wolkow (trad.), *The Orphic Hymns* (Baltimore, MD: Johns Hopkins University Press, 2013), "Notes", pp. 69-220; Arthur Bernard Cook, *Zeus*, vol. 2, Parte 2 (Cambridge: Cambridge University Press, 1925), p. 1.051. Sobre Fanes-Eros, ver Barbara Breitenberger, *Aphrodite and Eros* (Londres: Routledge, 2013), pp. 160-65; Daniel E. Anderson, *The Masks of Dionysos* (Albany: SUNY Press, 1993), pp. 153-54.

6. Aristófanes, *Birds*, 694b-697.
7. Platão, *Symposium*, 178b.
8. Sobre o monólogo de Fanes no *Livro Negro 7*, ver Jung, *Liber Novus*, pp. 301-2, n. 211.
9. Jung, *Livro Negro 6*, p. 167, citado por Jung, *Liber Novus*, p. 301, n. 211.
10. Jung, *Liber Novus*, p. 234. Sobre o trabalho posterior de Jung com o tema arquetípico da criança divina como símbolo da união de opostos, ver Jung, CW9i, pars. 259-305.
11. Jung, *Liber Novus*, p. 291.
12. Sobre temas gerais da cosmologia órfica, ver W. K. C. Guthrie, *Orpheus and Greek Religion* (Londres: Methuen, 1952), pp. 69-147, e as diversas referências citadas acima em n. 5.
13. Ver West, *The Orphic Poems*, p. 178, pp. 190-99.
14. Ver, por exemplo, Damascius in Otto Kern (org.), *Orphicorum fragmenta* (Berlim: Weidmann, 1922), Fragmentos 66-75, citado em Guthrie, *Orpheus and Greek Religion*, p. 137.
15. Atenágoras, *Theogonies*, Fragmento Órfico 57, citado por West, *The Orphic Poems*, p. 180.
16. Mead, *Thrice-Great Hermes*, vol. 1, p. 391. A citação é de Clemente, *Homilies*, VI:iii.
17. Ver referência de Shamdasani em Jung, *Liber Novus*, p. 301, n. 211, para o uso de Jung da cosmogonia órfica apresentada na obra de Isaac Preston Cory com o título inacreditável de *Ancient Fragments of the Phoenician, Chaldean, Egyptian, Tyrian, Carthaginian, Indian, Persian, and Other Writers* (Londres: Reeves and Turner, 1876). Também relevantes foram as edições de *Orpheus*, de Mead; *Lexikon*, de Roscher; e as traduções inglesas de Thomas Taylor de *The*

Hymns of Orpheus (Londres: T. Payne, 1792); e *Seelencult und Unsterlichkeitsglaube der Griechen*, 2 volumes, de Erwin Rohde (Tübingen: Mohr, 1903).

18. Ver Hesíodo, *Theogony*, 116-25; Platão, *Symposium*, 187b-188d.
19. Jung, *Psychology of the Unconscious*, p. 147.
20. West, em *The Orphic Poems*, p. 205, afirma que Erikepaios é, "sem dúvida, um nome não grego". Guthrie, em seu texto de 1952, afirmou que o epíteto não aparecia em materiais órficos mais antigos e só teria surgido nas *Rapsódias* da Antiguidade Tardia; ver Guthrie, *Orpheus and Greek Religion*, pp. 97-8. Entretanto, o nome aparece na tábua funerária órfica de ouro do século V a.C., originária de Pherai, descoberta em 1904, bem como no Papyrus Gurôb de 275 a.C., que parece descrever Fanes e Dionísio. Sobre o Papiro Gurôb, ver James Hordern, "Notes on the Orphic Papyrus from Gurob", *Zeitschrift für Papyrologie und Epigraphik* 129 (2000), pp. 131-40; H. S. Smith e H. M. Stewart, "The Gurob Shrine Papyrus", *Journal of Egyptian Archaeology* 70 (1984), pp. 54-64; Miguel Herrero de Jáuregui, *Orphism and Christianity in Late Antiquity* (Berlim: Walter de Gruyter, 2010), p. 54. Quanto à tábua de Pherai, ver Alberto Bernabé, "Some Thoughts about the 'New' Gold Tablet from Pherae", *Zeitschrift für Papyrologie und Epigraphik* 166 (2008), pp. 53-8; A. Chaniotis, T. Corsten, R. S. Stroud e R. A. Tybout, "Pherae. Inscribed gold lamella of an initiate into the cult of Demeter Chthonia, Meter Oreia (and Dionysus?), late 4th/early 3rd cent. BC (55-612)", *Supplementum Epigraphicum Graecum*, Brill Online, 2012, disponível em: http://referenceworks.brillonline.com/entries/supplementum-epigraphicum-graecum/pherai-inscribed-gold-lamella-of-an-initiate-into-the-cult-of-demeterchthonia-meter-oreia-and-dionysos-late-4th-early-3rd-cent-b-c-55–612-a55_612. Sobre o nome Erikepaios, ver também Bernabé e San Cristóbal, *Instructions for the Netherworld*, pp. 152-54; Fritz Graf e Sarah Iles Johnston, *Ritual Texts for the Afterlife: Orpheus and the Bacchic Gold Tablets* (Londres: Routledge, 2007), pp. 188-89.
21. Bernabé e San Cristóbal, *Instructions for the Netherworld*, p. 155.
22. Ver Miroslav Marcovich, *Studies in Graeco-Roman Religions and Gnosticism* (Leiden: Brill, 1988), p. 90. Hipólito, em seus *Elenchos* (obra que Jung consultou para grande parte de seu conhecimento sobre os gnósticos), cita um fragmento de *Moralia*, de Plutarco, em que Fanes assume a forma de um *senex* alado.
23. A edição de Jung era a de Thomas Taylor (trad.), *The Mystical Hymns of Orpheus* (Londres: Dobell, 1896); "Hymn to Protogonos [Phanes]" está nas pp. 18-20. "Protógono" significa "primogênito", outro epíteto de Fanes. Taylor

associou Fanes-Protógono a Erikepaios nas pp. xv, 108, n. 87, e 110, n. 89. Jung se utilizou das traduções de Taylor dos hinos órficos, o que se evidencia nas numerosas referências nas *Obras Completas*, por exemplo, CW14, par. 5, n. 23, e par. 19, n. 128.

24. Ver Capítulo 7. Segundo Shamdasani, Fanes aparece pela primeira vez no *Livro Negro 6* em 1916, embora tivesse sido citado em *Psychology of the Unconscious* em 1912; ver Jung, *Liber Novus*.
25. Ver, por exemplo, Jung, CW11, par. 246.
26. Leo, *Saturn*, pp. 8-9.
27. Imagem de Jung, *Liber Novus*, p. 117, © 2007 Foundation of the Works of C. G. Jung, Zurique, usada com a permissão de W. W. Norton & Co.
28. Sobre obras de estudiosos sobre Telésforo, contemporâneas ao *Liber Novus*, ver Jane Ellen Harrison, *Themis* (Cambridge: Cambridge University Press, 1927), pp. 381-83; Warwick William Wroth, "A Statue of the Youthful Asklepios", *Journal of Hellenic Studies* 3 (1882), pp. 283-300; Arthur Bernard Cook, *Zeus: A Study in Ancient Religion*, 3 volumes (Cambridge: Cambridge University Press, 1925), vol. 3, Parte 2, pp. 1.182-183. Para discussões posteriores, ver, entre outros, C. A. Meier, "Ancient Incubation and Modern Psychotherapy", em Louise Carus Mahdi, Steven Foster e Meredith Little (orgs.), *Betwixt and Between* (Peru, IL: Open Court, 1987), pp. 415-27; Edward Tick, *The Practice of Dream Healing* (Wheaton, IL: Theosophical Publishing House, 2001), pp. 121-23. Numerosas discussões têm surgido recentemente sobre a relação de Jung com Telésforo: ver, por exemplo, Thomas Barrie, *The Sacred In-Between* (Londres: Routledge, 2013), pp. 72-4; Robert C. Smith, *The Wounded Jung* (Evanston, IL: Northwestern University Press, 1997), pp. 36-7; Mathew Mather, *The Alchemical Mercurius* (Londres: Routledge, 2014), pp. 86-7.
29. Jung, *Psychology of the Unconscious*, p. 72.
30. Para Jung, o nome *Kabeiroi* significa "poderoso", e esses anões-deuses eram conhecidos paradoxalmente como μεγαλοι θεοι: "grandes deuses". Ver Jung, *Psychology of the Unconscious*, p. 73.
31. As únicas diferenças entre eles estão nas cores das vestes e nas respectivas idades. Fanes aparece em preto, branco e listras douradas, enquanto o Portador de Água usa preto, branco e verde. Como Jung associou o verde ao dragão da terra na pintura do "despejador de água sagrada", as listras verdes talvez mostrem Fanes no reino terreno (Abraxas), enquanto o dourado pode designá-lo no

reino espiritual. O Portador de Água é mais maduro que Fanes, um jovem esbelto em vez de uma criança esférica, e, portanto, mais próximo do mundo humano adulto.

32. Ver Greene, *Jung's Studies in Astrology*, Capítulo 4. [*Jung, o Astrólogo – Um Estudo Histórico sobre os Escritos de Astrologia na Obra de Carl G. Jung*. São Paulo: Pensamento, 2023.]

33. Robert Eisler, *Weltenmantel und Himmelszelt: Religionsgeschichtliche Untersuchungen zur Urgeschichte des Antiken Weltbildes*, 2 volumes (Munique: Oskar Beck, 1910), vol. 2, Fig. 47, pp. 399-400.

34. A discussão de Eisler sobre o baixo-relevo aparece depois em seu livro *Orpheus the Fisher* (Londres: J. M. Watkins, 1921), Gravura IV, p. 6. A fotografia foi reproduzida por Franz Cumont, *The Mysteries of Mithra*, trad. Thomas J. McCormack (Chicago, IL: Open Court, 1903), Fig. 49, p. 223. Cumont chamava a figura de "Cronos Mitraico", ou Personificação do Tempo Infinito, e dizia que esse "glorioso jovem" é um "embelezamento romano dos traços horrendos do deus oriental".

35. Jung, CW5, Gravura XII.

36. Baixo-relevo romano, século II d.C., Galleria e Museo Estense, Módena, Itália/Bridgeman Images.

37. Ver Jung, *Liber Novus*, p. 252.

38. A semelhança entre os pés de bode de Fanes e Pã foi apontada por Cook, *Zeus*, vol. 2, Parte 2, p. 1051.

39. Ver David Ulansey, *The Origins of the Mithraic Mysteries* (Oxford: Oxford University Press, 1991), pp. 86-107.

40. Proclo, em Kern, *Orphicorum fragmentum* 89-97, citado por Guthrie, *Orpheus and Greek Religion*, p. 138.

41. Sobre o nome Protógono como epíteto de Fanes, ver Athanassakis e Wolkow (trad.), *The Orphic Hymns*, pp. 81-3. Os hinos órficos consistem em 78 poemas dedicados às diversas divindades da cosmologia órfica, e Fanes é chamado de Protógono.

42. Ver, por exemplo, Macróbio, que declarou que os órficos chamavam Fanes de "Sol". Ver Kern, *Orphicorum fragmentum* 540, e Cook, *Zeus*, vol. 2, Parte 2, p. 1.051.

43. Nono, *Dionysiaca*, 3 volumes, trad. W. H. D. Rouse (Cambridge, MA: Harvard University Press, 1940), Livros 1-15, 12:29-41. Segundo Nono, a "fruta do vinho"

foi descoberta "onde estão o Leão e a Virgem", enquanto o "Príncipe das Uvas" (Dionísio) aparecerá "onde Ganimedes [associado no mundo romano a Aquário] extrai o delicioso néctar e ergue o cálice na mão". O significado desses atributos não é claro, mas talvez Nono se referisse a um ciclo de precessão de eras astrológicas e, nesse caso, seria o primeiro autor registrado pela história a fazer isso.

44. Hino Órfico VI a Protógono, em Taylor (trad.), *The Hymns of Orpheus*, pp. 118-21. Essa obra foi relançada em várias edições; a de Jung era a *The Mystical Hymns of Orpheus* (Londres: B. Dobell, 1896). A tradução de Taylor foi republicada recentemente como *Hymns and Initiations* (Frome: Prometheus Trust, 1994). "Bramido de touro" era um dos epítetos do deus solar sumeriano Gilgamesh. Os touros eram associados também nos hinos órficos a Dionísio, que é Fanes; no Hino XLV, o deus é chamado de "face de touro" (Taylor, p. 103). Os chifres de Izdubar e os chifres de touro de Filêmon na primeira pintura que Jung fez dele também são relevantes.

45. Sobre essa característica dos hinos, ver a Introdução dos tradutores em Athanassakis e Wolkow (trad.), *The Orphic Hymns*, p. xix. Ver também as invocações de Jung ao deus-Sol durante o momento em que Izdubar sai do ovo, em *Liber Novus*, pp. 284-85.

46. Jung, *Livro Negro 7*, pp. 16-9, citado no *Liber Novus*, p. 301, n. 211.

47. Jung, *Livro Negro 7*, pp. 76-80, citado por Jung, *Liber Novus*, p. 301, n. 211.

48. Taylor, *The Mystical Hymns of Orpheus*, p. 37.

49. Jung, *Liber Novus*, p. 354, n. 125, e p. 301, n. 211.

50. H. P. Blavatsky, *Isis Unveiled*, 2 volumes (Londres: Theosophical Publishing, 1877), I.146-7. [*Ísis sem Véu*, IV volumes. São Paulo: Pensamento, 1991.]

51. H. P. Blavatsky, *The Secret Doctrine*, 2 volumes (Londres: Theosophical Publishing, 1888), I.425. Ver também Blavatsky, *Isis Unveiled*, I.284; II.108-9; Blavatsky, *The Secret Doctrine*, II.104, II.599. [*A Doutrina Secreta*, VI volumes. São Paulo: Pensamento, 1980.]

52. Ver, por exemplo, Amuleto 163 na Biblioteca Taubman de Ciências Médicas da Saúde da Universidade de Michigan retratando um anguípede com cabeça de galo, três estrelas e uma Lua crescente, com o nome IAO inscrito abaixo; ver Campbell Bonner, *Studies in Magical Amulets* (Ann Arbor: University of Michigan Press, 1950), p. 280.

53. Um amuleto de pedra preciosa no British Museum, por exemplo, mostra um carneiro saltitante com uma crescente lunar e uma estrela, acompanhado do

nome "Abraxas"; mais informações sobre esse amuleto, ver Simone Michel-von-Dungern, "Studies on Magical Amulets in the British Museum", em Chris Entwistle e Noel Adams (org.), *Gems of Heaven* (Londres: British Museum, 2011), pp. 82-3. Outro amuleto de cristal de rocha da Antiguidade Tardia, guardado no Museu Kesley de Arqueologia em Michigan, que retrata um leão e uma estrela, tem os nomes Abraxas e IAO. Ver também Christopher Faraone, "Text, Image, and Medium", em Entwistle e Adams (orgs.), *Gems of Heaven*, pp. 50-61; Attilio Mastrocinque, "The Colours of Magical Gems", em Entwistle e Adams (orgs.), *Gems of Heaven*, pp. 62-8. Quanto à figura de Quenúbis, que Jung descreveu como "a serpente *Agathodaimon*", ver Michel-von-Dungern, "Studies on Magical Amulets". Sobre IAO e o uso do nome em textos mágicos, ver Hans Dieter Betz (org. e trad.), *The Greek Magical Papyri in Translation* (Chicago: University of Chicago Press, 1986), p. 335.

54. Jung, *Liber Novus*, p. 349.
55. Jung, *Visions Seminars*, vol. 2, pp. 806-7.
56. Sobre a polaridade de Nietzsche de "apolínea" e "dionisíaca" como forças opostas na criação artística, ver Friedrich Nietzsche, *The Birth of Tragedy*, trad. Shaun Whiteside (Londres: Penguin, 1993); original em alemão, *Die Geburt der Tragödie aus dem Geiste der Musik* (Leipzig: W. Fritzch, 1872). Sobre referências de Jung a essa obra no período em que trabalhou no *Liber Novus*, ver Jung, CW6, pars. 223, 225-26, 232, 242, 876-77.
57. Para uma exploração completa do *Systema Munditotius*, ver Capítulo 7.
58. Karl Kerényi, *The Gods of the Greeks*, trad. John N. Cameron (Londres: Thames and Hudson, 1951), p. 175.
59. Jung, *Liber Novus*, p. 350.
60. Jung, *Liber Novus*, p. 354. Essa afirmação aparece no *Livro Negro 5*, que, segundo Shamdasani (*Liber Novus*, Apêndice C, p. 370), dá um "esboço preliminar" da cosmologia do *Septem Sermones*.
61. Jung, *Liber Novus*, p. 371.
62. Jung, *Liber Novus*, p. 301.

7

O *Systema Munditotius* e o Horóscopo Natal de Jung

> Se [a alma] é uma essência eternamente invariável, é comum a tudo que a segue: é como o centro do círculo ao qual todos os raios se atrelam enquanto o deixam ininterruptamente senhor de si, o ponto de partida do percurso e de sua existência essencial, o campo do qual todos participam.[1]
>
> — Plotino

> Mandala significa "círculo" [...]. Seu tema básico é a premonição de um centro de personalidade, uma espécie de ponto central na psique com o qual tudo se relaciona, pelo qual tudo é arranjado e é, em si, uma fonte de energia. A energia do ponto central se manifesta na compulsão quase irresistível e no ímpeto de *uma pessoa se tornar o que ela é* [...]. Esse centro não é sentido nem pensado como ego, mas como o *self*.[2]
>
> — C. G. Jung

Estrutura do *Systema*

Uma pintura rica em cores intitulada "Mandala de um Homem Moderno" aparece como frontispício da segunda edição em inglês da obra de Jung, *Os*

Arquétipos e o Inconsciente Coletivo (CW9i), publicada em 1968 (ver Gravura 12). Em *Memórias, Sonhos, Reflexões*, Jung descreveu essa imagem como sua "primeira mandala", que havia pintado em janeiro de 1916, antes de escrever "Escrutínios", terceira parte do *Liber Novus*.[3] Essa data, porém, indica o primeiro rascunho da mandala; a versão final não tem data precisa nem aparece no *Liber Novus*. Em abril de 1955, a pintura foi publicada em edição especial do periódico suíço *Du*, dedicado às conferências de Eranos, mas Jung insistiu que se mantivesse anônima,[4] só a reconhecendo como de sua autoria quando foi publicado o livro *Memórias, Sonhos, Reflexões*, em 1961.[5] O título inscrito na pintura é *Systema Munditotius*: "Sistema de Todos os Mundos".

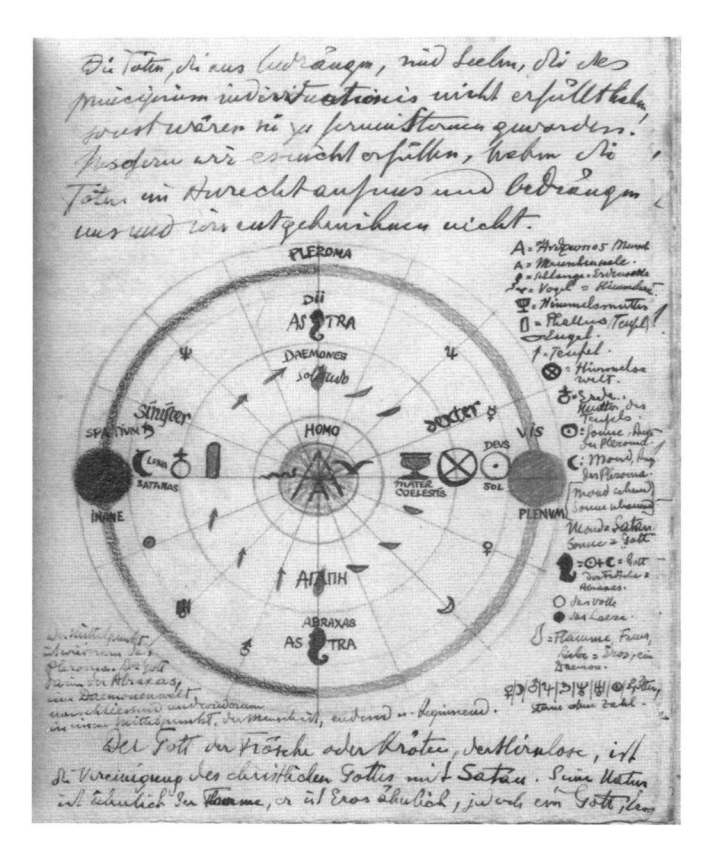

FIGURA 7.1. Diagrama original de *Systema Munditotius*, produzido em janeiro de 1916.[6]

O melhor modo de entender o *Systema* é como mapa cosmológico. Há longa tradição, desde a Antiguidade, dessas formas de representações pictóricas do cosmos tanto na cultura ocidental quanto na oriental. Todas retratam, através de uma lente cultural específica e visão de mundo religiosa ou filosófica própria, o local do microcosmo humano dentro do macrocosmo maior. Jung conhecia muito bem esses mapas, que lhe forneceram amplos precedentes para seu *Systema*. As imagens nessas apresentações cosmológicas às vezes são literais, além de simbólicas, como no *Mappa Mundi*[7] do fim do século XIII na Catedral Hereford, que apresenta, dentro da estrutura cristã, uma jornada histórica, geográfica e espiritual, com uma Jerusalém imaginária e também física no centro.[8] Alguns mapas cosmológicos utilizam temas astrológicos e alquímicos para expressar a *sumpatheia* entre as esferas planetárias e a vida humana, por exemplo, o retrato de Robert Fludd da Alma do Mundo (a *Shekhinah* cabalística) como figura feminina que faz mediação entre a divindade e os reinos angélicos mais elevados, as esferas planetárias e, no centro, o mundo físico com sua divisão em quatro elementos e respectivas expressões por meio dos reinos da Natureza e das artes criadas pelos seres humanos.[9] As mandalas tibetanas que Jung menciona no ensaio "Concerning Mandala Symbolism" ["Sobre o simbolismo da mandala"], publicado pela primeira vez em 1950,[10] são "instrumentos de contemplação" que, para Jung, "representam o mundo": são mapas cosmológicos do universo e retratos psicológicos da jornada interior ao "ponto central da psique", o *Self*.[11]

Em uma carta ao filósofo e escritor suíço Walter Robert Corti (1910-1990), então editor de *Du* na época em que a pintura do *Systema* foi publicada, Jung discorreu sobre a cosmologia de sua imagem.[12] Explicou a Corti que ela representava "os antimônios do microcosmo dentro do mundo macrocósmico com seus antimônios". Apesar de comentar muitas ideias acerca do simbolismo da pintura, Jung não mencionou a astrologia na carta a Corti; tampouco há referências astrológicas na pintura. Entretanto, aparecem indícios, e o diagrama minucioso que constituía a versão original do *Systema* é muito diferente da imagem bela e lapidada publicada em *Du*. O diagrama constava no *Livro Negro 5* e não foi incluído na versão final do *Liber Novus*,[13] embora seja reproduzido em um apêndice na edição publicada da obra. Isso tem profunda relevância para a compreensão da astrologia junguiana, pois o diagrama inteiro é pontuado por símbolos astrológicos e anotações que não constam na pintura na versão final. Em um seminário em rede apresentado no Asheville Jung Center, Murray Stein referiu-se a esse diagrama original como "esboço".[14] O diagrama é, sem dúvida, um rascunho ou protótipo. Mas parece ser muito mais significativo do que a palavra "esboço" sugere.

O modo como Jung ocultou, mas não removeu, as dimensões astrológicas da cosmologia do *Systema* é reflexo notável de sua compreensão da natureza dos símbolos. Em âmbito pragmático, talvez ele sentisse, com certa razão, que quaisquer indicadores astrológicos óbvios provocariam animosidade nos observadores do *Systema*; isso, por sua vez, sugere que, embora no início o registro de suas visões fosse uma questão inteiramente particular, ele esperava que em tempos futuros sua obra pudesse ser vista e discutida, e essa expectativa pode ser observada no imenso cuidado com que executou a versão caligráfica final do *Liber Novus*. Contudo, a espécie de hermenêutica astrológica aplicada por Jung em todo o texto e nas imagens do *Liber Novus* reflete uma inter-relação de símbolos que têm base maior que a astrologia para horóscopos e sua linguagem própria de glifos. As imagens de Jung associam a astrologia à mitologia, à alquimia, ao tarô, à Cabala, à numerologia e aos *sunthemata* físicos dos deuses celestiais e aos *daimons* do mundo antigo. Ele não era avesso à inclusão ocasional de um símbolo judaico ou cristão. Assim como os alquimistas, que se referiam aos metais planetários por meio de imagens indiretas, como o leão verde, a salamandra, o unicórnio, a cauda do pavão, e à *coniunctio* erótica de figuras solares e lunares, Jung parece ter aplicado uma sensibilidade estética especial às suas pinturas. Embora o material astrológico esteja presente e pronto para ser explorado, ele não é lançado sobre a mente do observador com linguagem específica. O disfarce de referências astrológicas no *Systema* – e, aliás, em todo o *Liber Novus* – não é disfarce algum; apenas mostra que Jung entendia a maneira analógica como a psique inconsciente se autorretrata.

Em sua introdução do *Liber Novus*, Sonu Shamdasani descreve o *Systema* como "uma cosmologia pictórica dos *Sermones*".[15] Barry Jeromson, em um artigo acadêmico sobre o *Systema*, também ressalta que a pintura é "um modelo psicocosmológico dos *Sermões*, enquanto os *Sermões* são uma elaboração poética do simbolismo do *Systema*".[16] Em um segundo artigo sobre o *Systema*, Jeromson observa que ele foi bastante ignorado por autores que escrevem a respeito do simbolismo de Jung.[17] Ao discorrer sobre a pintura no contexto das correntes gnósticas que poderiam ter influenciado a cosmologia de "Escrutínios", Jeromson sugere que a base para o *Systema* se encontra em conceitos gnósticos específicos, como o dualismo de um corpo corruptível e um espírito imortal – uma perspectiva sobre Jung compartilhada por vários estudiosos que o veem como um "gnóstico moderno", e também uma perspectiva que o próprio Jung parecia endossar na carta explanatória a Walter Corti.[18] As discussões de Jeromson acerca das fontes do *Systema* – desde os textos gnósticos até as obras de Boehme e Goethe – são detalhadas e incisivas. Ele, porém, ignora as subcorrentes astrológicas não só das ideias gnósticas sobre o *Heimarmene* e a derrocada e ascensão da alma pelas esferas planetárias, mas também do próprio *Systema*. Sendo essa a primeira de muitas mandalas que Jung produziu para o *Liber Novus*, é importante reconhecer que o diagrama exibe uma cosmologia astrológica distinta, que parece ter servido como um dos modelos primários para o comprometimento entusiástico de Jung com as "formas" cíclicas, circulares e centrífugas dos processos psíquicos.

Primeira polaridade: espírito e matéria

A informação astrológica no diagrama original do *Systema* é bastante complexa. Não tentaremos aqui oferecer uma interpretação minuciosa do simbolismo do diagrama nem da pintura, pois para tal seria necessário um livro inteiro, que, por fim, só apresentaria uma dentre muitas interpretações possíveis. O *Systema* é repleto de símbolos, e ele próprio é um símbolo, o que tende a inspirar uma multiplicidade de abordagens e conexões. Três detalhes do diagrama serão explorados a seguir, com referência específica à astrologia junguiana: a estrutura do horóscopo no diagrama, o uso que Jung faz dos glifos planetários e a relação entre o diagrama e o horóscopo natal de Jung.

A cosmologia apresentada no diagrama é condizente não só com aquela oferecida por Filêmon em "Escrutínios", como observaram Shamdasani e Jeromson, mas também com os modelos astrocosmológicos presentes nos textos herméticos e neoplatônicos. Apesar da ausência de símbolos astrológicos óbvios na pintura final do *Systema*, esses símbolos no diagrama original revelam o pensamento implícito na mandala, na versão final. O simbolismo astral deve ter proporcionado a Jung valiosa lente hermenêutica através da qual ele podia ordenar e compreender a cosmologia dos sete "Sermões" que aparecem em "Escrutínios". Tanto o diagrama quanto a pintura parecem se basear na estrutura do horóscopo, o qual, por sua vez, se baseia na eclíptica, caminho aparente do Sol em volta da Terra. Assim como em um horóscopo, os quatro pontos cardeais do *Systema* estão invertidos em

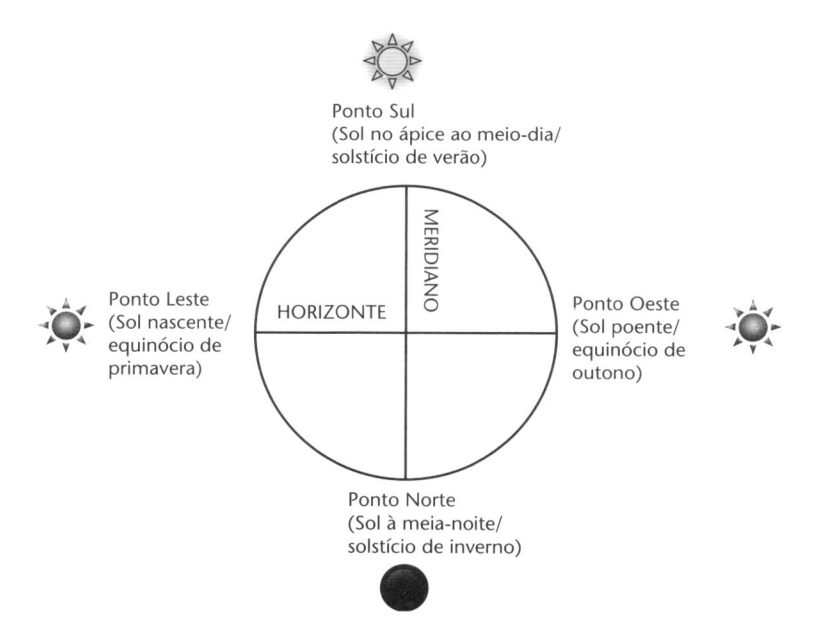

FIGURA 7.2. Os pontos cardeais do *Systema*.

comparação a um mapa comum. O ponto leste está à esquerda; o oeste, à direita; o ponto sul, em cima, e o norte, embaixo.

No diagrama e na pintura, não há indicação específica de que o fim do eixo do horizonte seja o ponto oeste ou leste. Jung, porém, no diálogo com Izdubar, fala da "terra ocidental" como o lugar de imortalidade "para onde o Sol vai a fim de renascer" e "onde o sol e o mar maternal se unem em um abraço para sempre rejuvenescedor". Por sua vez, ele pôs o principal símbolo solar (*Deus Sol*) na pintura e no diagrama do *Systema* junto ao símbolo de espiritualidade lunar (*Mater Coelestis*), na extrema direita desse eixo, não à esquerda. Com base nesses indícios, parece-nos claro que o lado direito do eixo representa o ponto oeste, como na estrutura tradicional de um horóscopo.

Embora o diagrama do *Systema* esteja disposto como horóscopo, difere da estrutura habitual do horóscopo porque os quatro quadrantes, gerados pelos eixos do horizonte e do meridiano, são divididos em quatro setores em vez de três, totalizando, assim, dezesseis "casas", ou *loci*, não as tradicionais doze. Isso não é tão incomum como parece às pessoas versadas em astrologia moderna; divisões da esfera celeste baseadas em múltiplos de quatro eram conhecidas na Antiguidade. Por exemplo, um texto hermético de autor anônimo, mas atribuído a Asclépio, datado do século II d.C., descreve um sistema de oito *loci*.[19] Fírmico Materno, ao escrever no século IV d.C., descreveu oito *loci* em *Matheseos*, obra bem conhecida por Jung;[20] e o historiador francês de religiões antigas, Auguste Bouché-Leclercq (1842-1923), cujo texto definitivo sobre astrologia helenística foi citado muitas vezes por Jung nas *Obras Completas*, sugeriu que o *oktotopos* (oito *loci*) seria um sistema muito mais antigo, anterior ao *dodekatopos* (doze *loci*) mais conhecido pelos astrólogos.[21] A ideia de oito "céus" também aparece no *Poimandres* hermético e no *Contra as Heresias*, de Irineu de Lyon:

> Eles afirmam, portanto, que em primeiro lugar os quatro elementos, Fogo, Água, Terra e Ar, foram produzidos segundo a imagem da Tétrade primária acima, e, em seguida, quando acrescentamos seu funcionamento, a saber, calor, frio, secura e umidade, surge uma semelhança exata à Ogdóade.[22]

É possível que Jung, já tendo encontrado os oito *loci* nessas fontes da Antiguidade Tardia, bem como na análise de Bouché-Leclercq, quisesse apresentar seu *Systema* em formato mais antigo que o dos horóscopos convencionais de sua época e mais relacionado às cosmologias astrais herméticas e neoplatônicas. Entretanto, criou dezesseis *loci*, em vez de oito. Estes podem estar relacionados à sua percepção do simbolismo do número 16 como múltiplo de 4: a "quaternidade" que forma a estrutura subjacente das funções psíquicas, conforme apresentado por Jung em *Tipos Psicológicos*, que ele pesquisava quando criou o diagrama *Systema*.[23] Depois, ele passou a ver o horóscopo como um tipo de mandala,[24] e os números 16 e 8 refletiam uma expressão consciente cada vez maior do desenvolvimento da quaternidade básica:

> Sabemos, por experiência, que a quaternidade encontrada no centro de uma mandala, em geral, se torna 8, 16, 32, ou mais, quando estendida a áreas periféricas.[25]

Jung também sugeriu que o número 16, como múltiplo de 4, descreve o processo pelo qual a quaternidade inconsciente se converte, aos poucos, em percepção, por meio da lente criteriosa das quatro funções da consciência, resultando em "desenvoltura da totalidade em quatro partes, quatro vezes", que constitui, "nada menos, que se tornar consciente".[26] Essa afirmação, porém, foi feita muitos anos depois do diagrama *Systema*. Quaisquer que fossem as razões para os 16 *loci*, Jung devia ter suas justificativas para interpolar suas percepções cosmológicas na roda tradicional do horóscopo; afinal de contas, o *Systema* não é um horóscopo no sentido comum. Na pintura final do *Systema*, os *loci* desapareceram, só permanecendo os quatro pontos cardeais.

No diagrama do *Systema*, a zona externa, "macrocósmica" ou universal do círculo é designada como *Pleroma*, termo grego usado em textos platônicos, gnósticos e cristãos para definir a totalidade dos poderes divinos.[27] Citando o heresiólogo Hipólito, Mead compreendia o Pleroma como uma "fronteira", uma zona liminar que separava os reinos dos arcontes planetários da morada do Deus superior e desconhecido.[28] Jung descreveu o Pleroma como "mundo superior da plenitude",[29] afirmando que é "o nada ou a plenitude [...] o eterno e o infinito não têm qualidades".[30] Na linguagem platônica, é a Alma do Mundo, o reino do eterno ser; na linguagem junguiana, pode ser compreendido como "psique objetiva", ou inconsciente coletivo.[31] Apesar de o Pleroma ser indicado com frequência em mapas cosmológicos como o "Espelho da Totalidade da Natureza" de Fludd,[32] ele não costuma ser expresso em nenhum horóscopo, nem mesmo naqueles elaborados por astrólogos de inclinação espiritual, como Alan Leo,[33] porque se encontra além das esferas dos planetas e, portanto, além do domínio do destino astral e das mudanças temporais. Está fora desse "nada e tudo" que os espíritos planetários gnósticos e neoplatônicos emanam. Para Jung, era também a fonte do *Self* individual que emerge como "estrela cintilante [...] um corpo celeste feito no momento, comparável a um pequeno sol".[34] O Pleroma contorna o cosmos inteiro do *Systema*. Nas palavras de Jung, o inconsciente coletivo "não se aflige pela cisão cristã", sendo a fonte e a reconciliação de todos os aparentes opostos. Isso sugere que o *Systema* não retrata uma cosmologia dualista, mas, sim, uma série de aparentes "antimônios" vivenciados na vida encarnada; estes surgem apenas quando a unidade do Pleroma é "cindida" pela percepção humana de opostos.

O círculo do *Systema*, tanto no diagrama quanto na pintura, é dividido em quatro setores por dois eixos, o meridiano (norte e sul) e o horizonte (leste e oeste). Do mesmo modo, os horóscopos são setorizados para designar o nascer, o ápice, o pôr e o nadir do Sol na aparente jornada diária em volta da Terra, e também para simbolizar os pontos cardeais – equinócio de primavera, solstício de verão, equinócio de outono e solstício de inverno – do ano solar. Essa setorização, que produz os quatro "ângulos" do horóscopo, divide o *Systema* em dois pares de hemisférios: a polaridade norte/sul dos hemisférios baseada no eixo do horizonte e a polaridade leste/oeste dos hemisférios baseada no eixo do meridiano. No diagrama do *Systema*, o hemisfério acima do eixo do horizonte abrange o domínio do espírito; o centro é o ponto sul do meridiano, no topo do círculo. Jung designava esse hemisfério como o reino dos *dii astra*, ou "deuses estelares": os arquétipos planetários em forma não manifestada.

Os "deuses estelares" também são indicados pelos glifos astrológicos para os planetas, discutidos em mais detalhes a seguir. Embora esses seres emanem dos reinos superiores do Pleroma, Jung colocava os glifos planetários em diversas posições ao redor do diagrama, dependendo da dimensão específica de vida pela qual ele os via em funcionamento. Na pintura final do *Systema*, a expressão *dii astra* foi substituída pelas palavras ΗΡΙΚΑΠΑΙΟΣ ΦΑΝΗΣ (*Erikepaios Phanes*), inscritas sob uma imagem do alado deus dourado dentro do ovo cósmico.[35] Fanes, que Jung descreveu de modo banal na carta a Walter Corti como "figura espiritual dos deuses órficos", é ladeado por seis estrelas douradas, três à esquerda e três à direita. Estas, incluindo Fanes como a sétima estrela, correspondem aos espíritos celestiais por trás dos sete planetas visíveis, os "deuses estelares" do diagrama original, com Fanes ocupando a posição central do Sol noético.[36] O arranjo de sete "estrelas" planetárias, com a potência solar no centro da héptade ou representadas com uma imagem adicional, é comum em amuletos mágicos da Antiguidade Tardia, outrora vistos como "gnósticos", bem como nas moedas de imperadores romanos que adoravam o Sol.[37]

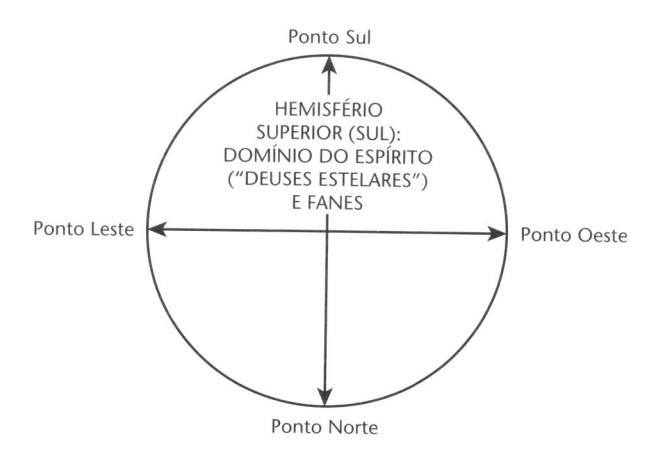

FIGURA 7.3. O hemisfério superior do *Systema*.

FIGURA 7.4. À esquerda, o ponto sul do diagrama do *Systema*, reino dos "deuses estelares". À direita, o ponto sul da pintura do *Systema*, reino do *Erikepaios Phanes* (Fanes), acompanhado por três estrelas de cada lado.

No diagrama do *Systema*, o hemisfério abaixo do horizonte, em contraste com o hemisfério superior dos "deuses estelares", pertence à vida corpórea. Seu centro é o ponto norte do eixo do meridiano, na base do círculo. Como vimos, Jung escreveu *Abraxas astra*, ou "estrelas de Abraxas", nesse ponto norte. Na pintura, inscreveu *Abraxas dominus mundi* ("Abraxas, Senhor do Mundo") sob a imagem da serpente negra cuja aparição é frequente e ambígua no *Liber Novus*. Os sete "deuses estelares" que presidem o ponto sul, retratados como Fanes entre suas seis estrelas douradas, são repetidos no ponto norte; mas Fanes, como divindade central, é substituído na pintura por um estranho ser nimbado, uma mistura de lobo e leão, que parece estar expelindo uma serpente da boca: Ialdabaoth portando uma coroa solar.

A associação entre o ponto sul da eclíptica e o espírito imortal, e entre o ponto norte e a vida mortal, tem antecedentes antigos que Jung conhecia quando produziu o diagrama do *Systema*. O tema aparece em *O Antro das Ninfas*, de Porfírio, exegese neoplatônica do simbolismo da "caverna" mitraica, ou *mithraeum*. Nesse texto do século III d.C., que Jung, usando a tradução inglesa de Thomas Taylor, citou em *Psicologia do Inconsciente*,[38] Porfírio declara que as almas encarnam em forma humana pelo "portão" norte de Câncer, regido pela Lua, e partem para o reino do espírito pelo "portão" sul de Capricórnio, regido por Saturno.

Assim, afirmam os teólogos que esses dois portões são Câncer e Capricórnio; mas Platão os chama de entradas. E, destes, dizem os teólogos que Câncer é o portão pelo qual as almas descem; por Capricórnio, porém, elas sobem.[39]

O tema dos portões das almas aparece mais tarde, no século V d.C., no comentário de Macróbio sobre *O Sonho de Cipião*, de Cícero;[40] Jung havia citado essa obra em 1936, na palestra sobre a origem histórica da interpretação dos sonhos, mas é provável que a tivesse descoberto muito antes. De acordo com a interpretação de Jung do texto de Macróbio:

> A alma perambula na Via Láctea, do céu até a terra. A Via Láctea intersecta o zodíaco astrológico em Câncer e em Capricórnio, os dois portões do sol. O primeiro portão, Câncer, é do homem, enquanto o segundo, Capricórnio, é o portão dos deuses. Pelo primeiro portão, as almas descem à terra; pelo segundo, retornam.[41]

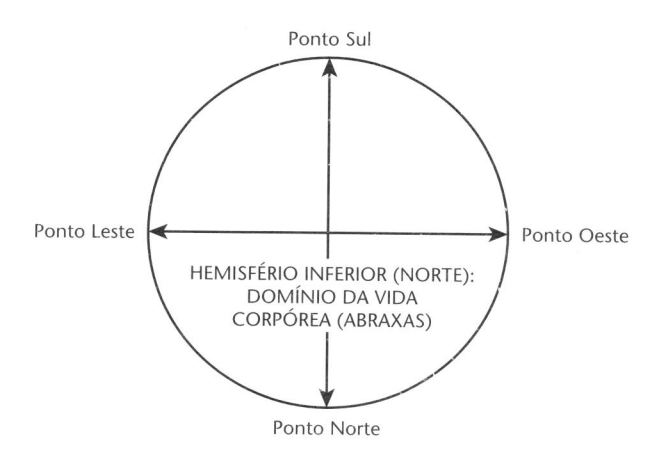

FIGURA 7.5. O hemisfério inferior do *Systema*.

No diagrama do *Systema*, o portão de Saturno, "portão dos deuses", é ocupado pelos *dii astra*, e, na pintura, pelo Fanes solar e suas seis estrelas que o acompanham. No diagrama e na pintura do *Systema*, o portão da Lua, "portão do homem", é ocupado por Abraxas, Senhor do Mundo, ladeado também por seis estrelas. Essa restituição dos portões das almas de Porfírio e Macróbio confirma que o *Systema* é construído como um horóscopo, com o ponto sul do diagrama, ou *Medium Coeli* (Meio do Céu), associado ao signo de Capricórnio, no topo. À direita do diagrama, Jung fez anotações para os variados símbolos que utilizou, entre eles uma referência a uma curiosa silhueta, idêntica à serpente com cabeça de leão das tais pedras preciosas gnósticas, que aparece nos hemisférios sul e norte do diagrama, no centro dos dois grupos de estrelas. Esse símbolo, segundo Jung, é "☉ + ☽ (Sol + Lua) = Deus das Rãs = Abraxas", a *coniunctio* dos princípios solar e lunar nos domínios do espírito e da matéria.

FIGURA 7.6. À esquerda, o ponto norte do diagrama do *Systema*, o reino das "estrelas de Abraxas". À direita, o ponto norte da pintura do *Systema*, o reino de Abraxas, Senhor do Mundo.

Embora Jung apresentasse a silhueta como Abraxas no hemisfério inferior do desenho do *Systema*, a serpente com cabeça de leão coroada da Antiguidade Tardia não é Abraxas, tampouco um símbolo exclusivamente gnóstico, como o próprio Jung sabia. Mais tarde, ele se referiu à silhueta como "Serpente Agathodaimon"[42], provavelmente baseando-se em descrições da obra de King, *The Gnostics and Their Remains* [Os Gnósticos e seus Restos Mortais].[43] King descreve essa serpente leontocefálica como "o emblema inquestionável do deus Solar".[44] A serpente com cabeça de leão coroada também aparece na gravura do frontispício de *Dokumente der Gnosis* [Documentos da Gnose], de Schultz.[45] A coroa dourada é um atributo de Hélio-Mithra na *Liturgia de Mithra*, como Jung observou em *Psicologia do Inconsciente* ao enfatizar sua natureza solar. Ele parece ter usado o nome Abraxas para descrever a própria e exclusiva síntese, com base em uma variedade de testemunhos antigos e interpretações modernas, no intuito de definir o espírito imortal ou a força vital solar que encarna no mundo da matéria.

Nos amuletos mágicos da Antiguidade Tardia, essa figura costuma ser chamada de Chnoumis, Chnoubis ou Quenúbis, divindade sincrética que representa o poder solar cosmocrático tanto na manifestação espiritual como na corpórea.[46] Às vezes, a figura é acompanhada pelo nome IAO, o equivalente grego ao nome hebraico sagrado de Deus, YHVH. Nos amuletos, esse deus costuma ser representado olhando para a esquerda, como na figura de Jung, cuja presença nos dois hemisférios do diagrama do *Systema*, na qualidade de símbolo da conjunção dos princípios solar e lunar, sugere uma unidade secreta entre o mundo espiritual e o corpóreo. O simbolismo dos hemisférios superior e inferior do *Systema* não é exclusiva nem primariamente gnóstico, mas se farta à vontade de uma cosmologia astrológica central neoplatônica que Porfírio, assim como Jung, acreditava ser mitraica. Essa cosmologia adota a ideia de derrocada e ascensão da alma por meio da encarnação pelo portão lunar norte do nascimento mortal e pelo portão saturnino sul da imortalidade. O par Elias e Salomé, o *senex* saturnino e a *anima* lunar, assume novo significado à luz do diagrama do *Systema* de Jung, e a visão de sua transformação na divindade com cabeça de leão pode ter relevância profunda em relação a esses dois grandes portões das almas, personificados no *Liber Novus* e unificados na imagem de Quenúbis.

Jung incorporou outros símbolos no diagrama do *Systema* para esclarecer sua interpretação dos hemisférios "acima" e "abaixo". Sob os *dii astra* estão os *daimons*, os intermediários nas cosmologias órfica e neoplatônica; Filêmon, o "*daimon* pessoal" de Jung, pode ser considerado o principal deles no contexto da própria vida. No diagrama, os *daimons* só aparecem no hemisfério superior, espiritual; mas, na pintura, estão presentes apenas no hemisfério inferior, corpóreo. Talvez Jung tenha concluído que os *daimons* ficam satisfeitos em servir de mediação entre Fanes e Abraxas, que parecem opostos somente sob o ponto de vista da consciência humana. Sem dúvida, é o caso do *daimon* representado pelo símbolo em forma de chama no diagrama, que a anotação de Jung denomina *Flamme, Feuer, Liebe = Eros, ein Daemon*.[47] Esse símbolo, assim como a serpente com cabeça de leão, aparece no hemisfério superior e também no inferior. No quarto Sermão de "Escrutínios", Filêmon explica a natureza desse *daimon*, o "Incandescente", que "une duas coisas e se espalha em fulgor".[48] Em um ensaio intitulado "The Eros Theory" ["A Teoria de Eros"], escrito em 1917, Jung indicou em específico a capacidade de Eros de aproximar os reinos espiritual e instintivo: "O Erótico [...] pertence, por um lado, à natureza impulsiva original do homem [...]. Por outro lado, está relacionado às formas mais elevadas do espírito".[49]

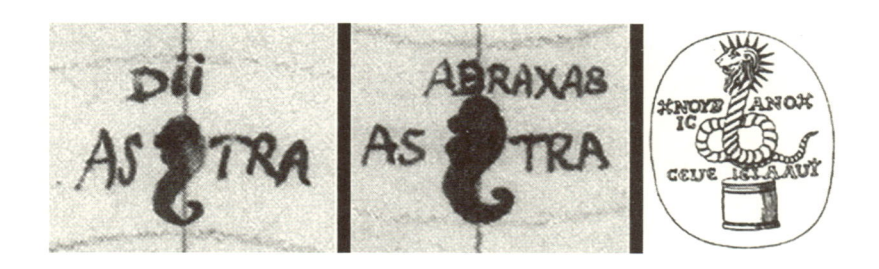

FIGURA 7.7. À esquerda e no centro, a silhueta no diagrama junguiano do *Systema*; à direita, a serpente com cabeça de leão em um amuleto mágico da Antiguidade Tardia.

Conforme articula Diotima com muita eloquência em *O Banquete*, de Platão, Eros, na qualidade de "grandioso *daimon*", pode se manifestar tanto em nível espiritual quanto corpóreo.[50] Jung referia-se a Eros como o princípio que "une a humanidade e o transcendental", provável motivo para a chama do *daimon* aparecer nos dois hemisférios.[51] Eros é o equivalente microscópico da Serpente Agathodaimon macrocósmica, animando o mundo com sua libido ardente. Atrás da chama de Eros no hemisfério superior, Jung inscreveu a palavra *Solitudo*. Atrás da chama, no hemisfério inferior, ele adicionou uma palavra grega que pode ser *ΑΓΑΠΕ* (a expressão do amor divino incondicional) ou *ΑΠΑΠΗ*, termo grego para "dente-de-leão". Não se sabe qual interpretação é a correta, pois a segunda e a terceira letras da palavra parecem estar amalgamadas. É possível que ele visasse à leitura das duas maneiras. Jung não fez referências ao dente-de-leão em nenhuma obra publicada e, portanto, só podemos especular quanto à sua intenção de associar essa flor a Abraxas/Eros. O dente-de-leão (*Taraxacum officinale*) é uma planta fecunda que se reproduz de modo assexual, sem polinização, e espalha sementes por todos os lugares. Talvez Jung associasse essas qualidades à natureza terrestre, fértil e promíscua de Abraxas como força vital da matéria e lado obscuro do deus-Sol. É mais difícil compreender por que ele teria associado a qualidade essencialmente espiritual de *ΑΓΑΠΕ*, amor divino incondicional, a Abraxas. Seja *ΑΓΑΠΕ* ou *ΑΠΑΠΗ*, a palavra significa o contraponto de *Solitudo*, que pode ser uma referência não apenas à solidão no sentido habitual, mas à singularidade ou à individualidade, o oposto do amor incondicional e dos hábitos reprodutivos prolíficos indiscriminados do dente-de-leão. A palavra alemã para essa flor é *Löwenszahn*, que significa, literalmente, "dente de leão", o que a relaciona à serpente com cabeça de leão na pintura.

Na pintura do *Systema*, as imagens são mais detalhadas. Sob Fanes há um candelabro aceso de sete braços. O braço central é marcado por uma chama maior e pela expressão *ignis eros*, o "fogo do amor". O candelabro de sete braços também é conhecido como menorá, considerado símbolo do judaísmo desde a Antiguidade. Fílon de Alexandria, filósofo platônico judeu do primeiro século da Era Cristã e cuja obra Jung citou em *Psicologia do Inconsciente* e em livros posteriores que fazem parte das *Obras Completas*, interpretava a menorá como símbolo do sistema planetário, com a luz central simbolizando o Sol:[52]

> O castiçal [...] indica, de maneira figurada, os movimentos das estrelas que dão luz; pois o Sol, a Lua e os demais astros, todos muito distantes das partes ao norte do universo, fazem todas as suas revoluções no sul. E, a partir desse castiçal, procedem seis hastes, três de cada lado,

projetando-se do centro e completando o número de sete [...] sendo símbolos daqueles sete astros chamados de planetas pelos homens versados em filosofia natural; pois o Sol, assim como o castiçal, estando no meio dos outros seis [...] dá luz aos três planetas acima dele e também àqueles de igual número abaixo.[53]

Embora Jung não mencionasse a menorá na extensa explicação sobre o castiçal na carta a Corti, conhecia muito bem seu simbolismo astral; e o uso que fez dele na pintura do *Systema* oferece um exemplo excelente de símbolo que esconde a própria natureza astrológica e, ao mesmo tempo, a revela.

Em textos cabalísticos, a menorá também era interpretada como a representação da "Árvore da Vida", que simboliza as dez *sephiroth* ou emanações divinas. Apenas as sete emanações inferiores são representadas pela menorá, uma vez que as três *sephiroth* superiores são consideradas transcendentes e pertencem ao que os gnósticos entendiam como o reino da divindade desconhecida e inefável.[54] A luz central da Árvore está relacionada à *sephirah* chamada *Tiphareth*, termo que pode ser traduzido como "glória" ou "beleza", aquele que une os reinos superior e inferior e é simbolizado pela luz do Sol.[55] Jung parecia ter plena consciência dessa relação entre a menorá e a cultura cabalística: na pintura do *Systema*, ele reproduz sua menorá no reino inferior de Abraxas, com a imagem de uma árvore que chamou de "Árvore da Vida". Esse símbolo une o bem e o mal, assim como Eros, e "cresce com lentidão, porém constância, ao longo de imensuráveis períodos de tempo".[56] Jung explicou a Corti que o candelabro "sinaliza o mundo espiritual da criança divina", relacionando-o, portanto, a Fanes. Também insistiu com Corti que a numerologia do candelabro se baseava no "princípio do número espiritual 3 (duas vezes três chamas com uma chama grande no meio)". Considerando-se que Jung fez questão de remover todos os traços de simbolismo abertamente astrológico da pintura do *Systema*, essa explicação é característica do tipo de evasiva que ele empregava ao apresentar temas astrológicos àquelas pessoas avessas ao assunto. Como sabia muito bem, o número 7, na Antiguidade, era quase sempre associado, tanto nos círculos judaicos quanto nos pagãos, à héptade dos espíritos planetários, não à trindade cristã.[57]

Os sete deuses planetários na esfera superior, macroscópica, da pintura do *Systema* também se expressam de maneiras mais acessíveis à consciência humana. À esquerda do candelabro há um rato alado, denominado *scientia*. Jung explicou a Corti que o rato fora incluído por causa da "atividade de cavar buracos"; não mencionou que os gregos consideravam esse animal sagrado a Apolo, o deus-Sol.[58] À direita do candelabro aparece a salamandra-serpente, que constitui o cenário de fundo da pintura feita por Jung do herói solar Izdubar, denominada *ars* na pintura do *Systema*. Ele disse a Corti que essas salamandras "também pertencem a esse reino espiritual", embora não lhe tivesse revelado o epíteto alquímico da criatura: "Salamandra dos Sábios", e sua função como *daimon* do elemento Fogo. Abaixo do candelabro, em nível cada vez mais microscópico, há um símbolo do Sol raiado, de novo em meio a seis estrelas: a manifestação de Fanes e seus deuses planetários auxiliares como os sete planetas do horóscopo. No cento da pintura, o Sol reaparece, dessa vez, conforme Jung explica a Corti, como "um Sol interior" que contém em si tanto o hemisfério superior quanto o inferior: o *Self* individual.

No extremo norte do meridiano da pintura, regido por Abraxas, logo acima da serpente negra, Jung reproduziu a cabeça daquela mesma serpente com cabeça de leão, solar-raiada, que aparece como silhueta no diagrama original, embora a face dessa criatura tenha também aspecto de lobo. As seis estrelas que acompanham Fanes no reino do espírito reaparecem no reino de Abraxas flanqueando a cabeça do Agathodaimon em ambos os lados, sendo denominadas *dii Abraxas*: a força vital dos "deuses estelares" manifestada no mundo material. Eles aparecem de novo no nível microcósmico como sete estrelas. Do Agathodaimon, brota a "Árvore da Vida". À esquerda da árvore, vê-se uma imagem que Jung pintou em versão maior no *Liber Novus*: um monstro ameaçador, com aspecto de lagarta e dentes afiados.[59] No *Liber Novus*, a figura surge ereta, saindo de um Sol vermelho-sangue do submundo. Não há legenda para a imagem ali, mas ela acompanha a descrição de uma multidão de almas mortas dissolvendo-se em um mar de sangue, do qual "[...] um novo sol escapa do mar sangrento".[60]

À direita desse monstro na pintura do *Systema* há uma criatura que parece uma larva. Acima da figura, Jung escreveu: "O corpo humano, o deus solitário e os mundos interiores microcósmicos. Morte e vida futura".[61] Ele descreveu para Corti essas duas criaturas como "morte e renascimento". A presença dos sete "deuses estelares" nos hemisférios superior e inferior sinaliza uma cosmologia em que a força vital divina ou, sob a interpretação de Jung, a libido, simbolizada no reino do espírito por Fanes e no reino da matéria por Abraxas, expressa-se por meio dos símbolos dos deuses planetários em todos os níveis, do macrocósmico ao microcósmico, do coletivo ao individual, do espiritual ao terreno. Esses "deuses estelares" são os "Sete Espíritos que ardem diante do Trono", descritos no Apocalipse de João.[62] Em *Pistis Sophia*, são os sete anjos de luz que emanam do Deus transcendente desconhecido, bem como de suas contrapartes trevosas; os sete arcontes planetários que presidem o Grande Destino. São atendidos por seus intermediários, os *daimons*, e se manifestam como princípios arquetípicos tanto no reino eterno, atemporal, quanto nas experiências humanas cíclicas de nascimento, vida e morte mensuradas pelo tempo. Embora Jung talvez tenha evitado qualquer explicação sobre a pintura do *Systema* que envolvesse astrologia na carta a Corti, a estrutura inteira do mapa reflete uma cosmologia enraizada com firmeza no simbolismo astrológico.

Segunda polaridade: escuridão e luz

Os hemisférios leste e oeste do diagrama, demarcados pelo eixo vertical do meridiano, compreendem outra polaridade: a de luz e escuridão. O eixo vertical em um horóscopo tem como ápice o *Medium Coeli* (Meio do Céu), ou local do ápice do Sol ao meio-dia, e, como nadir, o *Imum Coeli* (Fundo do Céu), ou lugar do Sol oculto à meia-noite. No diagrama do *Systema*, esse eixo separa o reino da escuridão, centrado no ponto leste, do reino da luz, centrado no ponto oeste. Para Jung, é óbvio que a luz não é necessariamente espiritual nem a escuridão necessariamente corpórea; pode haver a escuridão nos domínios de Fanes e a claridade nos domínios de Abraxas. No ponto leste do diagrama, Jung escreveu: "Esquerda: a zona do vazio". No ponto oeste: "Direita: o poder da plenitude". Nas anotações, ele indica que o disco preto no ponto leste era "O Vazio", enquanto o disco branco no ponto oeste seria "A Plenitude". Também esclarece os atributos que associava a esses dois hemisférios: o hemisfério esquerdo, ou leste, é marcado com setas que ele designava como "diabo", enquanto o hemisfério direito, ou oeste, é caracterizado por símbolos em forma de crescente, chamados por ele de "Anjo".

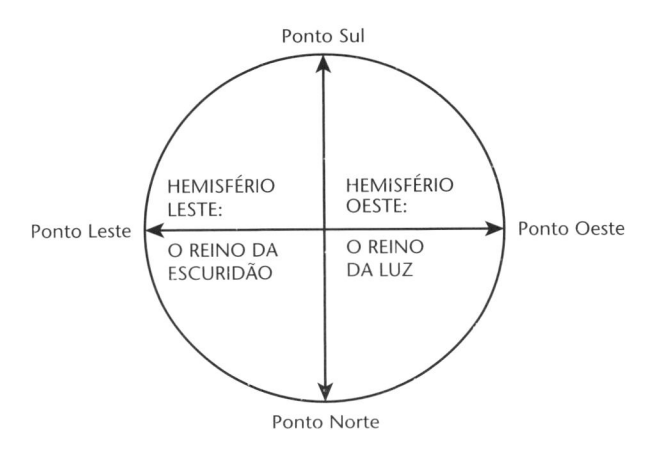

FIGURA 7.8. Os hemisférios leste e oeste do *Systema*.

No ponto leste do diagrama do *Systema*, o ápice do reino da escuridão, Jung colocou o símbolo de uma Lua negra, por ele chamada *Luna Satanas*. Na pintura, a divindade dessa Lua é reconhecida: *Dea Luna Satanas*, equivalente à deusa do submundo Hécate. No quarto Sermão de "Escrutínios", Filêmon informa a Jung: "O Deus Sol é o maior de todos os bens; o diabo é o oposto".[63] Nas anotações, Jung registrou: "Lua = Satanás; Sol = Deus". Entretanto, tanto o Sol quanto a Lua, segundo essas anotações, são os "Olhos do Pleroma"; o Sol é "o olho de Deus da plenitude", enquanto a Lua é "o olho de Deus do vazio".[64] O "antimônio" é apenas aparente; e, nas palavras de Filêmon: "Bem e mal se unem na chama. Bem e mal se unem no crescimento da árvore".

À direita da crescente lunar no diagrama aparece o glifo astrológico invertido de Vênus, que Jung registrou como "Terra: Mãe dos Demônios". Esse símbolo é também o glifo alquímico para o metaloide conhecido como antimônio. Na alquimia, essa substância era chamada de "O Lobo Cinzento" porque, quando derretida, adapta-se ou amalgama-se a outros metais, como cobre e estanho, parecendo "devorá-los", além de formar diversas ligas. Jung associava o antimônio à "escuridão",[65] mas acrescentava que era também "a substância transformadora secreta, caída do lugar mais alto em direção às profundezas mais escuras da matéria, onde aguarda libertação".[66] Essa descrição sugere que a *anima* venusiana escura é um princípio erótico destrutivo que "devora", mas, por fim, transforma aquilo que devorou: um paradoxo que combina com perfeição não só com a descrição de Salomé no *Liber Novus* de Jung, mas também com o Mefistófeles de Goethe, que "sempre deseja o Mal e sempre realiza o Bem".

Essa apresentação de uma Vênus satânica, devoradora, que é também, em segredo, uma substância de transformação, é incomum na astrologia tradicional. Esse planeta costuma ser descrito como "benéfico", embora qualquer pessoa que conheça as narrativas míticas em torno de Vênus-Afrodite, como o próprio Jung conhecia, deva ter sua dose de desconfiança; e, sem dúvida, ele deve ter aprendido, por experiência própria, que a deusa Vênus pode ser ainda mais enganosa que Mercúrio. A interpretação de Jung também parece se basear na divisão menos condenatória que Platão fazia da deusa do amor em duas formas igualmente radiantes: Afrodite Ourania, a Vênus "celeste", e Afrodite Pandemos, a Vênus "terrestre", que na astrologia se reflete pela regência do planeta de dois signos zodiacais: Touro, de terra; e Libra, de ar.

> Se existisse, enfim, apenas uma deusa com esse nome [Afrodite], poderíamos supor que só haveria um tipo de Amor; mas, como são duas, devem existir também duas espécies de Amor [...]. Um, o mais velho [...] que chamamos de Uraniano, a Afrodite celeste, enquanto o amor mais jovem [...] chamamos de Pandemos, a Afrodite terrestre. Portanto, o amor deve ser conhecido como terrestre ou celeste, de acordo com a deusa em cuja companhia sua obra é realizada.[67]

Ao lado da Vênus "terrestre" no diagrama do *Systema* há um falo, que as anotações de Jung identificam como "diabo". A sexualidade, representada pela inversão de Vênus e pelo falo, evidentemente pertence ao reino da escuridão, pois é movida pelo instinto inconsciente; o ponto leste do diagrama parece entrincheirado no mundo do *id* freudiano. Mas todos os opostos, segundo Jung, estão contidos no Pleroma, e as contrapartes desses símbolos no reino da luz se encontram no ponto oeste do diagrama, local do Sol poente que Izdubar almeja na busca por imortalidade. Jung inseriu aí o glifo astrológico do Sol, designado como *Deus Sol*, junto a um cálice que lembra o Graal, apontado como *Mater Coelestis*, a Mãe Celestial. Na pintura do *Systema*, o cálice ainda está presente, agora caído de lado e acompanhado pelas asas brancas do *Spiritus Sanctus*. De modo inevitável, o glifo astrológico do Sol foi substituído por um simples disco dourado. O glifo astrológico do planeta Vênus também foi removido, e no lugar surge um disco verde.

Os opostos planetários que delineiam os hemisférios de escuridão e luz no diagrama, dispostos em círculos concêntricos do nível de realidade macrocósmico para o microcósmico, podem ser resumidos assim: *Luna Satanas*, representada a leste pelo glifo astrológico da Lua, espelha-se a oeste pelo deus-Sol, representado pelo glifo astrológico do Sol. Esse é o clássico par alquímico de Sol e Lua, enxofre e sal: em termos psicológicos, a *coniunctio* do inconsciente instintivo sombrio e da luz solar da consciência. A Vênus "terrestre" a leste, que poderia ser comparada à Afrodite Pandemos de Platão, e é descrita por Jung na pintura completa do *Systema* como *Mater natura et terra* (Mãe Natureza e Terra), reflete-se a oeste por meio do cálice feminino da Mãe Celestial, associando o *Systema* às figuras femininas da *anima* que indicam escuridão e luz, vestidas, respectivamente, de vermelho e branco, pintadas por Jung na mandala da Parte I do *Liber Novus*. O falo a leste se reflete em um círculo dividido em quatro pela diagonal, descrito nas anotações de Jung como "Mundo Celestial". Esse último símbolo, diferentemente do círculo dividido em quatro pelos eixos horizontal e vertical, não faz parte da iconografia astrológica ou alquímica. Platão, porém, em *Timeu*, explica que as duas partes da Alma do Mundo são "ligadas uma à outra no centro [do círculo] como a letra χ" (a letra grega *chi*).[68] Por fim, em nível individual, microcósmico, a serpente no ponto leste do diagrama do *Systema*, descrita por Jung como "alma terrestre", reflete-se a oeste por um pássaro chamado de "alma celeste".

Os glifos planetários

Dentro da estrutura do diagrama do *Systema*, Jung distribuiu os glifos planetários tradicionais, colocando-os em hemisférios e quadrantes específicos, de acordo com sua interpretação individual dos significados e expressões. Não podemos saber até que ponto a percepção de Jung desses significados se baseou nos textos astrológicos que ele lia na época, nem até que ponto sua interpretação dos "deuses" planetários tinha raízes nas observações dos mecanismos astrológicos em sua vida e na vida dos pacientes. Os glifos, que aparecem no diagrama, mas não na pintura – o que não é surpresa –, revelam como Jung incorporou símbolos astrológicos à própria fundação da cosmologia retratada no *Systema* e explicada por Filêmon nos Sete Sermões de "Escrutínios". Nas anotações do diagrama, Jung descreveu os planetas, representados por seus glifos, como "Deuses, estrelas sem número". Em uma definição no *Livro Negro 5*, ele afirmou de forma explícita que via os planetas como divindades:

> Sol e Lua, isto é, seus símbolos, são Deuses. Existem outros Deuses; seus símbolos são os planetas [...]. Os Deuses são favoráveis e desfavoráveis, impessoais, as almas de estrelas, influências, forças, avós de almas, regentes no mundo celeste, tanto em espaço quanto em força. Não são perigosos nem gentis; fortes, porém humildes; clarificações do Pleroma e do vazio eterno, configurações das qualidades eternas.[69]

Embora não estejam incluídos na héptade estrelada que domina os hemisférios superior e inferior do *Systema*, Jung acrescentou ao seu diagrama os glifos dos planetas conhecidos somente nos tempos modernos: Urano e Netuno. Urano foi descoberto em 1781, e Netuno, em 1846, e os textos astrológicos escritos desde a descoberta desses "novos" planetas oferecem interpretações diversas e, em geral, contraditórias sobre seu significado. Alan Leo defendia Urano como o planeta dos "pensadores avançados", mas também o associava a "eventos súbitos e inesperados" que podem destruir a ordem e a estabilidade.[70] Não se referia a ele como maléfico, mas, sem dúvida, se preocupava com a natureza dele, preferindo acreditar que estava distante demais para ter qualquer relevância, exceto para almas particularmente evoluídas, com muitas encarnações na bagagem. Leo tinha mais suspeitas ainda de Netuno, ressaltando a relação do planeta com obsessões, falta de força de vontade, tendências mediúnicas, passível de forte impressão e "imoralidade excepcional"; só aqueles "muito avançados psiquicamente" podem se beneficiar da dimensão espiritual de Netuno sem sofrer em decorrência dos aspectos mais traiçoeiros de sua natureza.[71] Assim como Alan Leo, Max Heindel acreditava que somente as pessoas espiritualmente evoluídas poderiam reagir a Urano e Netuno, mas a visão que ele tinha desses planetas era essencialmente positiva: Heindel compreendia Urano como a "oitava mais alta" de Vênus, ligado ao amor universal em vez de ao amor pessoal, abrangendo "toda a humanidade, sem distinção de sexo ou qualquer outra".[72] Netuno, por sua vez, representa a "consciência cósmica".[73] Quando Jung coloca os dois planetas no hemisfério da escuridão, sugere uma interpretação menos otimista.

Em sua interpretação do horóscopo natal de Jung, John Thorburn associou Netuno ao misticismo e informou a Jung que o ângulo tenso entre Sol e Netuno em seu horóscopo indicava um "complexo místico".[74] No diagrama do *Systema*, Jung colocou o glifo de Netuno no quadrante superior da escuridão, que, por causa da proximidade com o ponto sul, compartilha tanto do "vazio" da escuridão quanto da essência espiritual dos "deuses estelares". Jung parecia associar Netuno à receptividade ambígua do transe mediúnico, que, para ele, refletia uma porosidade para o inconsciente coletivo, perigosa, porém imensa e potencialmente criativa.[75] A receptividade à luz é contrabalançada por uma receptividade igual à escuridão, geralmente sem as faculdades que permitam discernir a diferença. Isso está em consonância não apenas com a interpretação semelhante, embora menos psicológica, de Leo sobre os atributos perturbadores dos planetas, mas também com a própria experiência de Jung na época em que escrevia "Escrutínios", quando se via atuando como médium passivo para Filêmon.[76] O glifo de Urano no diagrama do *Systema* é inserido no quadrante inferior da escuridão, que compartilha do reino terreno de Abraxas. Possivelmente, Jung associava Urano àqueles eventos materiais inesperados descritos por Leo, que podem abalar e até destruir a estabilidade e o equilíbrio do indivíduo.

No "Mapa Especial" que Johan van Ophuijsen preparou para Jung, Urano forma um ângulo de 90° tenso, ou em quadratura, com a Lua. De acordo com o parágrafo seguinte de Alan Leo, essa configuração se reflete em "súbitos problemas ou dificuldades", certa "tendência à excentricidade" e inclinação para "fazer coisas das quais você pode se arrepender depois". Além disso, advertia Leo, "você será considerado excêntrico por causa de seus modos",[77] repetindo o alerta de Freud quando Jung lhe disse que estava estudando astrologia: "Será acusado de misticismo".[78] Leo também se pronunciou a respeito das propensões conjugais uranianas, uma vez que no horóscopo natal de Jung Urano está no *locus* ("casa") relacionado ao casamento:

> Esse planeta místico [Urano] trará certas experiências muito peculiares ao estado de matrimônio, e é bastante provável que lhe traga decepção ou alienação [...]. Eventos súbitos e muito inesperados ocorrem em todas as regiões regidas por Urano, e há mais casos de divórcio sob o domínio desse planeta que de qualquer outro; portanto, o cônjuge deve ser original e apreciar os temas místicos.[79]

Jung não se divorciou, talvez porque Emma fosse de fato "original" e apreciasse "os temas místicos"; ela participava da pesquisa astrológica de Jung, bem como da psicológica, e escreveu dois livros muito respeitados.[80] Toni Wolff também era "original" e apreciava "temas místicos", além de ser uma competente astróloga.[81] Mas podemos dizer que a vida doméstica de Jung com certeza era reflexo dessa espécie de "experiência peculiar" descrita por Leo, em particular as experiências no período em que ele produziu o diagrama do *Systema*. A colocação do glifo de Urano no hemisfério da escuridão nos domínios de Abraxas pode ter sido baseada, ao menos em parte, em vivências pessoais.

O glifo do Sol foi devidamente colocado no ponto oeste do diagrama, o mundo "celeste", onde é denominado *Deus Sol*. Mas no nível microcósmico, o glifo solar aparece de novo no hemisfério da escuridão, pouco abaixo do ponto leste no quadrante pertencente ao reino de Abraxas. Essa associação incomum do Sol com a escuridão e o mundo da terra sugere o *sol niger* da alquimia e o sol "inferior" ou do submundo que Jung descreve tantas vezes no *Liber Novus*. Veremos que é uma interpretação surpreendente do Sol astrológico se levarmos em conta o foco de Jung na importância do Sol como fonte de vida espiritual; e contradiz as interpretações tradicionais da benéfica "Grande Luz", embora Apolo, na mitologia, fosse o deus da peste, da doença e da morte, bem como da vida e da cura. O glifo solar escuro de Jung é deliberadamente obscurecido, como se ele insistisse em representar o Sol escuro brilhando nas profundezas, irradiando sua luz oculta através da densidade, da vulnerabilidade e da mortalidade do corpo físico, do reino instintivo e do mundo natural. Esse é o Sol como grande fazedor cósmico de esperma, associação conhecida desde os antigos textos órficos e enfatizada por Jung em *Psicologia do Inconsciente*.[82] É também o Sol como a face secreta de Saturno, que preside o *nigredo* alquímico.

Não é nenhuma surpresa que os glifos de Saturno e Marte também apareçam no hemisfério da escuridão, com Saturno próximo ao ponto leste, acima de *Luna Satanas*, e Marte perto do ponto norte, em proximidade ao próprio Abraxas, o que está em total sintonia com as percepções antigas de Saturno e Marte como planetas maléficos, e com a associação que Jung fazia de Saturno como *nigredo* ou estágio de "escurecimento" da obra alquímica. Reflete, ainda, sua interpretação de Marte, o diabólico Vermelho, como agente perturbador e frequentemente destrutivo que inicia o processo de individuação de maneira bastante desconfortável. O grupo inteiro de glifos planetários no hemisfério leste – a Lua negra, Vênus invertido, Netuno, Urano, Saturno, Marte e o Sol escuro – parece descrever a compreensão junguiana das expressões desses arquétipos planetários nos domínios do instinto, da paixão, da sexualidade, da compulsão e de nascimento e morte corpóreos.

O glifo da Lua, assim como o do Sol, é representado duas vezes. No ponto oeste, o local do vazio, a crescente lunar negra é chamada de *Luna Satanas*. Mas uma crescente lunar branca, virada na direção oposta à Lua negra, aparece no hemisfério da luz, embora esteja no quadrante regido por Abraxas. Essa Lua não é a força espiritual genuína da Mãe Celestial, mas sugere uma percepção da Lua no horóscopo como símbolo de luz e plenitude que funciona por meio dos instintos. É a "boa mãe" que, assim como a Cozinheira no *Liber Novus*, proporciona alimento físico, afeição e proteção ao filho, ao mesmo tempo que guarda as chaves das portas do submundo. O glifo de Vênus também aparece duas vezes. No ponto leste, está invertido: Afrodite Pandemos como "Mãe dos Demônios", ou "Lobo Cinzento" na alquimia. Mas o glifo normal de Vênus aparece na zona de luz, pouco abaixo do ponto oeste e, assim como a Lua, no quadrante relacionado ao reino do corpo e do instinto. Embora Jung parecesse ver Afrodite Pandemos como potência perigosa, percepção talvez até certo ponto justificada em decorrência de sua experiência pessoal, essa "outra" Vênus, que tem mais em comum com a Afrodite Ourania espiritual de Platão, expressa-se por intermédio do amor erótico e da beleza física, mas, no fim das contas, serve ao reino celeste da Mãe Celestial.

O glifo de Mercúrio aparece acima do solar, no quadrante superior relacionado ao espírito. Esse Mercúrio, diferente do jovem traiçoeiro e diabólico com cabelos de fogo que Jung relacionava a Loke e Hefesto, parece cumprir seu papel na alquimia como Mercúrio, o agente de transformação, e sua função mítica de psicopompo e mensageiro dos "deuses estelares". O glifo de Júpiter também se encontra no quadrante superior no hemisfério da luz, talvez refletindo a associação de John Thorburn desse planeta "benéfico" no horóscopo de Jung com disposição religiosa e humanitária, e a afirmação de Alan Leo de que Júpiter, relacionado no horóscopo de Jung a "dinheiro proveniente de outros" e "questões do oculto", lhe traria "boa sorte por intermédio de outras pessoas" e "morte natural e fácil".[83]

A compreensão que Jung tinha dos planetas, conforme reproduzida no diagrama do *Systema*, era ímpar. Alguns traços, como a natureza benéfica de Júpiter e os atributos desagradáveis de Saturno e Marte, são descritos em textos astrológicos desde Ptolomeu até os dias atuais. Mas o uso que Jung fez do glifo para o Sol escuro, sua apresentação da Vênus invertida, como mãe de Demônios e a descrição de *Luna Satanas* são incrivelmente originais e não seguem nenhum sistema astrológico antigo ou moderno. Sua distribuição dos glifos não provém de textos gnósticos (nos quais todos os planetas são genuinamente maus) nem neoplatônicos (em que todos os planetas são genuinamente bons). A percepção dos "novos" planetas, Urano e Netuno, tem certa sintonia com as descrições de Alan Leo, mas reflete mais profundidade e certa sutileza de interpretação. Para Jung, os "deuses estelares" que emanam da "plenitude" do Pleroma, onde não há opostos, parecem compartilhar, no entanto, de "antimônios" paradoxais, como ocorre com toda potência arquetípica quando entra nos domínios da existência humana, podendo se expressar como demônios ou anjos, de acordo com a esfera da vida individual em que o significado está simbolizado no horóscopo natal, e também de acordo com a extensão da consciência individual.

O conhecimento que Jung tinha de seu horóscopo natal e as variadas interpretações que lhe foram dadas por outros astrólogos deram, de modo inevitável, cor às percepções que ele tinha dos planetas – não sob a perspectiva arquetípica (todos os deuses planetários, tanto no diagrama como na pintura do *Systema*, se originam da mesma unidade), mas na visão do próprio caminho do desenvolvimento. Quando os hemisférios e os quadrantes onde aparecem os glifos planetários no diagrama do *Systema* se relacionam àquelas figuras no *Liber Novus* que parecem carregar explícitas qualidades astrológicas, é compreensível que o Cavaleiro Vermelho, que é marcial, pareça diabólico; e que o Anacoreta, o Estudioso e o Bibliotecário, que são saturninos, exibam rigidez intelectual vazia e dissociação emocional; que Salomé, lunar, apareça como a sedutora *Luna Satanas* e também como a redentora *Mater Coelestis*; e que Filêmon, saturnino, solar e mercurial ao mesmo tempo, pareça embusteiro e versado em artes negras, além de ser um "Velho Sábio", um *Deus Sol* individual e a personificação pessoal de Fanes, aquele que traz a luz.

O *Systema* e o horóscopo de Jung

O diagrama do *Systema* tem dezesseis *loci*, ou "casas", em vez dos habituais doze encontrados nos horóscopos tradicionais. Os quatro quadrantes do círculo, criados pelos eixos horizontal e vertical, costumam ser divididos em três setores cada, mas Jung dividiu cada quadrante em quatro. Apesar dessa diferença – ausente na pintura final, em que os setores foram removidos e só permaneceram os quatro quadrantes –, a estrutura do *Systema* parece se basear na de um horóscopo. Há dois fatores específicos no diagrama que refletem, de maneira notável, duas configurações no horóscopo natal de Jung, o que não deve ser coincidência. O *Systema Munditotius* é, segundo o próprio título, um "sistema cosmológico de todos os mundos", exibindo afinidades com modelos cosmológicos gnósticos, órficos, herméticos e neoplatônicos. Mas é também o sistema de mundo interior muito pessoal de Jung, apresentado como uma interpretação bastante individualizada de temas macrocósmicos. Essa expressão de componentes atemporais e universais (no caso do *Systema*, os "deuses estelares" como poderes arquetípicos) no transcorrer específico de uma vida humana (que Jung acreditava estar refletida nos padrões do horóscopo de nascimento) forma a base de seus modelos psicológicos para a relação entre a psique "objetiva" – o inconsciente coletivo – e a psique do indivíduo.

O primeiro desses notáveis paralelos entre o diagrama do *Systema* e o horóscopo de Jung é a presença de *Deus Sol*, representado pelo glifo astrológico do Sol no lado direito do eixo horizontal do diagrama. No *Liber Novus*, o gigante solar Izdubar almeja a imortalidade na busca pelo Sol poente a oeste. No fim, alcança a imortalidade quando renasce como o próprio Sol. Essa ênfase no Sol poente como símbolo de vida eterna indica a posição do Sol exatamente no Descendente, ou ponto oeste do horóscopo natal de Jung, pois ele nasceu na hora do pôr do sol. A "terra ocidental" de Izdubar, que no início do diálogo entre os dois Jung rejeita com seu intelecto racional, parece corresponder ao *Vis Plenum* do diagrama do *Systema*. *Deus Sol* assim posicionado no diagrama não é apenas uma representação mítica de uma renovação espiritual arquetípica que pode ser encontrada em numerosas cosmologias antigas; é também um retrato específico do Sol no horóscopo de Jung e recria no imaginário de um mapa cosmológico o encontro inteiro com Izdubar no *Liber Novus*. O ponto sul da eclíptica, ocupado no topo da pintura do *Systema* pelo solar Fanes Erikepaios e os seis deuses planetários que o acompanham, era considerado pelos neoplatônicos o "portão" pelo qual toda alma ascendia ao reino espiritual. Essa ideia antiga acentua-se na ênfase celeste desse ponto no *Systema*. Mas parece que Jung também dava valor imenso ao ponto oeste do diagrama, pois reflete *sua* alma em desenvolvimento no decorrer de uma jornada altamente individual. Jung não deixou nenhuma interpretação escrita do próprio mapa, e não podemos saber, exceto por indícios e generalizações, como teria interpretado a posição de seu Sol natal. Mas o diagrama do *Systema* pode contribuir com pistas importantes de como ele entendia o próprio *Heimarmene*, que, para Jung, era simbolizado pelas configurações planetárias sob as quais nasceu.

A cosmologia do *Systema* enfoca o Sol como divindade cósmica e também como "centelha divina": o *Self* inserido na psique humana individual. Isso se evidencia no diagrama a partir da imagem solar pequena, microscópica, no centro, onde todos os opostos microscópicos em todos os hemisférios se encontram e se manifestam de maneira ímpar, em uma vida "diferenciada" do indivíduo. No terceiro Sermão de "Escrutínios", Filêmon diz a Jung:

> Nossa própria natureza é a diferenciação. Se não formos verdadeiros para com essa natureza, não nos diferenciamos o suficiente [...]. Portanto, morremos na mesma extensão em que não nos diferenciamos. Por isso, a essência da criatura se empenha em obter a diferenciação e luta contra a mesmice primitiva e perigosa. É o que se denomina o *principium individuationis*.[85]

No *Liber Novus*, Jung pede à Serpente, que é também sua alma: "Ó espírito santo, dá-me uma centelha de tua luz eterna".[86] A ideia da centelha faz eco a uma afirmação de Posidônio, filósofo estoico e platônico do primeiro século da Era Cristã, de que a alma humana é uma "centelha", ou "semente", do "sopro incandescente intelectual" do cosmos.[87] Essa centelha incandescente liga o *Deus Sol* no *Systema* à transformação ígnea de Izdubar no *Liber Novus*. Se antes era um herói solar que continha a "semente" da luz eterna, ele de repente se transforma na própria luz eterna. No sétimo Sermão de "Escrutínios", Filêmon descreve o mundo divino como a forma macrocósmica da divindade mais profunda no ser humano, declarando:

GRAVURA 1. Anjos planetários de Marte, de *Liber Iuratus*.

Liber iuratus, Royal MS 17 A XLII, ff. 68v-69, British Library, reprodução de Sophie Page, Magic in Medieval Manuscripts (Londres: British Library, 2004), p. 46

GRAVURA 2. O gigante Izdubar.

Imagem de Jung, *Liber Novus*, p. 36, © 2007 Foundation of the Works of C. G. Jung, Zurique, usada com permissão da W. W. Norton & Co., Inc.

GRAVURA 3. A apoteose solar de Izdubar.

Imagem de Jung, *Liber Novus*, p. 64, © 2007 Foundation of the Works of C. G. Jung, usada com permissão da W. W. Norton & Co., Inc.

GRAVURA 4. Salomé, Elias, a serpente negra e, à esquerda, o "Eu" de Jung.

Imagem de Jung, *Liber Novus*, fol. vi, © 2007 Foundation of the Works of C. G. Jung, usada com permissão da W. W. Norton & Co., Inc.

GRAVURA 5. *A Anima*.

Imagem de Jung, *Liber Novus*, p. 155, © 2007 Foundation of the Works of C. G. Jung, usada com permissão da W. W. Norton & Co., Inc.

GRAVURA 6. O castelo na floresta sob a Lua crescente.

Imagem de Jung, *Liber Novus*, p. 5, © 2007 Foundation of the Works of C. G. Jung, usada com permissão da W. W. Norton & Co., Inc.

GRAVURA 7. Atmavictu.

Imagem de Jung, *Liber Novus*, p. 122, © 2007 Foundation of the Works of C. G. Jung, usada com permissão da W. W. Norton & Co., Inc.

GRAVURA 8. O "despejador de água sagrada" de Jung.

Imagem de Jung, *Liber Novus*, p. 123, © 2007 Foundation of the Works of C. G. Jung, usada com permissão da W. W. Norton & Co., Inc.

GRAVURA 9. Filêmon.

Imagem de Jung, *Liber Novus*, p. 154, © Foundation of the Works of C. G. Jung, Zurique, usada com permissão de W. W. Norton & Co., Inc.

GRAVURA 10. Mandala que retrata o Velho Sábio (acima) e Mercúrio (abaixo).

Imagem de Jung, *Liber Novus*, p. 105, © Foundation of the Works of C. G. Jung, Zurique, usada com permissão da W. W. Norton & Co., Inc.

GRAVURA 11. Fanes recebendo o fogo do Sol.

Imagem de Jung, *Liber Novus*, p. 125, © 2007 Foundation of the Works of C. G. Jung, usada com permissão da W. W. Norton & Co., Inc.

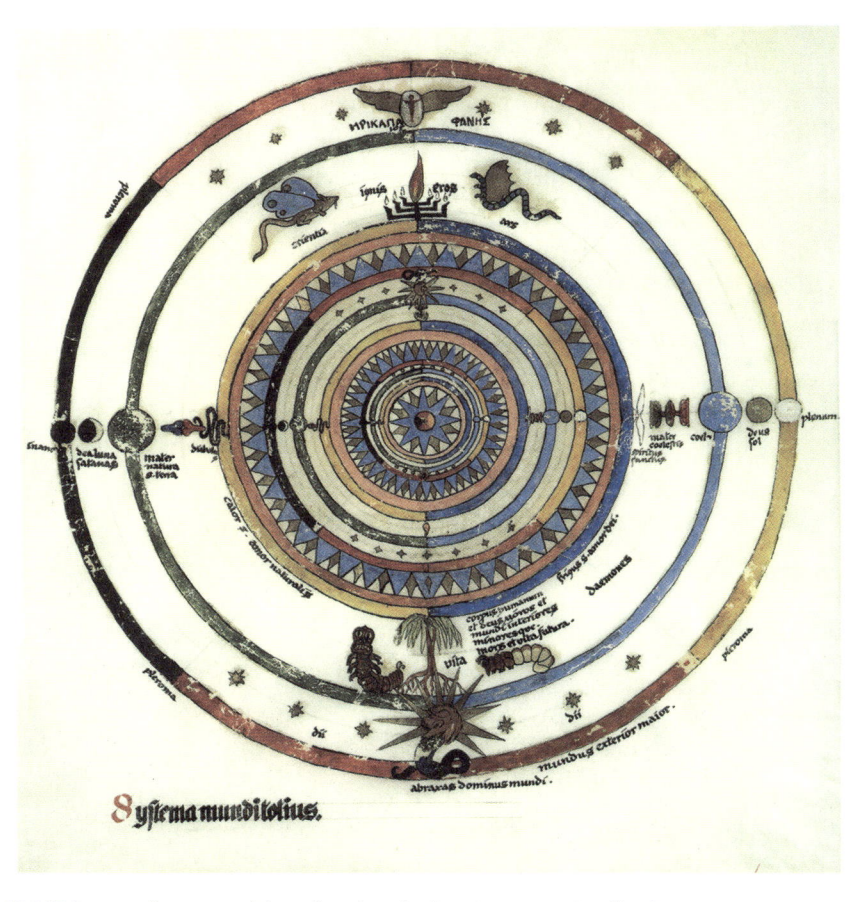

GRAVURA 12. *Systema Munditotius* de Jung na versão final.

Imagem em Jung, *Liber Novus*, p. 364, © 2007 Foundation of the Works of C. G. Jung, Zurique, usada com permissão da W. W. Norton & Co., Inc.

Carl Gustav Jung

Mapa astral
Segunda-feira, 26 de julho de 1875
19h27, alto verão
Kesswil, Suíça
Tropical Placidus Nodo verdadeiro

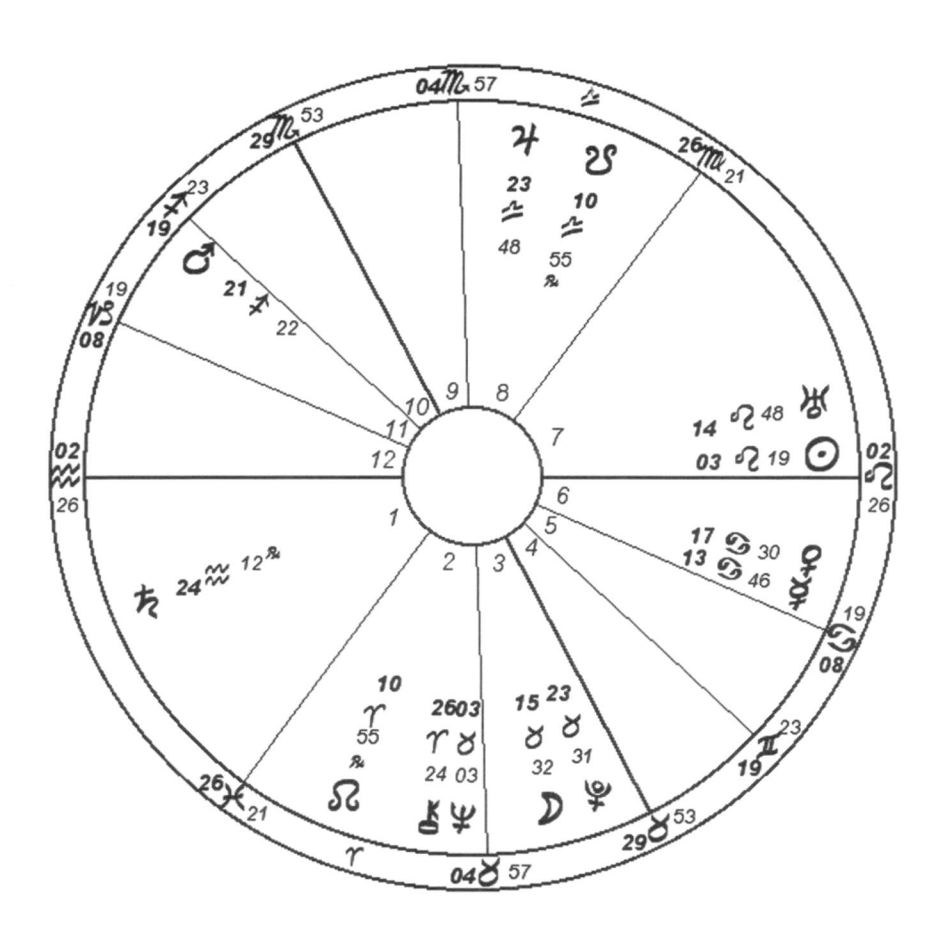

FIGURA 7.9. Horóscopo de C. G. Jung.

26 de julho de 1875, 19h27, alto verão, Kesswil, Suíça[84]

> O homem é o portão pelo qual o indivíduo passa do mundo exterior dos Deuses, dos *daimons* e das almas para o mundo interior, do mundo maior para o menor... A uma distância imensurável, uma estrela solitária brilha no zênite. É o Deus único desse homem único, é o seu mundo, seu Pleroma, sua divindade [...]. Essa estrela é o Deus e a meta do homem. É seu Deus guia solitário; nele o homem encontra repouso; é até ele que vai a longa jornada da alma depois da morte; nele, tudo de que o homem se afasta no mundo maior brilha resplandecente. É a esse Deus único que o homem deve rezar... Quando o mundo maior esfria, a estrela brilha.[88]

No segundo Sermão de "Escrutínios", a identidade desse "Deus guia solitário" já foi revelada: "Nós o chamamos de HÉLIOS ou sol".[89]

A ênfase junguiana no *Liber Novus* na centelha divina do indivíduo parece ter fornecido um dos principais elementos de sua ideia de individuação, que, em nível psicológico, representa unicidade ou integração com o *Self* interior. Em termos de como ele interpretava a astrologia, o símbolo astrológico principal para essa centelha no indivíduo é o Sol no horóscopo. Uma das grandes inovações astrológicas de Alan Leo no início do século XX foi sua ênfase no Sol natal, não apenas como âmago do caráter individual, mas também, em concordância com as doutrinas teosóficas, como símbolo ou receptáculo do "Sol espiritual central":[90] o macrocosmo encarnado no ser humano microcósmico. Leo compreendia o Sol no horóscopo como "o veículo por meio do qual o Logos Solar se manifesta": toda alma humana, declarava ele, fazendo eco a Posidônio, é "um Fragmento Divino".[91] Esse tema está presente na interpretação que Leo faz do glifo solar: o círculo (o macrocosmo da divindade) com um ponto no centro (o indivíduo microcósmico). A mentora de Leo, madame Blavatsky, absorvera muitas de suas ideias acerca do Sol do monoteísmo pagão solar da Antiguidade Tardia e se baseou também em fontes como a tradução de Thomas Taylor da *Oração ao Sol Soberano*, do imperador Juliano, para promulgar a ideia, segundo Blavatsky, do Sol "invisível" como "origem e fim do espírito incorruptível e eterno".[92] Dada a confiança de Jung nos livros de Alan Leo quando começou a desenvolver seu conhecimento astrológico, a perspectiva de Leo, que preenche as páginas do *Liber Novus* e fundamenta a cosmologia do *Systema*, parece ter sido muito bem-vinda como descrição mítica da realidade psicológica.

Muitas das discussões dos símbolos astrológicos encontrados nas *Obras Completas*, como a descrição de Jung dos signos zodiacais de Leão (onde se posicionava seu Sol natal) e Touro (onde estava a Lua natal), talvez fossem baseadas, em parte, no modo como ele compreendia seu horóscopo. É difícil distinguir quais dessas interpretações tinham raízes em sua observação combinada com os escritos de Alan Leo e quais eram provenientes dos modelos oferecidos pelos textos astrológicos, alquímicos e herméticos ou neoplatônicos da Antiguidade Tardia. Os temas em torno do ponto oeste do diagrama do *Systema* sobre os quais Jung discorre, bem como seu encontro com Izdubar no *Liber Novus*, sugerem que ele percebia seu Sol natal, poente no ponto oeste do horóscopo, como um tremendo e irresistível impulso para a descoberta e entrada no reino numinoso, contrabalançado por outro impulso igualmente tremendo e irresistível para a escuridão restritiva de seu Saturno natal posicionado próximo ao Ascendente, no ponto oeste do horóscopo, como seu regente.

Alan Leo comentou que a ênfase no ponto oeste do horóscopo de nascimento – fator destacado no mapa produzido por Van Ophuijsen para Jung – coloca o indivíduo "sob influência maior do destino":

> Você não ficará sozinho para criar o próprio destino: terá sempre alguém para lhe prestar ajuda ou lhe dar conselhos. Pode parecer que seu livre-arbítrio é menor que o dos outros [...] mas, na realidade, o significado disso é muito mais importante, pois indica a fusão da Personalidade na Individualidade, assim que estiver pronto para distinguir o valor dessa entrega.[93]

A preocupação de Jung com o destino astral, ou *Heimarmene*, parecia indicar um sentimento crônico de que sua vida não estava inteiramente em suas mãos. O "alguém" descrito por Leo como auxílio ou conselheiro era, em geral, um catalisador humano, como Freud, Emma Jung, Sabina Spielrein ou

Toni Wolff. Mas às vezes os ajudantes eram aquelas figuras cujo orquestrador e líder aparecia na figura de Filêmon. A "fusão da Personalidade na Individualidade", sob a perspectiva teosófica de Leo, se refere à união entre a personalidade cotidiana comum e aqueles aspectos mentais e espirituais do indivíduo receptivo à centelha divina que usa o horóscopo como seu veículo na encarnação.[94] Isso, por sua vez, reflete o foco junguiano na integração psicológica como união da personalidade consciente com o *Self*. Embora o conceito que Jung tinha do *Self* só fosse estar plenamente desenvolvido muito tempo depois de ter completado o trabalho com o *Liber Novus*, uma formulação preliminar da ideia apareceu em 1916,[95] e Jung já se apercebera da descrição de Plotino sobre o movimento natural da alma "em torno de algo superior, em torno de um centro".[96] Alguns dos singulares traços astrológicos do *Systema* e também a ideia de união entre as dimensões comum e supraordinária da personalidade parecem se relacionar, de maneira direta, à cosmologia teosófica de Alan Leo, com raízes nas ideias de Blavatsky emprestadas dos neoplatônicos.

O segundo elemento no diagrama do *Systema* que parece ter relação direta com o horóscopo de Jung é Saturno, posicionado ao lado de *Luna Satanas* no ponto leste. No horóscopo de Jung, Saturno também está perto do ponto leste, embora logo abaixo, não acima; o planeta estava prestes a ascender no horizonte leste quando Jung nasceu, em contraste com o Sol, que se punha a leste. Saturno, portanto, localiza-se em posição de imensa importância no mapa natal de Jung, como ressaltou John Thorburn em sua interpretação. Ele não é apenas o "Mestre da Casa" em virtude da regência do Ascendente, mas ocupa também lugar próximo ao Ascendente, no signo de Aquário. Todos os numerosos comentários de Jung sobre Saturno, entre eles associações com o *nigredo* alquímico e a *prima materia*, tendem a se referir à escuridão, embora não necessariamente ao mal. A polaridade da luz solar, com suas conotações de significado, individuação e imortalidade, e a escuridão saturnina, com conotações de constrição, sofrimento e limitações da mortalidade, parecem ter dominado o pensamento e as emoções de Jung quando ele criou o *Systema Munditotius*. A luta descrita repetidas vezes no *Liber Novus* como uma batalha entre o pensamento científico racional e o reino da visão mística também se reflete nessa polaridade entre Saturno e Sol, posicionados em lados opostos do horóscopo de Jung e também do *Systema*.

Figuras saturninas se envolvem nos temas mais dolorosamente restritivos no *Liber Novus*: o Estudioso assustado que aprisiona a Filha; o insípido Bibliotecário que menospreza o sentimento religioso; e o Professor grosseiro e insensível que encarcera Jung em uma ala psiquiátrica por ser um visionário. Filêmon, o "guru" interior ou psicopompo de Jung, longe de ser um carcereiro saturnino estereotipado, também é, no entanto, frustrante e ameaçador ao estilo característico saturnino, porque suas respostas enigmáticas às perguntas de Jung não dão espaço à ideia de redenção ou graça concedida de modo espontâneo. Por tudo se deve lutar, conforme Jung declara a Filêmon: "Queres que teu jardim floresça e que tudo floresça *a partir de ti*". Entretanto, a potestade arquetípica dolorosa e restritiva, conhecida na astrologia como Saturno, contém, segundo o pensamento astrológico junguiano, uma centelha eterna de luz solar e significado, e constitui o *daimon* pessoal de Jung, o regente de seu horóscopo natal, a forma e o colorido de sua tarefa e seu destino.

Esses dois elos importantes entre o *Systema* e o horóscopo de Jung sugerem que, embora o diagrama seja um mapa cosmológico na tradição antiga, não uma duplicata de seu horóscopo no sentido literal, eles também são reflexo da profunda percepção pessoal do cosmos astrológico – universal (o *Systema*) e pessoal (o horóscopo natal) – como unidade e precisam ser explorados juntos se quisermos entender os modos como Jung compreendia seus "deuses" planetários. As principais potências que dominam a jornada planetária do *Liber Novus* e o horóscopo de Jung são o saturnino Filêmon, o *oikodespotes*, ou Mestre da Casa, e Fanes, o "brilhante" que "traz o Sol", representado no *Systema* não só como o cosmocrator noético, mas também como o *Deus Sol* pessoal de Jung.[97]

O horóscopo e o *Aion* de Jung

O *Systema* também pode esclarecer como Jung enxergava sua "tarefa" no contexto da nova Era, ou novo *Aion*, que acreditava estar chegando. A presença de Fanes, em vez de Jesus, como governante do cosmos, e de Abraxas, em vez de Satanás, como o *Dominus Mundi* sugere que esse mapa cosmológico é, entre outras coisas, uma imagem da psique coletiva no novo *Aion*. Assim como Max Heindel, Jung via os *Aions* astrológicos como um par de constelações zodiacais opostas, não como constelação única,[98] e o grande desvio coletivo para uma nova imagem de Deus representada pelo iminente *Aion* era simbolizado não apenas por Aquário, mas também pela polaridade Aquário-Leão. Com seu Sol natal posicionado em Leão e regido pelo Sol, descrito no *Liber Novus* como sua "natureza solar", e Aquário no Ascendente, regido pelo planeta que ele chamava de "velho Saturnus", Jung devia entender que seu caráter individual e destino ligavam-se de maneira inextricável, tendo reflexo em nível macrocósmico nas novas imagens e correntes religiosas que ele identificava como manifestações do novo *Aion*.

Em 1925, ao discorrer sobre a visão registrada no *Liber Novus* de sua transformação no ser crucificado e com cabeça de leão, Jung afirmou que se sentia "forçado" a uma iniciação nos antigos mistérios:

> Nesse mistério da deificação, você se torna um receptáculo, e é um receptáculo da criação no qual os opostos se conciliam.[99]

Essa figura humana com cabeça de leão que "concilia" os opostos é uma imagem extraída dos mistérios mitraicos, como Jung indica em *Psicologia do Inconsciente*, além de ser também Saturno-Cronos, o "demiurgo e mais alto arconte", conhecido pelos gnósticos como Ialdabaoth, que tem rosto de leão.[100] O leontocéfalo de Jung é uma imagem da polaridade entre Aquário e Leão, o Homem celestial e o Leão celestial juntos e unidos: uma espécie de imagem invertida do "animal primitivo" prestes a nascer no poema profético de Yeats sobre a mudança das eras, "A Segunda Vinda", que tem "corpo de leão e cabeça de homem".[101]

O leontocéfalo de Jung parece descrever não somente o novo *Aion*, mas uma destilação e reconciliação dos opostos zodiacais primários do próprio horóscopo de Jung. As definições de Alan Leo de Aquário regido por

Saturno como "Humanidade" e de Leão regido pelo Sol como "a Vontade", permitindo que "a voz da mente fale",[102] sinalizam a ideia de que o destino do coletivo se apoia nos ombros de todo indivíduo consciente das realidades eternas. Jung acreditava piamente que, "se as coisas estão erradas no mundo, é porque há algo errado com o indivíduo, algo errado comigo".[103] A pintura de Jung do "despejador de água sagrada" reproduz essa correlação de outra maneira: a figura jovem despejando água do jarro é aquariana, mas o disco solar atrás de sua cabeça é leonino, já que o Sol é o regente planetário de Leão. Como se encontram na figura de Filêmon e nos processos paradoxais da obra alquímica, Sol e Saturno se juntam de novo.

Parece-nos que Jung via a si próprio como "receptáculo" individual, um veículo, para a polaridade do novo *Aion*, e o trabalho em que se empenhava para a própria integração era também uma obra em nome de um coletivo que, ele temia, já começava a se digladiar de maneira cega e destrutiva devido aos mesmos dilemas: a redescoberta da alma; a aceitação do bem e do mal como potências interiores e a terrível responsabilidade que essa aceitação implica; e o reconhecimento de um *Self* interior central que é o único capaz de integrar os opostos. Jung encarava com muita seriedade sua tarefa e sentia que falhara nela ao se aproximar do fim da vida; isso fica claro em uma carta que escreveu a Eugene Rolfe em 1960:

> Fracassei em minha tarefa mais importante: abrir os olhos das pessoas para o fato de que o homem tem uma alma e de que existe um tesouro enterrado no campo, e de que nossa religião e filosofia se encontram em estado lamentável.[104]

Perceber-se como receptáculo não é o mesmo que tentar fundar um culto ao Sol, como afirmou Noll. Jung parecia ver não apenas a si próprio, mas todos os indivíduos com quem trabalhava e qualquer pessoa que pudesse ser influenciada por suas ideias no futuro, tornando-se um receptáculo passível de, por esforço individual, alcançar uma consciência maior e facilitar a transição coletiva para um *Aion* astrológico no qual os seres humanos enfrentariam o aterrador desafio de interiorizar e integrar o bem e o mal como dimensões inerentes de uma dualidade previamente projetada (os dois peixes opostos do signo de Peixes). Na tentativa de definir a natureza de sua psicologia a Aniele Jaffé, ele comentou:

> O principal interesse de meu trabalho não é o tratamento da neurose, mas, sim, a abordagem do numinoso [...]. A abordagem do numinoso é a verdadeira terapia.[105]

Quando escreveu a obra *Aion*, Jung já conseguira transpor muitas de suas inibições quanto a falar de seu "conhecimento secreto", incluindo as dimensões astrológicas desse conhecimento, pois percebera que "era meu dever comunicar esses pensamentos".[106] Jung produziu *Aion* depois de quase ter morrido por causa de dois ataques cardíacos perigosos; e parece que, ao enfrentar a possibilidade de morrer, reorganizou suas prioridades e passou a se importar menos com a possibilidade de o mundo pensar mal dele por descobrir seu envolvimento com a astrologia. A obra *Aion* pode, aliás, ser vista como a mais próxima de um livro de astrologia já escrito por Jung, embora não trate de interpretações de um horóscopo pessoal. Lance Owens sugere que *Aion* seria a chave intelectual do *Liber Novus*. Também se pode inferir que seja a chave intelectual do *Systema Munditotius*, assim como o *Septem Sermones* constitui a chave visionária para a cosmologia do *Systema*. *Aion* ajuda muito a compreender o modo como Jung via seu papel no "caminho do que está por vir". Embora pareça uma análise basicamente psicológica do simbolismo astrológico da Era de Peixes e do significado dos Peixes como imagem divina dividida, há no livro numerosas referências sugerindo que a tarefa de integrar conflitos não resolvidos e deixados para trás pela oposição dos dois peixes está nas mãos dos indivíduos capazes de reconhecer tal fato e tomar alguma providência a respeito dele.

Jung não mencionou em particular o signo de Leão em *Aion*. Mas fez duas observações reveladoras sobre o leão em si: é um símbolo do arcanjo Miguel, que combate as forças das trevas em "forma de um leão",[107] e de Cristo como o Leão de Judá, "o cordeiro *belicoso*",[108] sinalizando uma relação com o herói guerreiro solar descrito extensivamente em *Psicologia do*

Inconsciente. Ele devia interpretar sua jornada interior leonina como uma tarefa heroica, igual à de Izdubar. Qualquer luta interior com o problema do bem e do mal requer a força, o coração e a coragem de um leão, não mero arsenal de teorias intelectuais ou uma crença ingenuamente idealista de que a bondade e as boas intenções, como o espírito retratado no musical *Hair*, no fim dos anos 1960, conquistarão tudo. Mas, embora o signo de Leão não seja mencionado em *Aion* como constelação zodiacal específica, Jung tinha muito a dizer a respeito de Aquário e Saturno, seu regente planetário. O problema coletivo da união dos opostos, na Era de Aquário, poderia ser resolvido "somente pelo ser humano como indivíduo".[109] Portanto, infere-se que a dimensão leonina de *Aion*, assim como a aquariana, precisam ser consteladas internamente, gerando a coragem necessária para carregar o fardo da consciência individual, que pode, por sua vez, exercer efeito transformador gradual sobre a psique coletiva, da qual o indivíduo faz parte. A ideia paradoxal de que só por meio do indivíduo o coletivo pode se redimir, e de que só por intermédio do coletivo o indivíduo encontra o sustento necessário para se empenhar na individuação, é o ponto focal da compreensão de Jung acerca da polaridade Aquário-Leão. Individualidade e individualismo não são a mesma coisa; a primeira é um casamento mutuamente fértil do individual com o coletivo, enquanto o segundo é reflexo da rebelião contra o coletivo que mascara, em segredo, a identificação inconsciente com ele.

Saturno, como deus planetário, era para Jung sinônimo da *prima materia* e da *lapis philosophorum*, o começo e o fim da obra alquímica. Ele acreditava que, como regente de seu mapa, o *daimon* de Saturno exigia que, na condição de indivíduo, ele assumisse a mesma tarefa dos alquimistas na busca pelo centro indestrutível capaz de unir os opostos. A pedra de Saturno, pintada por Jung no *Liber Novus*, é "opaca e preta", mas "brilha como espelho", indicando "a polaridade e a união dos opostos"; trata-se de um "símbolo unificador".[110] Embora a única menção de Saturno relacionado ao seu horóscopo apareça na carta a Upton Sinclair, toda afirmação feita por ele sobre esse planeta no livro *Aion* devia ter importância pessoal especial. Embora Saturno seja *maleficus* na cultura medieval, em *Aion* Jung destacou o fato de ele ser associado ao deus-Sol nos antigos textos egípcios.[111] O conhecimento que Jung tinha de seu horóscopo natal com a polaridade Leão-Aquário e sua interpretação do regente do mapa, Saturno, como símbolo da unificação dos opostos sugerem vigorosamente que ele via a relação entre seu horóscopo natal e os arquétipos dominantes do iminente novo *Aion* como uma declaração clara do propósito de sua vida como indivíduo.

A análise de Jung das diversas mudanças religiosas e as desordens que acompanham o turbulento progresso da imagem de deus em desenvolvimento no *Aion* de Peixes expressam, com clareza, sua convicção de que é por meio dos indivíduos que essas ideias novas e poderosas se manifestam pela primeira vez. Por exemplo, o ano de 1239, segundo ele, foi "um período marcado por instabilidade espiritual, heresias revolucionárias e expectativas milenaristas". Uma das figuras mais influentes a anunciar a chegada de "uma nova era do espírito" naquela época foi Joachim di Fiore (1135-1202), que "participou daquele grande movimento do espírito" e previu o advento iminente da "era do Espírito Santo".[112] Jung o via como um homem sobre o qual o fogo do "espírito vivo" havia descido; mas Joachim era "um dos muitos" motivados pela "urgência por parte do arquétipo de se realizar". Entre outros indivíduos receptivos ao ímpeto arquetípico da época, pouco depois do ponto médio da Era de Peixes, Jung citava Alberto Magno (1193-1280), Tomás de Aquino (1225-1274), Roger Bacon (1214-1294) e Meister Eckhart (1260-1327). Jung parecia crer que, assim como esses importantes visionários da Era de Peixes, ele próprio era igualmente motivado pela "urgência por parte do arquétipo"; também vivenciara o fogo do espírito vivo, mas em seu caso era o espírito do novo *Aion* aquariano, imaginado na forma de Fanes, não do Espírito Santo. A cosmologia do *Systema*, enraizada em uma percepção dos *Aions* astrológicos como grandes expressões coletivas de uma potência arquetípica específica empenhada em "se realizar", era, ao mesmo tempo, um mapa da dinâmica psicológica da nova era aquariana e uma representação da meta que Jung acreditava estar destinado a seguir, conforme a constatava reproduzida em seu horóscopo natal.

Notas

1. Plotino, Enéada IV:2.1.
2. Jung, CW9i, par. 634.
3. Jung, *MDR*, p. 220. Ver também Jung, *Liber Novus*, pp. 206 e 364.
4. Jung, *Liber Novus*, p. 364.
5. Jung, *MDR*, p. 222-23. Ver também Jung, CW9i, p. 355, n. 1. A pintura não aparece como o frontispício da primeira edição inglesa de CW9i, publicada em 1959.
6. Imagem em Jung, *Liber Novus*, p. 363, © 2007 Foundation of the Works of C. G. Jung, Zurique, usada com a permissão de W. W. Norton & Co., Inc.
7. Sobre o Hereford *Mappa Mundi*, ver P. D. A. Harvey, *Mappa Mundi* (Londres: British Library, 1996); Naomi Reed Kline, *Maps of Medieval Thought* (Woodbridge: Boydell Press, 2001).
8. Ver Robert Fludd, *Utriusque cosmi maioris scilicet et minoris metaphysica atque technica historia in duo volumina secundum cosmi differentiam diuisa*, 3 volumes (Oppenheim: Theodor de Bry, 1617-1618), vol. 1, p. 7, para a imagem intitulada *Integrae Naturae Speculum Artisque Imago* ("O espelho de toda a natureza e a imagem da arte"). Jung tinha uma edição original dessa obra. Para mais sobre Fludd, ver Joscelyn Godwin, *Robert Fludd* (Grand Rapids, MI: Phanes Press, 1991).
9. Jung, CW9i, pars. 627-384. Ver também Jung, "Mandalas", em Jung, CW9i, pars. 713-18.
10. Jung, CW9i, pars. 630 e 634.
11. A carta não está incluída em *C. G. Jung Letters*, mas é reproduzida no *Liber Novus*, p. 364.
12. *Livro Negro 5*, p. 169, reproduzida por Jung em *Liber Novus*, p. 363.
13. Asheville Jung Center, Asheville, Carolina do Norte, seminário *on-line*, *Window of the Soul*, 10 de maio de 2012, com Murray Stein e Paul Brutsche.
14. Shamdasani, "Introduction", em Jung, *Liber Novus*, p. 206.
15. Barry Jeromson, "The Sources of '*Systema*' Munditotius", *Jung History* 2:2 (2007), pp. 20-2.
16. Barry Jeromson, "'*Systema*' Munditotius and *Seven Sermons*", *Jung History* 1:2 (2005/6), pp. 6-10. www.philemonfoundation.org/resources/jung_history/volume_1_issue_2.

17. Ver Jung, *Liber Novus*, p. 364.
18. Ver Frank Robbins, "A New Astrological Treatise", *Classical Philology* 22:1 (1927), p. 14. Ver também a discussão sobre o Papiro de Michigan 149 em Wilhelm Gundel e Hans Georg Gundel, *Astrologumena* (Weisbaden: Steiner, 1966), pp. 25 e 36.
19. Fírmico Materno, *Matheseos* II:14.
20. Auguste Bouché-Leclercq, *L'astrologie grecque* (Paris: Ernest Leroux, 1899), pp. 279-80. Jung tinha a edição original dessa obra.
21. Irineu, *Adversus haereses*, I:17.1. A edição de Jung era uma tradução do grego para o latim: *Irenaei episcopi lugdunensis contra omnes haereses*, org e trad. J. E. Grabe (Oxford, 1702). Ele também tinha uma tradução alemã: *Des heiligen Irenäus fünf Bücher gegen die Häresine*, 2 volumes (Munique: Josef Kösel, 1912).
22. Sobre as primeiras referências de Jung à quaternidade e à *tetraktys* de Pitágoras, ver Jung, CW6, par. 791 e n. 76. Para referências posteriores à quaternidade, ver, entre muitas outras, Jung, CW11, pars. 243-85; Jung, CW12, pars. 31, 150, 295, 469, 550; Jung, CW9ii, pars. 188, 304, 406.
23. Jung, CW12, par. 314, e Gravura 100.
24. Jung, CW12, par. 313.
25. Jung, CW9ii, par. 410.
26. Sobre Pleroma no platonismo, ver John M. Dillon, "Pleroma and Gnostic Cosmos", em Richard T. Wallis e Jay Bregman (orgs.), *Neoplatonism and Gnosticism* (Albany: SUNY Press, 1992), pp. 99-110. Sobre Pleroma em fontes cristãs, ver Paul, Colossences 2:9; Elaine Pagels, *The Gnostic Paul* (Londres: Continuum, 1992), pp. 53-94, 137-40; Paul Carus, *The Pleroma* (Chicago: Open Court, 1909). Sobre Pleroma na literatura gnóstica, ver, entre outras, Jonas, *The Gnostic Religion*, p. 180. Para o conceito na filosofia, ver Werner Hamacher, *Pleroma*, trad. Nicholas Walker e Simon Jarvis (Stanford, CA: Stanford University Press, 1998), p. 92.
27. Mead, *Fragments of a Faith Forgotten*, p. 342.
28. Jung, *Liber Novus*, p. 370.
29. Jung, *Liber Novus*, p. 347.
30. Sobre referências de Jung ao termo nas *Obras Completas*, ver, entre outras, Jung, CW9i, par. 533; Jung, CW9ii, pars. 75, 80, 120, 344; Jung, CW11, pars. 620, 629, 675, 733, 748.

31. O termo "Pleroma" não é usado nos mapas cosmológicos cristãos, mas sua presença é indicada pelos reinos divinos e angélicos que ficam além dos planetas e das estrelas fixas.
32. Embora Leo não usasse o termo, Blavatsky, fonte de Leo, citou o Pleroma em um contexto gnóstico em um comentário na primeira publicação da tradução de Mead de *Pistis Sophia*; ver *Lucifer* 6:33 (1890), pp. 230-39. Ver também Blavatsky, *The Secret Doctrine*, 2:160, em que ela se refere ao termo como "a síntese ou a plenitude de todas as entidades espirituais".
33. Jung, *Liber Novus*, p. 370.
34. "Erikepaios" também se soletra "Erikapaios"; ver Cook, *Zeus*, vol. 2 Parte 2, p. 1.327. Jung preferia a segunda forma.
35. A importância na Antiguidade Tardia da héptade celestial e das correspondências entre os sete planetas, as sete vogais do alfabeto grego, as setes notas da escala musical, os sete metais e as sete cores do espectro é enfatizada por Dietrich em *Abraxas*, p. 47. Jung se baseou extensamente nessa obra para muitos dos elementos que fazem parte da cosmologia do *Systema*.
36. Ver, por exemplo, um *aureus* dourado da época do imperador Domiciano, com uma criança sentada sobre um globo celestial e flanqueada por sete estrelas (British Museum RIC209a); um amuleto de jaspe verde de Abraxas com sete estrelas, British Museum G239; um amuleto de bronze de Hécate e Abraxas com sete estrelas, British Museum G137. Ver também N. 23 e 31 em Campbell Bonner, *Studies in Magical Amulets, Chiefly Graeco-Egyptian* (Ann Arbor: University of Michigan Press, 1950), pp. 326 e 328. Em amuletos dedicados a uma deusa, o Sol como divindade dominante às vezes é substituído pela Lua, mostrada como uma crescente com sete estrelas; ver, por exemplo, um *denarius* de Julia Domna, British Museum RSC173, com a Lua crescente sob sete estrelas. Às vezes, a cabeça raiada de Hélios ou Sol aparece de um dos lados de uma moeda, com a crescente lunar e as sete estrelas do outro lado.
37. Jung, *Psychology of the Unconscious*, p. 542, n. 7.
38. Porfírio, *De antro nympharum*, 11, em Thomas Taylor (trad.), *Select Works of Porphyry* (Londres: Thomas Rodd, 1823), pp. 186-89.
39. Ambrosius Aurelius Theodosius Macrobius, *In Somnium Scipionis*, em D. Nisard (org. e trad.), *Macrobe, Varron et Pomponius Méla* (Paris: Dubochet, Le Chevalier, and Ganier, 1883). Essa edição bilíngue em latim e francês parece ter sido a usada por Jung. Para uma tradução inglesa, ver William Harris Stahl (trad.),

Commentary on the Dream of Scipio by Macrobius (Nova York: Columbia University Press, 1952).

40. Jung, *Dream Interpretation, Ancient and Modern*, p. 9.
41. Ilustração de uma pedra preciosa da Antiguidade Tardia que mostra Quenúbis, a serpente com cabeça de leão, coleção particular; ilustração extraída de "The Worship of Priapus", de Richard Payne Knight (Londres: Dilettanti Society, 1786), © Bridgeman Images.
42. King, *The Gnostics and Their Remains*, Figura 2, p. 4,1 com descrição na página 432, e Gravura 15, p. 340, com descrição na página 434. A segunda referência é a um amuleto de calcedônia, na coleção do British Museum, inscrita com a imagem da serpente com cabeça de leão e a frase: "Sou Quenúbis, Sol do Universo". King se refere a ambas como a "Serpente Agathodaemon".
43. King, *The Gnostics and Their Remains*, p. 178. Para as diversas referências de Jung à Serpente Agathodaimon, ver, entre outras, Jung, CW5, pars. 410, 580, 593, e Figura 37, pars. 594; Jung, CW9i, pars. 560; Jung, CW9ii, pars. 291-93, 366, 385.
44. Para essa gravura e sua semelhança com o cenário do fundo na pintura de Izdubar, ver Capítulo 2.
45. Quenúbis, em geral, é reproduzido com uma coroa de sete raios ou um círculo de sete estrelas à sua volta. No amuleto exibido, ele tem doze raios, provavelmente representando os signos zodiacais, e sete ovos saindo da boca.
46. Essa descrição de Eros aparece em *O Banquete*, de Platão, em que é descrito como "um grande *daimon*": Platão, *Symposium*, 202d.
47. Jung, *Liber Novus*, p. 351.
48. Jung, CW7, par. 32-3.
49. Sobre discussões acadêmicas modernas sobre Eros como "um grande *daimon*", ver, entre outros, Steven Berg, *Eros and the Intoxications of Enlightenment* (Albany: SUNY Press, 2010), pp. 95-130; Diskin Clay, *Platonic Questions* (University Park: Penn State University Press, 2000), pp. 66-8.
50. Jung, *Psychology of the Unconscious*, p. 494, n. 27. Ver também Jung, *MDR*, p. 387, em que ele descreve Eros como "um *kosmogonos*, um criador e pai-mãe de toda a consciência".
51. Sobre a história da menorá, ver Rahel Hakili, *The Menorah, The Ancient Seven--Armed Candelabrum* (Leiden: Brill, 2001), pp. 204-9. Quanto às referências de Jung a Fílon durante o período em que trabalhava no diagrama do *Systema*, ver

Jung, *Psychology of the Unconscious*, pp. 315, 492, n. 8, 537, n. 18, e 550, n. 99. As edições de Jung das obras de Fílon eram em latim: Philo Alexandrinus, *Opera quae supersunt*, org. Leopold Cohn e Paul Wendland, vol. 3-6 (Berlim: Walter de Gruyter, 1898-1915), e uma edição rara do século XVI intitulada *Philonis Iudaei, scriptoris eloquentissimi, ac philosophi summi, lucubrationes omnes quotquot haberi potuerunt: cuius opera uterque est integritati restitutus* (Basileia: Sigmund Gelen, 1561).

52. Fílon, *On the Life of Moses*, II:102-105.
53. Para o significado esotérico da menorá na Cabala judaica e suas derivações cristãs, ver Ilia M. Rodov, *The Torah Ark in Renaissance Poland* (Leiden: Brill, 2013), pp. 185-87; Moshe Idel, "The Throne and the Seven-Branched Candlestick", *Journal of the Warburg and Courtauld Institutes* 40 (1977), pp. 290-92; Moshe Idel, "Binah, the Eighth Sefirah", em *In the Light of the Menorah*, Israel Museum Exhibition Catalogue, org. I. Fishof (Jerusalém, 1999), pp. 142-46.
54. Ver Daniel Matt, "Introduction", em *Zohar: The Book of Enlightenment*, org. Daniel Chanan Matt (Mahwah, NJ: Paulist Press, 1983), p. 36; Eva Frojmovic, *Imagining the Self, Imagining the Other* (Leiden: Brill, 2002), p. 63.
55. Jung, *Liber Novus*, p. 351.
56. Em uma conversa com sua Alma no *Livro Negro 6*, Jung foi questionado sobre quantas "luzes" queria, três ou sete: ele respondeu que "gostaria de sete luzes", aparentemente preferindo a héptade astrológica à trindade. Ver Jung, *Liber Novus*, p. 354, n. 125.
57. Sobre Apolo como "Senhor dos Ratos", ver Andrew Lang, *Custom and Myth* (Londres: Longmans, Green, 1884), pp. 103-20; Theodorakis, "Apollo of the Wolf, the Mouse and the Serpent".
58. Jung, *Liber Novus*, p. 29.
59. Jung, *Liber Novus*, p. 274.
60. *Deus monas* – o "deus solitário" – parece ser um termo híbrido que combina latim (*deus*) e grego (*monas* = solitário). A palavra *monas* foi usada por John Dee – outro autor que Jung conhecia – para descrever uma figura por ele inventada em 1564, a "Monas Hieroglyphica", que combina os glifos planetários do Sol, da Lua, de Mercúrio e de Vênus e os símbolos alquímicos dos quatro elementos. Para a explicação de Dee, ver John Dee, *The Hieroglyphic Monad*, trad. C. H. Josten, *Ambix* 12 (1964), pp. 84-221. Jung tinha uma tradução inglesa anterior dessa obra: John Dee, *Monas Hieroglyphica*, trad. J. W. Hamilton-Jones (Londres: Watkins, 1947).

61. *Apocalipse de João*, 4:5.
62. Jung, *Liber Novus*, p. 351.
63. Jung, *Liber Novus*, p. 370, citando o *Livro Negro 5*.
64. Jung, CW14, par. 467-68.
65. Jung, CW13, par. 183.
66. Platão, *Symposium*, 180d-e.
67. Plato, *Timeu*, 36b.
68. Jung, *Liber Novus*, p. 370.
69. Leo, *How to Judge a Nativity*, pp. 36-7.
70. Leo, *How to Judge a Nativity*, p. 37.
71. Heindel, *Message of the Stars*, pp. 32 e 45.
72. Heindel, *Message of the Stars*, p. 46.
73. Ver Greene, *Jung's Studies in Astrology*, Capítulo 2. [*Jung, o Astrólogo – Um Estudo Histórico sobre os Escritos de Astrologia na Obra de Carl G. Jung*. São Paulo: Pensamento, 2023.]
74. Quanto à interpretação de Jung da receptividade instável do transe mediúnico e sua relação com a histeria, ver Jung, CW1, pars. 45-8, 54-60; Jung, CW18, pars. 697-740, 746-56.
75. Ver Jung, *MDR*, pp. 215-16, sobre os eventos bizarros que acompanharam a escrita dos "sermões" de Filêmon.
76. Leo, *The Key to Your Own Nativity*, p. 96.
77. *Freud-Jung Letters*, 255F, p. 422.
78. Leo, *The Key to Your Own Nativity*, p. 137.
79. Emma Jung publicou duas obras autorais: *Die Graalslegend in psychologischer Sicht*, em coautoria com Marie-Louise von Franz (Zurique: Walter Verlag, 1960), e *Anima and Animus* (Nova York: Analytical Psychology Club of New York, 1957; publicada originalmente, à parte, como *Wirklichkeit der Seele* (Zurique: Psychologische Abhandlungen 4, 1934) e *Die Anima als Naturwesen* (Zurique: Rascher, 1955).
80. De acordo com uma comunicação pessoal de Gerhard Adler (1904-1988), coeditor das *Obras Completas*, e editor das *C. G. Jung Letters*, que trabalhou com Jung de 1932 até sua morte em 1961, Toni Wolff era versada em astrologia e sabia interpretar horóscopos.
81. Jung, *Psychology of the Unconscious*, pp. 99, 105. Ver Betegh, *The Derveni Papyrus*, Col. 13, em que o autor afirma que Orfeu equiparava o Sol a um falo.

82. Leo, *The Key to Your Own Nativity*, p. 143.
83. Horóscopo gerado por computador pelo programa Io Edition, Time Cycles Research, http:www.timecycles.com.
84. Jung, *Liber Novus*, p. 347.
85. Jung, *Liber Novus*, p. 329.
86. Posidônio, *The Fragments*, vol. 1, org. L. Edelstein e I. G. Kidd (Cambridge: Cambridge University Press, 1972), Frag. 101, p. 104.
87. Jung, *Liber Novus*, p. 349.
88. Jung, *Liber Novus*, p. 349.
89. Ver Nicholas Campion, *A History of Western Astrology, Vol. 2* (Londres: Continuum, 2009), p. 232.
90. Leo, *How to Judge a Nativity*, p. 29; Leo, *The Art of Synthesis*, p. 1.
91. Blavatsky, *Isis Unveiled*, I:302. Sobre o reconhecimento de Taylor por parte de Blavatsky, ver Blavatsky, *Isis Unveiled*, I:284, 288, e II:108-09; Blavatsky, *The Secret Doctrine*, I:425, 453, e II:599. Para a tradução de Taylor de Juliano, ver *The Emperor Julian's Oration to the Sovereign Sun*, em Thomas Taylor, *Collected Writings on the Gods and the World* (Frome: Prometheus Trust, 1994 [Londres: Edward Jeffrey, 1793]), pp. 51-76.
92. Leo, *The Key to Your Own Nativity*, pp. 161-62.
93. Sobre a distinção de Leo entre "Personalidade" e "Individualidade", ver Leo, *Esoteric Astrology*, pp. 58-62.
94. Ver Jung, "The Structure of the Unconscious", em Jung, CW7, pars. 442-521. Ver também a nota dos editores em Jung, CW6, par. 183, n. 85.
95. Plotino, Enéada VI; ver Greene, *Jung's Studies in Astrology*, Capítulo 4. [*Jung, o Astrólogo – Um Estudo Histórico sobre os Escritos de Astrologia na Obra de Carl G. Jung*. São Paulo: Pensamento, 2023.]
96. Na visão de escritores neoplatônicos como Porfírio, Saturno e o Sol teriam sido considerados significadores primários do horóscopo natal de Jung, pois ambos são dignificados pelo posicionamento nos próprios "domicílios", fortalecidos pelas posições sobre os quatro pontos cardeais do horóscopo ou perto deles, e "provedores" que, no fim das contas, presidem os signos nos quais todos os outros planetas se posicionam.
97. Sobre a propensão de Heindel e de Jung de reconhecer os signos como pares de opostos, ver Greene, *Jung's Studies in Astrology*, Capítulo 6. [*Jung, o Astrólogo – Um Estudo Histórico sobre os Escritos de Astrologia na Obra de Carl G. Jung*. São Paulo: Pensamento, 2023.]

98. Jung, *Analytical Psychology*, p. 99. Ver Shamdasani, n. 211, em Jung, *Liber Novus*, p. 252.
99. Jung, CW9ii, par. 128.
100. William Butler Yeats, *The Second Coming* (1919), em *Collected Poems of William Butler Yeats* (Londres: Macmillan, 1933), p. 211.
101. Leo, *Esoteric Astrology*, p. 73.
102. Jung, CW10, par. 329.
103. C. G Jung, carta a Eugene Rolfe, em Eugene Rolf, *Encounter with Jung* (Boston: Sigo Press, 1989), p. 158.
104. Aniela Jaffé, *Was C. G. Jung a Mystic?* (Einsiedeln: Daimon Verlag, 1989), p. 16.
105. Citado por Margaret Ostrowski-Sachs em *From Conversations with C. G. Jung* (Zurique: Juris Druck & Verlag, 1971), p. 68.
106. Jung, CW9ii, par. 128.
107. Jung, CW9ii, par. 167.
108. Jung, CW9ii, par. 142.
109. Jung, CW9ii, pars. 213 e 216.
110. Jung, CW9ii, 129.
111. Jung, CW9ii, pars. 140 e 137.
112. Jung, CW9ii, par. 142.

Conclusão

θεος εγενου εξ ανθρωπου.
De homem que eras, te tornarás um deus.[1]

— Tábua funerária órfica

O homem se transforma pelo *principium individuationis*. Ele luta por individualidade absoluta [...]. Por meio disso, faz do Pleroma o ponto que contém em si a maior das tensões, sendo ele próprio uma estrela brilhante, imensuravelmente pequena, assim como o Pleroma é imensuravelmente grande. Quanto mais concentrado for o Pleroma, mais forte se tornará a estrela do indivíduo. Ela é cercada por nuvens reluzentes, um corpo celeste em realização, comparável a um pequeno sol. Ele emite fogo. Portanto, se chama: εγω (ειμι) συμπλανοζ υμιν αστηρ. Assim como o sol, que também é uma estrela, um Deus e avô de almas, a estrela do indivíduo é como o sol, um Deus e avô de almas [...] Aquele que não segue o *principium individuationis* até o fim não se torna Deus, pois não tolera a individualidade.[2]

— C. G. Jung

Liber Novus e a *Hypnerotomachia*

Os caminhos sinuosos do *Liber Novus*, destilados de *Os Livros Negros*, nos quais Jung registrou, a princípio, suas experiências interiores, retratam uma jornada que apresenta fortes paralelos com a narrativa mítica antiga da ascensão celestial da alma. Jung, porém, não seguiu para o alto, rumo a uma *unio mystica* com uma divindade inefável, transcendente, mas, sim, para dentro e, com frequência, para baixo, em um processo tortuoso que chamou de individuação, sempre em direção a um misterioso núcleo interior, tanto pessoal quanto impessoal, que depois ele denominaria *Self*. Assim como Teseu navegando pelas passagens sombrias do labirinto – uma palavra que o próprio Jung usava para descrever os meandros de suas visões caóticas[3] – do rei Minos, ele também precisava de um fio de Ariadne para se orientar. No decorrer do trabalho com o *Liber Novus*, esse fio foi tecido de muitas fibras. Entre elas, ocupavam a maior parte os símbolos astrológicos e as narrativas que, sob sua interpretação, refletiam padrões arquetípicos conhecidos em épocas passadas como deuses ou *daimons* planetários. Em uma fase posterior da vida, Jung encontrou na alquimia outra narrativa igualmente harmoniosa que parecia apresentar um mapa reconhecível da jornada da individuação. Entretanto, nunca deixou de reconhecer a importância do simbolismo astrológico, que ele considerava inextricavelmente ligado à obra alquímica: "A alquimia é inconcebível sem a influência de sua irmã mais velha, a astrologia".[4]

O mundo antigo tardio da literatura gnóstica, hermética, judaica, órfica e mitraica não foi a única fonte na qual Jung se inspirou. Quaisquer textos medievais ou renascentistas que descrevessem a arquetípica jornada da alma, planetária ou alquímica, também foram relevantes para sua compreensão do processo de individuação. Em um comentário sobre a jornada da alma descrita em uma obra do fim do século XV intitulada *Hypnerotomachia Poliphili* (*Batalha de Amor em Sonho de Polifilo*) e atribuída a Francesco Colonna, Jung observou que o autor criara um documento psicológico que é "um exemplo perfeito da trajetória e do simbolismo do processo de individuação".[5] Um dos paralelos literários mais óbvios para a jornada da alma no *Liber Novus* – e para muitas outras obras artísticas após seu término, em 1320 – é a *Divina Comédia*, de Dante. Linda Fierz-David, ao comentar a obra enigmática de Colonna, afirma que a *Divina Comédia* forneceu a estrutura básica para *Hypnerotomachia*.[6] O simbolismo planetário era endêmico à visão de mundo na época de Dante e se reflete em a *Divina Comédia* em temas específicos e nos símbolos das sete esferas do céu e das sete esferas do inferno. Jung nutria grande respeito por a *Divina Comédia* como exemplo de obra artística "visionária" que permitia "vislumbrar o abismo insondável do ainda não nascido e das coisas por vir".[7] Também reconhecia o guia visionário de Dante, o poeta romano Virgílio, como psicopompo semelhante ao seu Filêmon. Mas há uma diferença importante entre essa grande obra medieval e o *Liber Novus*, sugerindo que Jung pensava mais em Colonna que em Dante enquanto desenvolvia e refinava seu material.

Essa diferença está, em grande parte, na apologia de Dante a uma agenda religiosa estritamente cristã, retratada em uma cosmologia estritamente aristotélica. Fierz-David sugere que, aos olhos de Dante, "o mundo é categorizado em alturas e profundezas de acordo com uma hierarquia precisa e genuinamente medieval".[8] A hierarquia abrange as sete esferas planetárias e a oitava esfera das estrelas fixas, para além das quais se encontra a nona esfera do *Primum Mobile*, ou "Motor Imóvel", do universo.[9] Embora talvez pareça que a nona esfera de Dante se reflete de forma sutil no Pleroma do diagrama do *Systema* junguiano, e que a oitava esfera das estrelas fixas pareça reproduzir os domínios de Fanes Erikepaios e seus deuses estelares, não havia lugar na visão cristã de Dante do Paraíso para *daimons* planetários, tampouco para uma divindade primitiva órfico-mitraica, sobretudo com cabeça de leão. E o Pleroma de Jung, ao contrário do "Motor Imóvel" de Dante, é, ao mesmo tempo, nada e tudo, conforme lhe diz Filêmon: um ventre e uma matriz igual às suas emanações, em vez de um deus criador transcendente que manipula as alavancas de um universo mecânico.

> É um nada total e contínuo do começo ao fim. Portanto, falo apenas em termos figurativos da criação como parte do Pleroma. Pois, na verdade, o Pleroma não é dividido em lugar algum, uma vez que é o

nada. Também somos o Pleroma total, porque, de modo figurativo, o Pleroma é o menor ponto em nós, meramente inferido, não existente, e o firmamento infinito à nossa volta. Mas por que, então, sequer falamos do Pleroma, se ele é tudo e nada?[10]

No *Paraíso* de Dante, os antigos deuses planetários se transformaram em moradas abençoadas para os santos que personificam as virtudes tradicionais dos planetas: na esfera de Júpiter, por exemplo, Dante encontra almas renomadas por sua justiça em vida, e, na esfera de Saturno, vê aqueles que passaram a vida em sagrada contemplação.[11] Jung jamais tentou estruturar o *Liber Novus* de maneira tão deliberada ou impor-lhe uma visão de mundo religiosa convencional; tampouco tentou negar ou diminuir a potência e a autonomia dos *daimons* planetários. Em vez disso, honrou os meandros de suas visões através de "camadas" que depois aplicaria para esclarecer o texto espontâneo original. E, na jornada junguiana da alma no *Liber Novus*, não havia um Virgílio para lhe mostrar o caminho. Seus únicos guias, na maioria dos encontros – com exceção dos ensinamentos de Filêmon em "Escrutínios" e talvez do discernimento e da companhia de Toni Wolff –, eram o alcance precário de sua consciência racional acerca das visões que às vezes ameaçavam sufocá-lo e a moderação por parte de suas pinturas talismânicas, com as devidas *sunthemata*.

A *Hypnerotomachia* de Colonna parece ter exercido grande fascínio sobre Jung na época em que trabalhava no *Liber Novus*, talvez por ser tão impenetrável e enigmática, estranhamente semelhante às suas visões, e deliciosamente livre das doutrinas cristãs medievais que permeiam a *Divina Comédia*. O ápice da jornada planetária, para Colonna, não é uma visão da esfera radiante do *Primum Mobile*, que está além das estrelas fixas, mas, sim, um *hierosgamos*, ou matrimônio sagrado, que ocorre em meio aos voluptuosos esplendores da ilha de Cítera, morada da deusa Vênus. Jung ainda não conhecia a importância das referências alquímicas na *Hypnerotomachia* quando a leu pela primeira vez em uma tradução francesa, pouco antes de 1922,[12] e afirmou, muitos anos depois, que nessa obra "sentiu, mais que reconheceu, cada vez mais coisas que mais tarde encontrei em meus estudos de alquimia".[13] Mas sabia, porém, que o livro era importante, e até se perguntou se não teria sido o primeiro estímulo para seu envolvimento posterior com o simbolismo alquímico: "De fato, não sei dizer até que ponto esse livro me colocou no caminho da alquimia". Assim como os estágios da obra alquímica, e a ascensão planetária da alma nos textos herméticos, gnósticos e neoplatônicos, Jung comparava a *Hypnerotomachia* ao processo de individuação e a inseria, com a *Divina Comédia*, ao *Fausto* de Goethe e às pinturas e à poesia de William Blake, na categoria por ele chamada de "modo visionário da criação artística". Também passou a ver a *Hypnerotomachia* e outras obras alquímicas da Renascença como uma compensação para a perspectiva medieval cristã e cristalizada da psique coletiva.[14] Podemos afirmar algo parecido acerca do *Liber Novus* em relação ao mundo do protestantismo no norte da Europa no início do século XX. Evidentemente, Colonna, assim como Joachim di Fiore, era um daqueles indivíduos por meio dos quais "a urgência do arquétipo" tentava se efetivar a despeito do "espírito do tempo", cada vez mais opressivo. Segundo Jung, o tipo "visionário" de trabalho criativo

> é proveniente das áreas mais remotas da mente humana, como se emergisse do abismo de eras pré-humanas, ou de um mundo sobre-humano de luz e escuridão contrastantes [...]. Sublime, impregnado de sentido, mas capaz de gelar o sangue com sua estranheza, ele surge das profundezas atemporais: glamoroso, daimônico e grotesco.[15]

O mesmo se poderia atribuir ao *Liber Novus*, obra na qual Jung ainda trabalhava com afinco quando fez tal declaração em 1930.[16]

Polifilo, protagonista de *Hypnerotomachia*, faz seu passeio labiríntico "com um fascínio temeroso",[17] pois, assim como Jung, não tem um guia. A estrutura complexa da primeira parte do texto, em que as diversas visões de Polifilo incluem não apenas seres humanos e divinos, mas também paisagens arquitetônicas e naturais, lugares como riachos, ruínas e fontes, reflete-se no tom, embora não no conteúdo preciso, das muitas descrições de Jung no *Liber Novus*, quando a paisagem se torna parte das dimensões simbólicas de cada personagem. Joscelyn Godwin, na introdução à única tradução para o inglês completa de *Hypnerotomachia*, refere-se ao "paganismo nada apologético" da obra e sugere que ela seria como uma bíblia de uma "religião herética", mesclando temas cristãos a imagens da Antiguidade pagã.[18] Jung entendia que o livro, assim como suas visões, tinha "caráter pessoal e suprapessoal".[19] É provável que visse a própria obra enigmática refletida nesse obscuro artefato da Renascença. Seu comentário acerca do tipo visionário de arte, ou seja, que a essência "não é encontrada nas idiossincrasias pessoais que nessa arte se imiscuem, mas, sim, na ascensão além do pessoal, falando da mente e do coração do artista para a mente e o coração da humanidade", talvez descreva o que ele esperava alcançar com seus esforços.[20]

A obra de Colonna é repleta de referências astrológicas muito mais explícitas que as do *Liber Novus*; porém, a cultura renascentista italiana do fim do século XV estava imersa na astrologia, e o contato que Colonna teve com os planetas não precisava de disfarce para protegê-lo da zombaria dos colegas. Quando Polifilo começa sua jornada onírica depois de uma noite de tormento e insone, ele descreve o céu da alvorada, em que

> O arrogante Órion deixa de perseguir as sete irmãs chorosas [as Plêiades] que enfeitam o ombro do Touro [o signo de Touro].[21]

Jung tinha interesse profundo por essas referências astrológicas. Ele interpretava o *hierosgamos* de Polifilo com sua amada Polia como "a união com a alma, sendo que a segunda personifica o mundo dos deuses" – justamente o tipo de experiência transformadora que a teurgia de Jâmblico pretendia alcançar –, e chegou a comentar, mais tarde, que não só o *hierosgamos* de Polifilo ocorre no mês de maio, mas o próprio glifo de Touro retrata uma *coniunctio*.

> Touro, o signo zodiacal de maio, é a Casa de Vênus. No zodíaco greco-egípcio, o animal touro carrega o disco solar, que repousa na lua em forma de foice (o barco de Vênus), uma imagem de *coniunctio*. O signo de Touro é composto pelo disco solar com os chifres da lua:

comparemos com o paralelo alquímico de John Dee, na obra *A Mônada Hieroglífica* .²²

A introdução de *Hypnerotomachia* se refere a Touro por meio da visão de Polifilo das Plêiades no céu ao raiar do dia. Elas são um grupo de sete estrelas na constelação de Touro. Já no início da obra, fica claro que a jornada da alma de Polifilo será regida pelo *daimon* planetário de Vênus, assim como a jornada de Jung no *Liber Novus*, desde a primeiríssima imagem, ficará sob a regência do "caminho do que está por vir": a transição para o *Aion* de Aquário, regido pelo *daimon* planetário, Saturno.

Assim como Jung, Colonna incluiu um grande número de imagens para ilustrar os encontros importantes de sua jornada, embora sejam gravuras em vez de pinturas. Jung usou uma dessas gravuras, uma imagem de Vênus como "Mãe de Todos os Seres Viventes", em *Símbolos da Transformação*, versão revista de *Psicologia do Inconsciente*, apesar de tais gravuras não constarem da edição anterior da obra, pois ele ainda não conhecia *Hypnerotomachia* quando a escreveu pela primeira vez.²³ Algumas das gravuras de Colonna exibem a mesma espécie de erotismo ousado presente em muitas imagens alquímicas, como as do *Rosarium Philosophorum* utilizado por Jung como exemplo para ilustrar a psicologia da transferência.²⁴ Todas as gravuras de Colonna também contêm *sunthemata* específicos. Por exemplo, Polifilo encontra um altar do deus caprino Príapo (substituto de Pã) no reino da monarca Eleuterilida ("filha da liberdade"), cujas muralhas do palácio são enfeitadas pelos nomes dos sete planetas, e cujo trono se localiza sob o Sol. As gravuras de Colonna reproduzem esse deus caprino carregando uma foice, que, segundo os comentários de Fierz-David, é um dos atributos tradicionais de Saturno.²⁵ A justaposição de um regente solar cujo nome implica liberdade ou livre-arbítrio a um deus caprino saturnino se reflete de forma estranha nas fusões que Jung faz do simbolismo solar e saturnino em *Liber Novus*.

As gravuras de Colonna também costumam incluir referências numerológicas (em geral, sete, representando os sete planetas, ou quatro, para os quatro elementos, ou ainda doze, definindo os doze signos do zodíaco) que fazem menção a uma jornada astrológica. A gravura da planta da ilha de Cítera, morada de Vênus, é um exemplo desse tipo característico de numerologia alquímico-astrológica: várias escadas conduzem a diversos jardins, pórticos e arcadas, e cada uma delas tem sete degraus. Assim como Jung, Colonna mencionou em alguns pontos do texto nomes escritos no alfabeto grego, e seu esquema detalhado da ilha de Cítera, semelhante ao *Systema* de Jung, sugere uma dimensão cosmológica e outra bastante individual de uma jornada única da alma. A passagem labiríntica de Colonna até o centro, porém, não chega ao "Sol espiritual central", tampouco ao *Self* solar integrado, a união de Fanes e Abraxas que ocorre no centro do diagrama do *Systema* junguiano. Ela culmina, entretanto, em uma *coniunctio* erótica que reflete Vênus, não Saturno, como regente planetário da jornada. Colonna parece, a exemplo de Jung, não ter dado a menor atenção a qualquer ordem planetária tradicional, embora descrevesse um processo intensamente individual de integração em sua obra visionária. Não se sabe a data de nascimento de Colonna, mas é provável que, em seu horóscopo, o "Mestre da Casa" fosse, na verdade, uma Mestra.

As semelhanças entre o *Liber Novus* e o *Hypnerotomachia* não implicam que Jung tenha pretendido seguir o modelo da obra de Colonna na sua. Na época em que trabalhava no *Liber Novus*, ele teve acesso a muitos mapas cosmológicos, desde *mappae mundi* medievais, passando por modelos renascentistas do universo, até mandalas tibetanas, e muitas descrições da jornada celeste da alma, desde versões antigas como o "Mito de Er" na *República* de Platão até os escritos teosóficos do início do século XX. É improvável que Jung tentasse imitar a jornada de Colonna; ou, aliás, de qualquer outro indivíduo. Além da espontaneidade genuína de suas visões iniciais, Jung tinha total consciência dos perigos de comprimir os símbolos do mundo imaginário em um sistema intelectual específico; na verdade, ele via sua tarefa como um refinamento respeitoso do conteúdo que emergia do inconsciente, sem nenhuma imposição de estrutura, *a priori*. A hermenêutica aplicada por ele tinha o intuito de esclarecer, não de codificar; e as ideias surgiam das imagens, não vice-versa. A ampliação de suas visões com símbolos astrológicos aprofundou o conhecimento de Jung, mas não restringiu os arroubos de sua imaginação a um específico desígnio preconcebido. *Hypnerotomachia*, porém, bem como outras jornadas da alma dos gnósticos, herméticos e neoplatônicos, parecia ter importância extraordinária para Jung, pois, para ele, refletia a antiga jornada planetária de maneira muito pessoal, a qual, por sua vez, era reflexo de sua compreensão a respeito de um processo psicológico arquetípico, ao mesmo tempo pessoal e universal.

A jornada planetária da alma de Jung

Segundo as próprias palavras, Jung via o horóscopo natal como um mapa da psique individual; portanto, não nos surpreende que estivesse preparado para trabalhar imaginariamente com os símbolos astrológicos e suas imagens complementares como *sunthemata* em um processo teúrgico, de modo semelhante à obra alquímica com os metais planetários, mas como imagens interiores, não projeções sobre substâncias materiais. Enquanto o imaginário onírico espontâneo produzia resultados criativos frequentes, a invocação e a interpretação de figuras arquetípicas específicas por meio do uso de símbolos astrológicos parecem ter oferecido a Jung um caminho direto até os padrões subjacentes do *mundus imaginalis*: a zona intermediária que Jâmblico entendia como o solo sagrado onde o divino e o humano se encontravam e onde o intenso conflito e sofrimento vivenciados por Jung durante o período pós-rompimento com Freud poderiam ser confrontados de forma a gerar um diálogo frutífero entre aspiração consciente e compulsão inconsciente. As figuras mais importantes do *Liber Novus* são fortemente coloridas pelas associações astrológicas que têm relevância direta com o horóscopo natal de Jung. E, embora talvez a meta de seus esforços fosse a cura de seus conflitos por meio da integração dos elementos beligerantes de sua personalidade, Jung nunca deixou de almejar uma compreensão aplicável mais universal do que ele vivenciava. Essa compreensão, enraizada tanto na astrologia e em sua "irmã mais velha", a alquimia, quanto nos modelos psiquiátricos em desenvolvimento à época, constituiu a base para o escopo de sua obra, hoje conhecida como psicologia analítica.

O tema constante da jornada planetária da alma fundamenta quase todas as fontes de Jung, desde as correntes órficas, neoplatônicas, herméticas e gnósticas da Antiguidade, bem como as especulações alquímicas, mágicas e cabalísticas da Idade Média, da Renascença e do início da era moderna, até a revitalização do ocultismo do fim do século XIX e os primeiros anos da psicologia dinâmica, imersa de maneira discreta, porém firme, nas águas do Romantismo alemão, do mesmerismo, da vidência, do espiritualismo, da magia ritual e dos pronunciamentos teosóficos oraculares sobre o destino da alma. Em todas essas fontes, a imaginação humana é valorizada como um portal, e nelas Jung acreditava ter encontrado paralelos para suas ideias acerca da natureza e da teleologia da psique humana. As correntes mais antigas eram expressas em linguagem religiosa, mas, para Jung, pareciam profundamente psicológicas, no sentido do termo por ele utilizado: tinham a ver com o "espírito das profundezas" e sua relação com as dimensões interiores da vida humana e com a teleologia do ser humano microcósmico inserido no todo macrocósmico da "psique objetiva". Concentravam-se na experiência interior, em vez de na literalidade do dogma; na transformação e na integração, em vez de na sublimação ou na obediência a uma autoridade dominante, científica ou religiosa; e na responsabilidade individual, em vez de na culpa coletiva ou em um destino externo e irrevogável. A figura lúgubre do Vagabundo no *Liber Novus* surge como um dos retratos junguianos mais contundentes da aridez de uma vida sem sentido, destituída de qualquer ligação com um centro interior que poderia dar um senso de participação em um todo maior e interligado.

No *Liber Novus*, Jung utilizou o imaginário astrológico como estrutura para conter a natureza caótica de suas visões e também como forma de hermenêutica que lhe dava discernimento maior dos processos internos retratados nas visões. Estava convencido de que todos os seres humanos, desde tempos imemoriais, têm uma espécie de conhecimento inconsciente de astrologia, como uma percepção intuitiva das qualidades do tempo.

Referindo-se à pintura de um paciente em suas palestras na Clínica Tavistock de Londres, em 1935, ele observou que, na pintura:

> Ele também encontra a si mesmo nas estrelas. Isso significa que o cosmos, seu mundo, se reproduz na imagem. É uma alusão à astrologia inconsciente que está em nossas fibras, embora não a percebamos.[26]

Assumindo-se como alguém do tipo que tem pensamento intuitivo, Jung era movido pelo que chamava de "impulso entusiástico para compreender";[27] não lhe bastava apenas o fogo e sair ileso do outro lado, com seu trabalho, casamento e sanidade intactos. O *Liber Novus* pode ser considerado uma verdadeira obra de arte autossuficiente. Mas Jung, o cientista, não se satisfazia em apenas tê-lo produzido; precisava compreendê-lo. E Jung, o profeta, não estava disposto a guardar para benefício próprio o discernimento conquistado a duras penas; tinha certeza de que qualquer contribuição de um indivíduo "individuado", por menor que fosse, podia fazer diferença no destino da humanidade, que ele acreditava ter atingido um ponto de crise perigoso e aterrador, às portas da iminente Era de Aquário. No fim, Jung não continuou o trabalho no *Liber Novus*, resolvendo apresentar todo o discernimento adquirido em um modelo psicológico coerente:

> No Livro Vermelho, tentei uma apresentação estética de minhas fantasias, mas jamais a terminei. Percebi que ainda não encontrara a linguagem certa, que ainda precisaria traduzi-la em outra coisa. Por isso, desisti, no momento certo, dessa tendência a estetizar e mudei para um processo rigoroso de *compreender*.[28]

O fato de compreender, porém, não impedia uma exploração contínua do mundo simbólico. A jornada mítica da alma, como retrato da jornada interior do indivíduo até o *Self*, foi um tema de profunda importância para Jung por toda sua vida, pois o *Self* é o "princípio e o arquétipo de orientação e significado".[29] Em muitas ocasiões, ele escreveu sobre a jornada da alma como uma narrativa arquetípica de individuação, usando a ascensão planetária e os estágios alquímicos de transformação como meio de "ampliar" esse seminal tema mítico. Também achava que os Arcanos Maiores do tarô proporcionavam um retrato simbólico semelhante da jornada da alma; e muitas das imagens do tarô, assim como as da alquimia, aludem ao simbolismo astrológico. Ocultistas como Waite atribuíam deuses planetários e signos zodiacais a cartas específicas, por exemplo, Vênus à carta da Imperatriz, Lua à carta da Sacerdotisa, e o signo de Áries à carta do Imperador;[30] e os quatro "naipes" elementais do tarô – Copas, Ouros, Espadas e Paus – devem suas interpretações tradicionais aos quatro elementos da astrologia.[31] As imagens dos Arcanos Maiores lançam luz às figuras do *Liber Novus* de tal maneira que esses dois grandes sistemas simbólicos, astrologia e tarô, se complementam e enriquecem um ao outro.

Apesar de posteriormente Jung ter notado a relação entre as "sete fases do processo alquímico" e as sete esferas planetárias, não reduzia as descrições do processo de individuação a um número específico de passos significativos do ponto de vista astrológico, como sete ou doze.[32] Tampouco poderiam as imagens do *Liber Novus* se limitar a uma interpretação meramente astrológica ou qualquer outra, pois elas não seguem uma ordem planetária exata de sete ou a zodiacal de doze, abrangendo muitas referências simbólicas além dos símbolos astrológicos. No entanto, as fases inicial e final da jornada de Jung parecem, de fato, corresponder intimamente ao começo e ao fim da obra alquímica, reproduzida, a princípio, pelo "sofrimento psíquico" e pela "guerra em um plano moral" do *nigredo* saturnino e culminando no ouro alquímico solar: uma experiência interior direta que, em nível espiritual, segundo Jung, reflete a "faculdade da relação da alma com Deus" e, em nível psicológico, indica o "*self* unificado".[33] O *Liber Novus* começa, na verdade, com Saturno – não como o *senex* que aparece por toda a obra com tantas máscaras diferentes, embora não tarde a se apresentar na figura de Elias –, mas como o "caminho do que está por vir": o *Aion* de Aquário, regido por Saturno, ao qual Jung via sua jornada se entrelaçar de modo inextricável e ele profetizava ser inicialmente um verdadeiro *nigredo* dentro da psique coletiva, com os seres humanos diante do profundo e necessário confronto com a questão da própria maldade.

Jung acreditava existir em toda vida humana uma teleologia em ação: um desenvolvimento ou movimento significativo em direção a alguma meta, ou um potencial realizado e presente desde o começo, embora em segredo. Os estágios alquímicos, assim como a jornada planetária, "poderiam muito bem representar o processo de individuação de um único indivíduo".[34] Diante dos paralelos que Jung via entre sua jornada pessoal da alma e a alma do coletivo do qual fazia parte, parecia esperar que seu trabalho interior, assumido, em parte, por conta do desespero em tentar resolver um conflito interior intolerável, também resultasse em contribuição importante para o incipiente caos que temia estar se abatendo sobre o mundo inteiro à sua volta. Jung insistia em que o destino do coletivo se colocaria, por fim, sobre os ombros do indivíduo:

> É, portanto, sem sentido apostar tudo em receitas e procedimentos coletivos. O tratamento para uma doença generalizada começa com o indivíduo, e, mesmo assim, somente quando ele assume a responsabilidade, deixando de atribuí-la a outros. Claro que isso só é possível em liberdade, nunca sob um regime de força, seja este exercido por um tirano autoproclamado ou por alguém arregimentado pelas multidões.[35]

O mundo astrológico do *Liber Novus* é relevante para qualquer pessoa que tente penetrar a mente de um dos maiores pensadores dos tempos modernos. A obra é uma jornada profundamente pessoal que revela os mais íntimos conflitos interiores e a imaginação de um indivíduo extraordinário. Mas Jung acreditava que toda sua obra – incluindo o *Liber Novus*, que, apesar da relutância em vê-lo publicado ainda em vida, foi, obviamente, preparado para a possibilidade de outros o lerem – seria relevante por causa do processo arquetípico de individuação espelhado no mito da jornada planetária da alma. Jung via essa jornada como a história latente de cada vida humana, fosse ou não realizada de fato; e também a compreendia como a escolha consciente essencial e a tarefa de cada indivíduo, desde que pudesse existir alguma espécie de resolução para o potencial destrutivo de um coletivo cego e inconsciente, movido por compulsão e alheio à necessidade de responsabilidades pessoais e de uma escolha consciente genuína. Com o avanço do século XXI, seja ele ou não o momento de entrada no *Aion* Aquariano, como Jung pensava ser, suas percepções parecem estar se revelando proféticas.

Notas

1. Tábula funerária órfica do século IV a.C., ou *lamella* de Thurii. Ver Alberto Bernabé e Ana Isabel Jiménez San Cristóbal, *Instructions for the Netherworld: The Orphic Gold Tablets* (Leiden: Brill, 2008), p. 81.
2. Jung, *Liber Novus*, p. 370. A expressão grega, que se traduz como "Sou uma estrela perambulando por aí contigo", é de Dieterich, *Eine Mithrasliturgie*, p. 8, verso 5; ver Jung, *Liber Novus*, p. 370, n. 1.
3. Jung, *MDR*, p. 202.
4. Jung, CW14, par. 222.
5. Jung, CW14, par. 297. A obra original é *Hypnerotomachia Poliphili* (Veneza: Aldus Manutius, 1499). Uma tradução inglesa truncada apareceu em 1592, mas a primeira versão inglesa completa só foi publicada quatro séculos depois, traduzida por Joscelyn Godwin (Londres: Thames and Hudson, 1999). Ver também Couliano, *Eros and Magic*, pp. 42-8.
6. Linda Fierz-David, *The Dream of Poliphilo*, trad. Mary Hottinger (Nova York: Pantheon, 1950; publicada primeiro em alemão como *Der Liebestraum des Poliphilo*, Zurique: Rhein Verlag, 1947; repr. Dallas: Spring, 1987), p. 11.
7. Jung, CW15, par. 141. Para as numerosas referências de Jung a Dante, ver Jung, CW20, "Dante".
8. Fierz-David, *The Dream of Poliphilo*, p. 11.
9. Quanto à dívida de Dante a Aristóteles, ver Patrick Boyde, *Dante, Philomythes and Philosopher* (Cambridge: Cambridge University Press, 1981), pp. 43-201.
10. Jung, *Liber Novus*, p. 347.
11. Dante, *Paradiso* XVIII-XXI, trad. Laurence Binyon, em Paolo Milano (org.), *The Portable Dante* (Londres: Penguin, 1975), pp. 366-546.
12. F. Béroalde de Verville (trad.), *Le Tableau des riches inventions* (Paris: Matthieu Gillemot, 1600).
13. Jung, CW18, par. 1.749. Essa afirmação foi feita por Jung no "Prefácio" a Fierz-David, *The Dream of Poliphilo*, comentário psicológico e paráfrase da

Hypnerotomachia, publicada primeiro em alemão por um dos estudantes de Jung. Jung escreveu seu Prefácio em 1947, declarando no parágrafo inicial que "deve ter sido há vinte e cinco anos" que havia conhecido a tradução francesa da obra feita por Béroulde de Verville. Isso significa que ele já estudava a obra em 1922, enquanto trabalhava no *Liber Novus*.

14. Jung, CW15, par. 154.
15. Jung, CW15, par. 141.
16. A versão original desse ensaio, "Psychology and Literature", foi publicada originalmente como "Psychology and Poetry", trad. Eugene Jolaws, em *Transition* 19/20 (junho de 1930), e apareceu três anos mais tarde em uma nova tradução para a língua inglesa feita por W. S. Dell e Cary F. Baynes, em Jung, *Modern Man in Search of a Soul* (Londres: Kegan Paul, Trench, Trubner, 1933).
17. *Hypnerotomachia*, p. 13.
18. *Hypnerotomachia*, p. xviii.
19. Jung, CW18, par. 1.750.
20. Jung, CW15, par. 156.
21. *Hypnerotomachia*, p. 11.
22. Jung, CW13, par. 193, n. 104.
23. Jung, CW5, Figura 1, par. 113. No texto abaixo da imagem, Jung comentou: "A esse *daimonion* o homem sucumbe como vítima miserável, a menos que consiga rejeitar categoricamente sua influência sedutora logo no início".
24. Jung, CW16, pars. 353-539.
25. Ver Fierz-David, *The Dream of Poliphilo*, pp. 125-28, para comentários sobre analogias entre Príapo, Pã e Saturno. Mais informações a respeito da rainha Eleuterilida, ver Peter Dronke, "Francesco Colonna's Hyperotomachia and its Sources of Inspiration", em Peter Dronke (org.), *Souces of Inspiration: Studies in Literary Transformation: 400-1500* (Roma: Edizioni di Storia e Letteratura, 1997), pp. 161-242.
26. Jung, CW18, par. 412.
27. Jung, *MDR*, p. 354.
28. Jung, *MDR*, p. 213.
29. Jung, *MDR*, p. 224.
30. A carta da Imperatriz reproduz o glifo astrológico de Vênus em um escudo em forma de coração. A Sacerdotisa tem a Lua crescente aos pés. O trono do imperador tem chifres de carneiro, representando Áries, o Carneiro, regido por Marte.

31. Sobre conteúdo histórico a respeito do tarô, incluindo as imagens de Waite, ver Greene, *Magi and Maggidim*, pp. 96-110 e 363-75, e as referências dadas aqui.
32. Jung, CW13, par. 398.
33. Jung, CW14, par. 494.
34. Jung, CW12, par. 3.
35. Jung, CW9i, par. 618.

Bibliografia

Trabalhos citados por C. G. Jung

Obras Completas

Jung. C. G., *The Psychogenesis of Mental Disease*, CW3, trad. R. F. C. Hull (Londres: Routledge & Kegan Paul, 1960).

_____, *Symbols of Transformation*, CW5, trad. R. F. C. Hull (Londres: Routledge & Kegan Paul, 1956).

_____, *Psychological Types*, CW6, trad. R. F. C. Hull (Londres: Routledge & Kegan Paul, 1971).

_____, *Two Essays on Analytical Psychology*, CW7, trad. R. F. C. Hull (Londres: Routledge & Kegan Paul, 1972).

_____, *The Structure and Dynamics of the Psyche*, CW8, trad. R. F. C. Hull (Londres: Routledge & Kegan Paul, 1960).

_____, *The Archetypes and the Collective Unconscious*, CW9i, trad. R. F. C. Hull (Londres: Routledge & Kegan Paul, 1959).

_____, *Aion: Researches into the Phenomenology of the Self*, CW9ii, trad. R. F. C. Hull (Londres: Routledge & Kegan Paul, 1959).

_____, *Civilization in Tradition*, CW10, trad. R. F. C. Hull (Londres: Routledge & Kegan Paul, 1964).

_____, *Psychology and Religion*, CW11, trad. R. F. C. Hull (Londres: Routledge & Kegan Paul, 1958).

_____, *Psychology and Alchemy*, CW12, trad. R. F. C. Hull (Londres: Routledge & Kegan Paul, 1953).

_____, *Alchemical Studies*, CW13, trad. R. F. C. Hull (Londres: Routledge & Kegan Paul, 1967).

_____, *Mysterium Coniunctionis*, CW14, trad. R. F. C. Hull (Londres: Routledge & Kegan Paul, 1963).

_____, *The Spirit in Man, Art and Literature*, CW15, trad. R. F. C. Hull (Londres: Routledge & Kegan Paul, 1966).

_____, *The Practice of Psychotherapy*, CW16, trad. R. F. C. Hull (Londres: Routledge & Kegan Paul, 1954).

_____, *The Development of Personality*, CW17, trad. R. F. C. Hull (Londres: Routledge & Kegan Paul, 1954).

_____, *The Symbolic Life*, CW18, trad. R. F. C. Hull (Londres: Routledge & Kegan Paul, 1977).

Outros trabalhos citados por Jung em inglês e alemão

_____, *Psychology of the Unconscious*, trad. Beatrice M. Hinkle (Nova York: Moffat, Yard & Co., 1916).

_____, *Memories, Dreams, and Reflections*, org. Aniela Jaffé, trad. Richard e Clara Winston (Londres: Routledge & Kegan Paul, 1963).

_____, "The Psychological Aspects of the Kore", *in* C. G. Jung e C. Kerényi, *Essays on a Science of Mythology: The Myth of the Divine Child and the Mysteries of Eleusis* (Princeton, NJ: Princeton University Press, 1963).

_____, *C. G. Jung Letters*, 2 volumes, org. Gerhard Adler, trad. R. F. C. Hull (Londres: Routledge & Kegan Paul, 1973-1976).

_____, *The Visions Seminars*, 2 volumes (Zurique: primavera de 1976).

_____, *Septem Sermones ad Mortuos: Written by Basilides in Alexandria, the City Where East and West Meet*, trad. Stephan A. Hoeller, *in* Stephan A. Hoeller, *The Gnostic Jung and the Seven Sermons to the Dead* (Wheaton, IL: Theosophical Publishing House, 1982), pp. 44-58.

_____, *Dream Analysis: Notes of the Seminar Given in 1928-1930 by C. G. Jung*, org. William C. McGuire (Londres: Routledge & Kegan Paul, 1984).

_____, "Preface", *in* Cornelia Brunner, *Anima as Fate*, trad. Julius Heuscher e Scott May (Dallas, TX: Spring, 1986), pp. ix-xiv.

_____, *Visions: Notes of the Seminar Given in 1930-1934 by C. G. Jung*, org. Claire Douglas, 2 volumes (Princeton, NJ: Princeton University Press, 1997).

_____, *Children's Dreams: Notes from the Seminar Given in 1936-1940*, org. Lorenz Jung e Maria Meyer-Grass, trad. Ernst Falzeder e Tony Woolfson (Princeton, NJ: Princeton University Press, 2008).

_____, *The Red Book: Liber Novus*, org. Sonu Shamdasani, trad. Mark Kyburz, John Peck e Sonu Shamdasani (Nova York/Londres: W. W. Norton, 2009).

_____, *Jung on Astrology*, seleção e introdução de Keiron le Grice e Safron Rossi (Abingdon: Routledge, 2017).

Jung, C. G. e Sigmund Freud, *The Freud-Jung Letters*, org. William McGuire, trad. Ralph Manheim e R. F. C. Hull (Londres: Hogarth Press/Routledge & Kegan Paul, 1977).

Jung, C. G. e Erich Neumann, *Analytical Psychology in Exile: The Correspondence of C. G. Jung and Erich Neumann*, trad. Heather McCartney (Princeton, NJ: Princeton University Press, 2015).

Fontes principais

Agrippa, Heinrich Cornelius von Nettesheim, *De occulta philosophia libri tres* (Colônia: J. Soter, 1533).

Atwood, Mary Ann, *Hermetic Philosophy and Alchemy: A Suggestive Inquiry into "The Hermetic Mystery" with a Dissertation on the More Celebrated of the Alchemical Philosophers* (Londres: Trelawney Saunders, 1850).

Berthelot, Marcellin, *Les origines de l'alchimie* (Paris: G. Steinheil, 1885).

_____, *Collection des anciens alchimistes grecs*, 3 volumes (Paris: G. Steinheil, 1887-1888).

Besterman, Theodore, *Crystal-Gazing* (Londres: Rider, 1924).

Bischoff, Oswald Erich, *Die Elemente der Kabbalah*, 2 volumes (Berlin: Hermann Barsdorf, 1913-1920).

Blavatsky, H. P., *Isis Unveiled: A Master-Key to the Mysteries of Ancient and Modern Science and Theology*, 2 volumes (Londres: Theosophical Publishing, 1877).

_____, *The Secret Doctrine: The Synthesis of Science, Religion, and Philosophy*, 2 volumes (Londres: Theosophical Publishing, 1888). [*A Doutrina Secreta*, VI volumes. São Paulo: Pensamento, 1980.]

Bloch, Chajim, *Lebenserinnerungen des Kabbalisten Vital* (Viena: Vernay-Verlag, 1927).

Bouché-Leclercq, Auguste, *L'astrologie grecque* (Paris: Ernest Leroux, 1899).

Cardanus, Jerome, *Commentarium in Ptolemaeum de Astrorum Iudiciis*, in Cardanus, Jerome, *Opera Omnia*, 10 volumes (Lyon, 1663), Vol. 5, pp. 93-368.

Carus, Paul, *The Pleroma: An Essay on the Origin of Christianity* (Chicago: Open Court, 1909).

Colonna, Francesco, *Hypnerotomachia Poliphili, ubihumana omnia non nisi somnium esse ostendit, atque obiter plurimascitu sanequamdigna commemorat* (Veneza: Aldus Manutius, 1499).

Cory, Isaac Preston, *Ancient Fragments of the Phoenician, Chaldean, Egyptian, Tyrian, Carthaginian, Indian, Persian, and Other Writers; with an Introductory Dissertation; And an Inquiry into the Philosophy and Trinity of the Ancients* (Londres: Reeves and Turner, 1876).

Cumont, Franz, *Textes et monuments figurés relatifs aux mystères de Mythra* (Bruxelas: Lamertin, 1896).

_____, "Mithra et l'Orphisme", *Revue de l'histoire des religions* 109 (1934), pp. 64-72.

Damascius, *Dubitationes et solutiones de primis principiis in Platonis Parmenidem*, 2 volumes (Paris: Ruelle, 1889).

Eisler, Robert, *Weltenmantel und Himmelszelt: Religionsgeschichtliche Untersuchungen zur Urgeschichte des Antiken Weltbildes*, 2 volumes (Munique: Oskar Beck, 1910).

_____, *Orpheus the Fisher: Comparative Studies in Orphic and Early Christian Cult Symbolism* (Londres: J. M. Watkins, 1921); publicado originalmente como uma série de artigos em *The Quest* 1:1 (1909), pp. 124-39; 1:2 (1910), pp. 306-21; 1:4 (1910), pp. 625-48.

Ficino, Marsílio, *De vita triplici*, in Marsílio Ficino, *Opera omnia* (Basileia: Heinrich Petri, 1576).

Fírmicus Materno, *Matheseos libri VIII* (Veneza: Aldus Manutius, 1501).

Fílon, *Opera quae supersunt*, org. Leopold Cohn e Paul Wendland, vols. 3-6 (Berlim: Walter de Gruyter, 1898-1915).

Flamel, Nicholas, *Le Livre des figures hiéroglyphiques* (Paris: Veuve Guillemot, 1612).

Fludd, Robert, *Utriusque cosmi maioris scilicet et minoris metaphysica atque technica historia in duo volumina secundum cosmi differentiam diuisa*, 3 volumes (Oppenheim: Theodor de Bry, 1617-1618).

Frobenius, Leo, *Das Zeitalter des Sonnengottes* (Berlim: G. Reimer, 1904).

Heindel, Max, *The Message of the Stars: An Esoteric Exposition of Medical and Natal Astrology Explaining the Arts of Prediction and Diagnosis of Disease* (Oceanside, CA: Rosicrucian Fellowship, 1918).

_____, *Ancient and Modern Initiation* (Oceanside, CA: Rosicrucian Fellowship, 1931).

Hollandus, Johann Isaac, *Opus Saturni*, in Basilius Valentinus, *Of Natural and Supernatural Things*, trad. Daniel Cable (Londres: Moses Pitt, 1670).

Hypnerotomachia Poliphili, ubihumana omnia non nisi somnium esse ostendit, atque obiter plurimascitu sanequamdigna commemorat (Veneza: Aldus Manutius, 1499).

Irineu, *Irenaei episcopi lugdunensis contra omnes haereses. Libri quinque*, org. e trad. J. E. Grabe (Oxford, 1702).

_____, *Des heilegen Irenäus fünf Bücher gegen die Häresine*, 2 volumes (Munique: Josef Kösel, 1912).

Jensen, Peter, *Das Gilgamesh-Epos in der Weltliteratur* (Estrasburgo: Karl Trübner, 1906).

Jeremias, Alfred, *Izdubar-nimrod: Eine altbabylonische Heldensage: Nach den Keilschriftfragmenten Dargestellt* (Leipzig: B. G. Teubner, 1891).

King, Charles William, *The Gnostics and Their Remains: Ancient and Medieval* (Londres: Bell & Dalby, 1864).

Knorr von Rosenroth, Christian, *Kabbala denudata, seu, Doctrina Hebraeorum transcendentalis et metaphysica atque theologica: opus antiquissimae philosophiae barbaricae [...] in quo, ante ipsam translationem libri [...] cui nomen Sohar tam veteris quam recentis, ejusque tikkunim [...] praemittitur apparatus [pars 1-4]*, 3 volumes (Sulzbach/Frankfurt: Abraham Lichtenthal, 1677-1684).

Leo, Alan, *How to Judge a Nativity, Part One: The Reading of the Horoscope* (Londres: Modern Astrology, 1899).

_____, *How to Judge a Nativity* (Londres: Modern Astrology, 1908).

_____, *Astrology for All* (Londres: Modern Astrology, 1910).

_____, *The Key to Your Own Nativity* (Londres: Modern Astrology, 1910).

_____, *The Art of Synthesis* (Londres: Modern Astrology Office, 1912).

_____, *Esoteric Astrology* (Londres: Modern Astrology Office, 1913).

_____, *Saturn: The Reaper* (Londres: Modern Astrology Office, 1916).

Lévi, Éliphas, *The Magical Ritual of the Sanctum Regnum*, trad. William Wynn Westcott (publicação particular, 1896).

Mead, G. R. S. (org. e trad.), *Pistis Sophia: A Gnostic Miscellany: Being for the Most Part Extracts from the Book of the Saviour, to Which Are Added Excerps from a Cognate Literature* (Londres: Theosophical Publishing Society, 1896).

_____ (org. e trad.), *Fragments of a Faith Forgotten: Some Short Sketches Among the Gnostics Mainly of the First Two Centuries* (Londres: Theosophical Publishing Society, 1906).

_____ (org. e trad.), *Thrice-Greatest Hermes: Studies in Hellenistic Theosophy and Gnosis*, 3 volumes (Londres: Theosophical Publishing Society, 1906).

_____ (org. e trad.), *A Mithraic Ritual* (Londres: Theosophical Publishing Society, 1907).

_____ (org. e trad.), *The Chaldean Oracles* (Londres: Theosophical Publishing Society, 1908).

Müller, Ernst, *Der Sohar: Das Heilige Büch der Kabbalah* (Düsseldorf: Diederich, 1932).

Mylius, Johann Daniel, *Philosophia reformata continens libros binos. I. Liber in septem partes divisus est. Pars 1. agit de generatione metallorum in visceribus terrae. 2. tractat principia Artis philosophicae. 3. docet de scientia Divina abbreviata. 4. enarrat 12 grad. Sapientum Philosoph. 5. declarant Amb. in hac Divina scientia. 6. dicit de Recap. Artis Divina Theori. 7. ait de Artis Divinae Recap. Practica. II. Liber continet authoritates philosophorum* (Frankfurt: Jennis, 1622).

Niebelunglied, trad. A. Hatto (Londres: Penguin, 2004).

Nietzsche, Friedrich, *Die Geburt der Tragödie aus dem Geiste der Musik* (Leipzig: W. Fritzch, 1872).

Papus [Gérard Encausse], *Le Tarot des Bohémiens: Le plus ancient livre du monde* (Paris: Flammarion, 1889).

Paracelso (Theophrastus von Hohenheim), 1:14.7, *Liber de nymphis, sylphis, pygmaeis et salamandris et de caeteris spiritibus*, in Paracelsus, *Sämtliche Werke*, org. Karl Sudhoff e Wilhelm Matthiessen (Munique: Oldenbourg, 1933).

_____, *Philonis Iudaei, scriptoris eloquentissimi, ac philosophi summi, lucubrationes omnes quotquot haberi potuerunt: cuius opera uterque est integritati restitutus* (Basileia: Sigmund Gelen, 1561).

Plutarco, *Lebensbeschreibungen*, trad. Hanns Floerke, 6 volumes (Munique: Georg Müller, 1913)

Rohde, Erwin, *Seelencult und Unsterlichkeitsglaube der Griechen*, 2 volumes (Tübingen: Mohr, 1903).

Roscher, Wilhelm Heinrich, *Ausfürliches Lexikon der griechisches und römisches Muythologie* (Leipzig: B. G. Teubner, 1884-1937).

Ruland, Martin, *Lexicon alchemiae sive Dictionarium alchemisticum* (Frankfurt: Zachariah Palthenus, 1612).

Scholem, Gershom, *Die Geheimnisse der Schöpfung: Ein Kapitel aus dem Sohar* (Berlim: Schocken, 1935).

Schultz, Wolfgang, *Dokumente der Gnosis* (Jena: E. Diederichs, 1910).

Smith, George, "The Chaldean Account of the Deluge", *Transactions of the Society of Biblical Archaeology* 1-2 (1872), pp. 213-34.

Theatrum Chemicum, praecipuos selectorum auctorum tractatus de Chemiae et Lapidis Philosophici Antiquitate, veritate, jure praestantia, et operationibus continens in gratiam verae Chemiae et Medicinae Chemicae Studiosorum (ut qui uberrimam unde optimorum remediorum messem facere poterunt) congestum et in quatuor partes seu volumina digestum (Estrasburgo/Oberusel: Lazarus Zetzner, 1602-1661).

Thomas à Kempis, *Das Buchlein von der Nachfolge Christi: Vier Bücher versatzt von Thomas von Kempis und neu übersetzt von Johannes Gortzner* (Leipzig: Karl Tauchnitz, 1832).

Thorburn, John M., *Art and the Unconscious: A Psychological Approach to a Problem of Philosophy* (Londres: Kegan Paul, Trench, Trubner & Co., 1925).

_____, "Natus for C. G. Jung", © 2007 Foundation of the Works of C. G. Jung, Zurique.

Von Goethe, Johann Wolfgang von Goethe, *Faust: Der Tragödie erster Teil* (Tübingen: J. G. Cotta'schen, 1808).

Waite, A. E., *The Doctrine and Literature of the Kabbalah* (Londres: Theosophical Publishing Society, 1902).

_____, *The Pictorial Key to the Tarot: Being Fragments of a Secret Tradition under the Veil of Divination* (Londres: William Rider & Son, 1910).

_____, *The Secret Doctrine of Israel: A Study of the Zohar and Its Connections* (Londres: William Rider & Son, 1912).

_____, *The Holy Kabbalah: A Study of the Secret Tradition in Israel* (Londres: Williams & Norgate, 1929).

Principais fontes traduzidas

Agrippa, Henry Cornelius, *Three Books of Occult Philosophy (De occulta philosophia)*, org. Donald Tyson, trad. James Freake (St. Paul, MN: Llewellyn, 1993; primeira tradução inglesa completa, James Freake, Londres: Gregory Moule, 1651).

Apocryphon of John, trad. Frederik Wisse, *in* James M. Robinson (org.), *The Nag Hammadi Library in English* (Leiden: Brill, 1977), pp. 98-116.

Aristófanes, *Pássaros*, *in* Aristófanes, *The Birds and Other Plays*, trad. Alan H. Sommerstein e David Barrett (Londres: Penguin, 2003).

Ascension of Moses, *in* Louis Ginzberg, *The Legends of the Jews*, 2 volumes, trad. Henriette Szold (Filadélfia, PA: Jewish Publication Society of America, 1913).

The Bahir [Sefer ha-Bahir], trad. Aryeh Kaplan (York Beach, ME: Weiser Books, 1989).

Betegh, Gábor (trad.), *The Derveni Papyrus: Cosmology, Theology, and Interpretation* (Cambridge: Cambridge University Press, 2004).

Betz, Hans Dieter (org. e trad.), *The "Mithras Liturgy": Text, Translation and Commentary* (Tübingen: Mohr Siebeck, 2003).

Colonna, Francesco, *Hypnerotomachia Poliphili: The Strife of Love in a Dream*, trad. Joscelyn Godwin (Londres: Thames & Hudson, 2005).

Copenhaver, Brian P. (org. e trad.), *Hermetica: The Greek Corpus Hermeticum and the Latin Asclepius in a New English Translation* (Cambridge: Cambridge University Press, 1992).

Cumont, Franz, *The Mysteries of Mithra*, trad. Thomas J. McCormack (Chicago, IL: Open Court, 1903).

Damigeron, *De Virtutibus Lapidum: The Virtues of Stones*, trad. Patricia Tahil, org. Joel Radcliffe (Seattle, WA: Ars Obscura, 1989).

Dan, Joseph (org. e trad.), *The Heart and the Fountain: An Anthology of Jewish Mystical Experiences* (Oxford: Oxford University Press, 2002).

Dee, John, *Monas Hieroglyphica*, trad. J. W. Hamilton-Jones (Londres: Watkins, 1947).

_____, *The Hieroglyphic Monad*, trad. C. H. Josten, *Ambix* 12 (1964).

Ficino, Marsílio, *The Book of Life*, trad. Charles Boer (Irving, TX: Spring, 1980).

Fírmico Materno, Júlio, *Ancient Astrology, Theory and Practice: The Mathesis of Firmicus Maternus*, trad. Jean Rhys Bram (Park Ridge, NJ: Noyes Press, 1975).

Fílon, *On Moses*, in *Philo, Vol. VI: On Abraham. On Joseph. On Moses*, trad. F. H. Colson (Cambridge, MA: Harvard University Press, 1935).

Heródoto, *Herodotus, Book II: Commmentary 1–98*, org. e trad. Alan B. Lloyd (Leiden: Brill, 1976).

Hesíodo, *Teogonia, in Hesiod, Vol. 1: Theogony. Works and Days. Testimonia*, trad. Glenn W. Most (Cambridge, MA: Harvard University Press, 2007).

Jâmblico, *De Mysteriis*, trad. Emma C. Clarke, John M. Dillon e Jackson P. Hershbell (Atlanta, GA: Society of Biblical Literature, 2003).

Maier, Michael, *Atalanta fugiens* (Oppenheim: Johann Theodor de Bry, 1618), trad. Hereward Tilton from British Library MS Sloane 3645, em: www.alchemywebsite.com/atl26-0.html.

Manilius, Marcus, *Astronomica*, trad. G. P. Goold (Cambridge, MA: Harvard University Press, 1977).

Nietzsche, Friedrich, *The Birth of Tragedy: Out of the Spirit of Music*, trad. Shaun Whiteside (Londres: Penguin, 1993).

Nono, *Dionysiaca*, trad. W.H.D. Rouse, 3 volumes (Cambridge, MA: Harvard University Press, 1940).

Orígenes, *Contra Celsum*, *in The Writings of Origen*, org. e trad. Frederick Crombie (Edimburgo: Ante-Nicene Christian Library, 1910-1911).

_____, *Contra Celsum*, trad. Henry Chadwick (Cambridge: Cambridge University Press, 1953).

The Orphic Hymns, trad. Apostolos N. Athanassakis e Benjamin M. Wolkow (Baltimore, MD: Johns Hopkins University Press, 2013).

Pausânias, *Pausanias' Guide to Ancient Greece*, trad. Christian Habicht (Berkeley: University of California Press, 1998).

Peterson, Joseph (org. e trad.), *The Sixth and Seventh Books of Moses: Or, Moses' Magical Spirit Art Known as the Wonderful Arts of the Old Wise Hebrews, Taken from the Mosaic Books of the Kabbalah and the Talmud, for the Good of Mankind* (Lake Worth, FL: Ibis Press, 2008).

Philostratus, *Apollonius of Tyana*, trad. Christopher P. Jones (Cambridge, MA: Loeb Classical Library, 2006).

Platão, *Leis*, trad. A. E. Taylor, *in The Collected Dialogues of Plato*, org. Edith Hamilton e Huntington Cairns (Princeton, NJ: Princeton University Press, 1961).

_____, *Fedro*, trad. R. Hackforth, *in The Collected Dialogues of Plato*, org. Edith Hamilton e Huntington Cairns (Princeton, NJ: Princeton University Press, 1961).

_____, *Simpósio*, trad. Michael Joyce, *in The Collected Dialogues of Plato*, org. Edith Hamilton e Huntington Cairns (Princeton, NJ: Princeton University Press, 1961).

_____, *Timeu*, trad. Benjamin Jowett, *in The Collected Dialogues of Plato*, org. Edith Hamilton e Huntington Cairns (Princeton, NJ: Princeton University Press, 1961).

Plínio o Velho, *The Natural History*, trad. Henry T. Riley (Londres: H. G. Bohn, 1855).

Plotino, *The Enneads*, trad. Stephen Mackenna, 6 volumes (Londres: Medici Society, 1917-1930; repr. Londres: Faber & Faber, 1956).

Plutarco, *The Face Which Appears on the Orb of the Moon*, trad. A. O. Prickard (Londres: Simpkin & Co., 1911).

Porfírio, *De antro nympharum*, 11, in Thomas Taylor (trad.), *Select Works of Porphyry; Containing His Four Books on Abstinence from Animal Food; His Treatise on The Homeric Cave of the Nymphs; and His Auxiliaries to the Perception of Intelligible Natures* (Londres: Thomas Rodd, 1823), pp. 186-89.

_____, *On the Life of Plotinus and the Arrangement of His Works*, in Mark Edwards (org. e trad.), *Neoplatonic Saints: The Lives of Plotinus and Proclus by Their Students* (Liverpool: Liverpool University Press 2000), pp. 1-54.

Proclo, *The Six Books of Proclus: On the Theology of Plato*, trad. Thomas Taylor (Londres: A. J. Valpy, 1816).

Ptolomeu, *Tetrabiblos*, org. e trad. F. E. Robbins (Cambridge, MA: Harvard University Press, 1971).

Ruland, Martin, *A Lexicon of Alchemy or Alchemical Dictionary, Containing a Full and Plain Explanation of All Obscure Words, Hermetic Subjects, and Arcane Phrases of Paracelsus*, trad. A. E. Waite (Londres: impressão particular, 1892).

Savedow, Steve (trad.), *Sepher Rezial Hemelach: The Book of the Angel Rezial* (York Beach, ME: Weiser Books, 2001).

Taylor, Thomas (trad.), *Hymns and Initiations* (Frome: Prometheus Trust, 1994).

_____ (trad.), *The Hymns of Orpheus: Translated from the Original Greek, with a Preliminary Dissertation on the Life and Theology of Orpheus* (Londres: T. Payne, 1792).

_____ (trad.), *The Emperor Julian's Oration to the Sovereign Sun*, in Thomas Taylor, *Collected Writings on the Gods and the World* (Frome: Prometheus Trust, 1994 [Londres: Edward Jeffrey, 1793]), pp. 51-76.

_____ (trad.), *The Mystical Hymns of Orpheus* (Londres: B. Dobell, 1896).

Thomas à Kempis, *The Imitation of Christ* [*De imitatione Christi*], trad. B. Knott (Londres: Fount, 1996).

Valens, Vettius, *The Anthology*, trad. Robert Schmidt (Berkeley Springs, WV: Golden Hind Press, 1993-1996).

Von Goethe, Johann Wolfgang, *Faust: A Tragedy*, trad. Bayard Taylor (Nova York: Modern Library, 1950).

Trabalhos secundários

Allen, Richard Hinckley, *Star Names: Their Lore and Meaning* (Nova York: Dover, 1963 [1899]).

Anderson, Daniel E., *The Masks of Dionysos: A Commentary on Plato's Symposium* (Albany: SUNY Press, 1993).

Anderson, John P., *Mann's Doctor Faustus: Gestapo Music* (Boca Raton, FL: Universal, 2007).

Assman, Jan, *Moses the Egyptian: The Memory of Egypt in Western Monotheism* (Cambridge, MA: Harvard University Press, 1998).

Bakan, David, *Sigmund Freud and the Jewish Mystical Tradition* (Princeton, NJ: Van Nostrand, 1958; repr. Boston: Beacon Press, 1975).

Bardill, Jonathan, *Constantine, Divine Emperor of the Christian Golden Age* (Cambridge: Cambridge University Press, 2012).

Barrie, Thomas, *The Sacred In-Between: The Mediating Roles of Architecture* (Londres: Routledge, 2013).

Bauckham, Richard, "Salome the Sister of Jesus, Salome the Disciple of Jesus, and the Secret Gospel of Mark", *Novum Testamentum* 33:3 (1991), pp. 245-75.

Baumann-Jung, Gret, "Some Reflections on the Horoscope of C. G. Jung", *Quadrant* (primavera de 1975), pp. 35-55.

Beck, Roger, *Planetary Gods and Planetary Orders in the Mysteries of Mithras* (Leiden: Brill, 1988).

Berg, Steven, *Eros and the Intoxications of Enlightenment: On Plato's Symposium* (Albany: SUNY Press, 2010).

Berger, Pamela, "Ways of Knowing Through Iconography: The Temple of Solomon and the Dome of the Rock", dissertação feita no Boston College, BOISI Center for Religion and American Public Life, 8 abr. 2009.

Bernabé, Alberto, "Some Thoughts about the "New" Gold Tablet from Pherae", *Zeitschrift für Papyrologie und Epigraphik* 166 (2008), pp. 53-8.

Bernabé, Alberto e Ana Isabel Jiménez San Cristóbal, *Instructions for the Netherworld: The Orphic Gold Tablets* (Leiden: Brill, 2008).

Betz, Hans Dieter (org. e trad.), *The Greek Magical Papyri in Translation* (Chicago: University of Chicago Press, 1986).

Blakeley, John D., *The Mystical Tower of the Tarot* (Londres: Watkins, 1974).

Bonner, Campbell, *Studies in Magical Amulets, Chiefly Graeco-Egyptian* (Ann Arbor: University of Michigan Press, 1950).

Breitenberger, Barbara, *Aphrodite and Eros: The Development of Erotic Mythology in Early Greek Poetry and Cult* (Londres: Routledge, 2013).

British Museum Catalogue of Greek Coins, Central Greece (1963).

Brown, Margery L., "Hephaestus, Hermes, and Prometheus: Jesters to the Gods", *in* Vicki K. Janik (org.), *Fools and Jesters in Literature, Art, and History: A Bio-Bibliographical Sourcebook* (Westport, CT: Greenwood Press, 1998), pp. 237-45.

Brown, Norman Oliver, *Hermes the Thief: The Evolution of a Myth* (Madison: University of Wisconsin Press, 1947).

Brumble, H. David, *Classical Myths and Legends in the Middle Ages and Renaissance: A Dictionary of Allegorical Meanings* (Londres: Routledge, 2013).

Brunner, Cornelia, *Anima as Fate*, trad. Julius Heuscher e Scott May (Dallas, TX: Spring, 1986; publicado originalmente como *Die Anima als Schicksalsproblem des Mannes* (Zurique: Rascher Verlag, 1963).

Butler, E. M., *The Fortunes of Faust* (Cambridge: Cambridge University Press, 1952).

Calame, Claude, *The Poetics of Eros in Ancient Greece* (Princeton, NJ: Princeton University Press, 1999).

Campion, Nicholas, *A History of Western Astrology, Vol. 2: The Medieval and Modern Worlds* (Londres: Continuum, 2009).

Cashford, Jules, *The Moon: Myth and Image* (Londres: Cassell, 2003).

Chaniotis, A., T. Corsten, R. S. Stroud, e R. A. Tybout, "Pherae. Inscribed gold lamella of an initiate into the cult of Demeter Chthonia, Meter Oreia (and Dionysus?), Late 4th/Early 3rd cent. BC (55-612)", *Supplementum Epigraphicum Graceum*, Brill Online, 2012, em http://referenceworks.brillonline.com/entries/supplementum-epigraphicum-grae cum/pherai-inscribed-gold-lamella-of-an-initiate-into-the-cult-of-demeter-chthoniameter-oreia-and-dionysos-late-4th-early-3rd-cent-b-c-55–612-a55_612.

Clay, Diskin, *Platonic Questions: Dialogues with the Silent Philosopher* (University Park: Penn State University Press, 2000).

Clinton, Esther, "The Trickster: Various Motifs", in Jane Garry e Hasan El--Shamy (org.), *Archetypes and Motifs in Folklore and Literature* (Armonk, NY: M. E. Sharpe, 2005), pp. 472-81.

Cochrane, Ev, *Martian Metamorphosis: The Planet Mars in Ancient Myth and Religion* (Ames, IA: Aeon Press, 1997).

Colum, Padraic, *The Children of Odin: The Book of Northern Myths* (Nova York: Macmillan, 1920).

Cook, Arthur Bernard, *Zeus: A Study in Ancient Religion*, 3 volumes (Cambridge: Cambridge University Press, 1925).

Corbin, Henry, *Avicenna and the Visionary Recital* (Princeton, NJ: Princeton University Press, 1960).

_____, *The Man of Light in Iranian Sufism* (Green Oaks, IL: Omega, 1994).

Couliano, Ioan P., *Eros and Magic in the Renaissance* (Chicago: University of Chicago Press, 1987).

Croswell, Ken, *Planet Quest: The Epic Discovery of Alien Solar Systems* (Nova York: Free Press, 1997).

Dan, Joseph, "Book of Raziel", in *Encyclopaedia Judaica*, 16 volumes (Nova York: Macmillan, 1971-1972), pp. 1.591-593.

_____, "Maggid", in *Encyclopaedia Judaica*, 16 volumes (Jerusalém: Keter, 1971), Vol. 11, pp. 698-701.

Davies, Owen, *Grimoires: A History of Magic Books* (Oxford: Oxford University Press, 2009).

De Jáuregui, Miguel Herrero, *Orphism and Christianity in Late Antiquity* (Berlim: Walter de Gruyter, 2010).

De Rola, Stanislas Klossowski, *The Golden Game: Alchemical Engravings of the Seventeenth Century* (Londres: Thames and Hudson, 1988).

Dillon, John M., "Pleroma and Gnostic Cosmos: A Comparative Study", *in* Richard T. Wallis e Jay Bregman (org.), *Neoplatonism and Gnosticism* (Albany: SUNY Press, 1992), pp. 99-110.

Drob, Sanford L. "Towards a Kabbalistic Psychology: C. G. Jung and the Jewish Foundations of Alchemy", *Journal of Jungian Theory and Practice* 5:2 (2003), pp. 77-100.

Dronke, Peter, "Francesco Colonna's Hypnerotomachia and its Sources of Inspiration", *in* Peter Dronke (org.), *Sources of Inspiration: Studies in Literary Transformation: 400-1500* (Roma: Edizioni di Storia e Letteratura, 1997), pp. 161-242.

Duchesne-Gullemin, Jacques (org.), *Acta Iranica: Encyclopédie Permanente des Études Iraniennes* (Leiden: Brill, 1978).

Dzielska, Maria, *Apollonius of Tyana in Legend and History* (Roma: L'Erma, 1986).

Edis, Freda, *The God Between: A Study of Astrological Mercury* (Londres: Penguin, 1996).

Elior, Rachel, "Mysticism, Magic, and Angelology: The Perception of Angels in Heikhalot Literature", *Jewish Quarterly Review* 1 (1993), pp. 3-53.

_____, "The Concept of God in Hekhalot Mysticism", *in* Joseph Dan (org.), *Binah: Studies in Jewish History, Thought, and Culture* (Nova York: Praeger, 1989), Vol. 2, pp. 97-120.

Faraone, Christopher, "Text, Image, and Medium: The Evolution of Graeco-Roman Magical Gemstones", *in* Chris Entwistle e Noel Adams (org.), *Gems of Heaven: Recent Research on Engraved Gemstones in Late Antiquity, AD 200-600* (Londres: British Museum, 2011), pp. 50-61.

Fine, Lawrence, *Physician of the Soul, Healer of the Cosmos: Isaac Luria and His Kabbalistic Fellowship* (Stanford, CA: Stanford University Press, 2003).

Fortune, Dion, *The Mystical Qabalah* (Londres: Ernest Benn, 1935). [*A Cabala Mística*. São Paulo: Pensamento, 1984.]

_____, *Aspects of Occultism* (Wellingborough: Aquarian Press, 1962). [Aspectos do Ocultismo. São Paulo: Pensamento, 2003 (fora de catálogo).]

Fowden, Garth, *The Egyptian Hermes: A Historical Approach to the Late Pagan Mind* (Princeton, NJ: Princeton University Press, 1993).

Frojmovic, Eva, *Imagining the Self, Imagining the Other: Visual Representation and Jewish-Christian Dynamics in the Middle Ages and Early Modern Period* (Leiden: Brill, 2002).

Gager, John G., *Moses in Greco-Roman Paganism* (Nova York: Abingdon Press, 1972).

Gantz, Timothy, *Early Greek Myth: A Guide to Literary and Artistic Sources* (Baltimore, MD: Johns Hopkins University Press, 1993).

George, Andrew R. (org. e trad.), *The Babylonian Gilgamesh Epic: Critical Edition and Cuneiform Texts*, 2 volumes (Oxford: Oxford University Press, 2003).

Getty, R. J., "The Astrology of P. Nigidius Figulus (Lucan I, 649-65)", *Classical Quarterly* 45:1-2 (1941), pp. 17-22.

Godwin, Joscelyn, *Robert Fludd: Hermetic Philosopher and Surveyor of Two Worlds* (Grand Rapids, MI: Phanes Press, 1991).

Goldenberg, Naomi R., "A Feminist Critique of Jung", *Signs* 2:2 (1976), pp. 443-49.

Gorwyn, Adam e Alan Stern, "A Chihuahua Is Still a Dog, and Pluto Is Still a Planet", *EarthSky*, 18 fev. 2010.

Graf, Fritz, *Apollo* (Londres: Routledge, 2009).

Graf, Fritz e Sarah Iles Johnston, *Ritual Texts for the Afterlife: Orpheus and the Bacchic Gold Tablets* (Londres: Routledge, 2007).

Green, Arthur, "Shekhinah, the Virgin Mary, and the Song of Songs: Reflections on a Kabbalistic Symbol in Its Historical Context", *AJS Review*, 26:1 (2002), pp. 1-52.

Greene, Liz, *Magi and Maggidim: The Kabbalah in British Occultism, 1860-1940* (Lampeter: Sophia Centre Press, 2012).

_____, "The God in the Stone: Gemstone Talismans in Western Magical Traditions", *Culture and Cosmos* 19:1-2 (outono-inverno de 2015), pp. 47-85.

_____, *Jung's Studies in Astrology: Prophecy, Magic, and the Cycles of Time* (Londres: Routledge, 2018). [*Jung, o Astrólogo – Um Estudo Histórico sobre os Escritos de Astrologia na Obra de Carl G. Jung*. São Paulo: Pensamento, 2023.]

Gullfoss, Per Henrik, *The Complete Book of Spiritual Astrology* (Woodbury, MN: Llewellyn, 2008).

Gundel, Wilhelm e Hans Georg Gundel, *Astrologumena* (Weisbaden: Steiner, 1966).

Guthrie, W. K. C., *Orpheus and Greek Religion* (Londres: Methuen, 1952).

Hakili, Rahel, *The Menorah, The Ancient Seven-Armed Candelabrum: Origin, Form, and Significance* (Leiden: Brill, 2001).

Hamacher, Werner, *Pleroma: Reading in Hegel*, trad. Nicholas Walker e Simon Jarvis (Stanford, CA: Stanford University Press, 1998).

Hammer, Olav, *Claiming Knowledge: Strategies of Epistemology from Theosophy to the New Age* (Leiden: Brill, 2004).

Hanegraaff, Wouter J., *New Age Religion and Western Culture: Esotericism in the Mirror of Secular Thought* (Leiden: Brill, 1996).

Harding, Esther, *The Way of All Women: A Psychological Interpretation* (Londres: Longmans, Green, 1933).

Harkness, Deborah E., "Shows in the Showstone: A Theater of Alchemy and Apocalypse in the Angel Conversations of John Dee (1527-1698-9)", *Renaissance Quarterly* 49 (1996), pp. 707-37.

_____, *John Dee's Conversations with Angels: Cabala, Alchemy, and the End of Nature* (Cambridge: Cambridge University Press, 1999).

Harrison, Jane Ellen, *Themis: A Study of the Social Origins of Greek Religion* (Cambridge: Cambridge University Press, 1927).

Harvey, P. D. A., *Mappa Mundi: The Hereford World Map* (Londres: British Library, 1996).

Hedegård, Gösta, *Liber Iuratus Honorii: A Critical Edition of the Latin Version of the Sworn Book of Honorius* (Estocolmo: Almqvist and Wiksell, 2002).

Hijmans, Steven, *Sol: The Sun in the Art and Religions of Rome* (dissertação para Ph.D. não publicada, University of Groningen, 2009).

Hobley, Brian, *The Circle of God: An Archaeological and Historical Search for the Nature of the Sacred* (Oxford: Archaeopress, 2015).

Hoeller, Stephan A., *The Gnostic Jung and the Seven Sermons to the Dead* (Theosophical Publishing House, 1982).

Hordern, James, "Notes on the Orphic Papyrus from Gurob (P. Gurob 1; Pack 2 2464)", *Zeitschrift für Papyrologie und Epigraphik* 129 (2000), pp. 131-40.

Hotakainen, Markus, *Mars: From Myth and Mystery to Recent Discoveries* (Nova York: Springer, 2008).

Idel, Moshe, "The Throne and the Seven-Branched Candlestick: Pico della Mirandola's Hebrew Source", *Journal of the Warburg and Courtauld Institutes* 40 (1977), pp. 290-92.

_____, *Hasidism: Between Ecstasy and Magic* (Albany: SUNY Press, 1995).

_____, "Binah, the Eighth Sefirah: The Menorah in Kabbalah", *in In the Light of the Menorah*, Israel Museum Exhibition Catalogue, org. I Fishof (Jerusalém, 1999), pp. 142-46.

_____, "Transmission in Thirteenth-Century Kabbalah", *in* Yaakov Elmon e Israel Gershoni (org.), *Transmitting Jewish Traditions: Orality, Textuality, and Cultural Diffusion* (New Haven, CT: Yale University Press, 2000), pp. 138-65.

_____, *Absorbing Perfections: Kabbalah and Interpretation* (Leiden: Brill, 2002).

_____, *Kabbalah and Eros* (New Haven, CT: Yale University Press, 2005).

_____, *Saturn's Jews: On the Witches' Sabbat and Sabbateanism* (Londres: Continuum, 2011).

Jacobs, Louis, "Uplifting the Sparks in Later Jewish Mysticism", *in* Arthur Green (org), *Jewish Spirituality, Vol. 2: From the Sixteenth Century Revival to the Present* (Nova York: Crossroad, 1987), pp. 99-126.

_____, "The Maggid of Rabbi Moses Hayyim Luzzato", *in* Louis Jacobs (org. e trad.), *The Jewish Mystics* (Londres: Kyle Cathie, 1990), pp. 136-47.

Jaffé, Aniela, *C. G. Jung: Word and Image* (Princeton, NJ: Princeton University Press, 1979).

_____, *Was C. G. Jung a Mystic? And Other Essays* (Einsiedeln: Daimon Verlag, 1989).

Jastrow, Morris, *The Religion of Babylonia and Assyria* (Boston, MA: Athenaeum Press, 1898).

Jensen, K. Frank, *The Story of the Waite-Smith Tarot* (Melbourne: Association of Tarot Studies, 2006).

Jeromson, Barry, "*Systema Munditotius* and *Seven Sermons*: Symbolic Collaborators in Jung's Confrontation with the Dead", *Jung History* 1:2 (2005/6), pp. 6-10.

_____, "The Sources of *Systema Munditotius*: Mandalas, Myths and a Misinterpretation", *Jung History* 2:2 (2007), pp. 20-2.

Johnston, Sarah Iles, *Hekate Soteira: A Study of Hekate's Roles in the Chaldean Oracles and Related Literature* (Oxford: Oxford University Press, 2000).

_____, "Introduction: Divining Divination", *in* Sarah Iles Johnston e Peter T. Struck (org.), *Mantikê: Studies in Ancient Divination* (Leiden: Brill, 2005), pp. 1-28.

Jonas, Hans, *The Gnostic Religion: The Message of the Alien God and the Beginnings of Christianity* (Boston, MA: Beacon Press, 1958).

Jung, Emma, *Anima and Animus: Two Papers* (Nova York: Analytical Psychology Club of New York, 1957); publicado originalmente, à parte, como *Wirklichkeit der Seele ("On the Nature of the Animus")* (Zurique: Psychologische Abhandlungen 4, 1934) e *Die Anima als Naturwesen ("The Anima as an Elemental Being")* (Zurique: Rascher, 1955).

Jung, Emma e Marie-Louise von Franz, *Die Graalslegend in psychologischer Sicht* (Zurique: Walter Verlag, 1960).

Kaldera, Raven, *Pagan Astrology: Spell-Casting, Love Magic, and Shamanic Stargazing* (Rochester, VT: Inner Traditions/Destiny Books, 2009).

Kelley, David H. e Eugene F. Milone, *Exploring Ancient Skies: A Survey of Ancient and Cultural Astronomy* (Nova York: Springer, 2011).

Kerényi, Karl, *The Gods of the Greeks*, trad. John N. Cameron (Londres: Thames and Hudson, 1951).

_____, "Kore", *in* C. G. Jung e Carl Kerényi, *Essays on a Science of Mythology: The Myth of the Divine Child and the Mysteries of Eleusis* (Princeton, NJ: Princeton University Press, 1969), pp. 101-55.

Kern, Otto (ed.), *Orphicorum fragmenta* (Berlim: Weidmann, 1922).

Kieckhefer, Richard, "The Devil's Contemplatives: The *Liber Iuratus*, the *Liber Visionum*, and Christian Appropriation of Jewish Occultism", *in* Fanger (org.), *Conjuring Spirits*, pp. 250-65.

Kilcher, Andreas, "The Moses of Sinai and the Moses of Egypt: Moses as Magician in Jewish literature and Western Esotericism", *Aries* 4:2 (2004), pp. 148-70.

Kingsley, Peter, *Ancient Philosophy, Mystery, and Magic: Empedocles and Pythagorean Tradition* (Oxford: Clarendon Press, 1995).

Kinsley, David, *The Goddesses' Mirror: Visions of the Divine from East to West* (Albany: SUNY Press, 1989).

Klibansky, Raymond, Erwin Panofsky, e Fritz Saxl, *Saturn and Melancholy: Studies in the History of Natural Philosophy, Religion, and Art* (Nova York: Basic Books, 1964).

Kline, Naomi Reed, *Maps of Medieval Thought: The Hereford Paradigm* (Woodbridge: Boydell Press, 2001).

Knight, Gareth, *Dion Fortune and the Inner Light* (Loughborough: Thoth, 2000).

Land, M. F., "Visual Optics: The Shapes of Pupils", *Current Biology*, 16:5 (2006), pp. 167-68.

Le Cenci Hamilton, Leonidas (trad.), *Ishtar and Izdubar: The Epic of Babylon* (Londres: W. H. Allen, 1884).

Lesses, Rebecca Macy, *Ritual Practices to Gain Power: Angels, Incantations, and Revelation in Early Jewish Mysticism* (Harrisburg, PA: Trinity Press, 1998).

Lewy, Hans, *Chaldaean Oracles and Theurgy: Mysticism, Magic, and Platonism in the Later Roman Empire* (Paris: Institut d'Études Augustiniennes, 2011 [1956]).

Luck, Georg, *Arcana Mundi: Magic and the Occult in the Greek and Roman Worlds* (Baltimore, MD: Johns Hopkins University Press, 1985).

Macey, Samuel L., *Patriarchs of Time: Dualism in Saturn-Cronus, Father Time, the Watchmaker God, and Father Christmas* (Athens: University of Georgia Press, 2010).

Mann, Thomas, *Doktor Faustus: Das Leben des deutschen Tonsetzers Adrian Leverkühn, erzählt von einem Freunde* (Frankfurt: S. Fischer, 1947).

Marcovich, Miroslav, *Studies in Graeco-Roman Religions and Gnosticism* (Leiden: Brill, 1988).

Mastrocinque, Attilio, "The Colours of Magical Gems", *in* Chris Entwistle e Noel Adams (org.), *Gems of Heaven: Recent Research on Engraved Gemstones in Late Antiquity, AD 200-600* (Londres: British Museum, 2011), pp. 62-8.

Mather, Matthew, *The Alchemical Mercurius: Esoteric Symbol of Jung's Life and Works* (Londres: Routledge, 2014).

Mathers, Samuel Liddell MacGregor (org. e trad.), *Grimoire of Armadel* (publicação póstuma, Londres: Routledge & Kegan Paul, 1980; reimpr. São Francisco, CA: Red Wheel/Weiser, 2001).

Matt, Daniel, "Introduction", *in* Daniel Chanan Matt (org.), *Zohar: The Book of Enlightenment* (Mahwah, NJ: Paulist Press, 1983).

McDemott, Rachel Fell e Jeffrey John Kripal (orgs.), *Encountering Kali: In the Margins, at the Center, in the West* (Berkeley: University of California Press, 2003).

Meier, C. A., "Ancient Incubation and Modern Psychotherapy", *in* Louise Carus Mahdi, Steven Foster, e Meredith Little (org.), *Betwixt and Between: Patterns of Masculine and Feminine Initiation* (Peru, IL: Open Court, 1987), pp. 415-27.

Michel-von-Dungern, Simone, "Studies on Magical Amulets in the British Museum", *in* Chris Entwistle e Noel Adams (orgs.), *Gems of Heaven: Recent Research on Engraved Gemstones in Late Antiquity, AD 200-600* (Londres: British Museum, 2011), pp. 82-3.

Mirecki, Paul Allan, "Basilides", *in The Anchor Bible Dictionary*, Vol. 1, p. 624.

Moyer, Ian S., *Egypt and the Limits of Hellenism* (Cambridge: Cambridge University Press, 2011).

Neugebauer, Otto e H. B. van Hoesen, *Greek Horoscopes* (Philadelphia, PA: American Philosophical Society, 1987).

Noll, Richard, *The Jung Cult: Origins of a Charismatic Movement* (Princeton, NJ: PrincetonUniversity Press, 1994).

North, John D., *Stonehenge: A New Interpretation of Prehistoric Man and the Cosmos* (Nova York: Simon and Schuster, 1996).

Ostrowski-Sachs, Margaret, *From Conversations with C. G. Jung* (Zurique: Juris Druck & Verlag, 1971).

Ovídio, *The Metamorphoses of Ovid*, trad. Allen Mandelbaum (Nova York: Harcourt Brace, 1995).

Page, Sophie, *Magic in Medieval Manuscripts* (Londres: British Library, 2004).

Pagels, Elaine, *The Gnostic Paul: Gnostic Exegesis of the Pauline Letters* (Londres: Continuum, 1992).

Pavitt, William Thomas e Kate Pavitt, *The Book of Talismans, Amulets and Zodiacal Gems* (Londres: William Rider & Son, 1922).

Peterson, Gregory R., "Demarcation and the Scientific Fallacy", *Zygon* 38:4 (2003), pp. 751-61.

Picart, Caroline Joan S., *Thomas Mann and Friedrich Nietzsche: Eroticism, Death, Music, and Laughter* (Amsterdã: Editions Rodopi, 1999).

Picatrix, trad. John Michael Greer e Christopher Warnock (Iowa City, IA: Renaissance Astrology/Adocentyn Press, 2010).

Quispel, Gilles, "Gnostic Man: The Gospel of Basilides", *in The Mystic Vision: Papers from the Eranos Yearbooks* (Princeton, NJ: Princeton University Press, 1968), pp. 210-46 Radnor, Karen e Eleanor Robson (org.), *The Oxford Handbook of Cuneiform Culture* (Oxford: Oxford University Press, 2011).

Redner, Harry, *In the Beginning Was the Deed: Reflections on the Passage of Faust* (Berkeley: University of California Press, 1982).

Reichl, Anton, "Goethes Faust und Agrippa von Nettesheim", *Euphorion* 4 (1897), pp. 287-301.

Reiner, Erica e David Pingree, *Babylonian Planetary Omens* (Groningen: Styx, 1998).

Ribi, Alfred, *The Search for Roots: C. G. Jung and the Tradition of Gnosis* (Los Angeles, CA: Gnosis Archive Books, 2013).

Ritter, Helmut e Martin Plessner (org. e trad.), *"Picatrix": Das Ziel des Weisen von Pseudo-Magriti* (Londres: Warburg Institute, 1962).

Robbins, Frank, "A New Astrological Treatise: Michigan Papyrus Nº 1", *Classical Philology* 22:1 (1927), p. 14.

Rodov, Ilia M., *The Torah Ark in Renaissance Poland: A Jewish Revival of Classical Antiquity* (Leiden: Brill, 2013).

Rolf, Eugene, *Encounter with Jung* (Boston: Sigo Press, 1989).

Rosenfield, John M., *The Dynastic Art of the Kushans* (Berkeley: University of California Press, 1967).

Rossi, Safron, "Saturn in C. G. Jung's Liber Primus: An Astrological Meditation", *Jung Journal* 9:4 (2015), pp. 38-57.

Rowland, Susan, *Jung: A Feminist Revision* (Cambridge: Polity Press, 2002).

Rudhyar, Dane, "Carl Jung's Birthchart", em www.mindfire.ca/Astrology and The Modern Psyche/Chapter Six – Carl Jung's Birthchart.htm, publicado originalmente por Dane Rudhyar, *Astrology and the Modern Psyche* (Sebastopol, CA: CRCS, 1976).

Russo, Joseph, "A Jungian Analysis of Homer's Odysseus", *in* Polly Young-Eisendrath e Terence Dawson (org.), *The Cambridge Companion to Jung* (Cambridge: Cambridge University Press, 2008), pp. 253-68.

Sasportas, Howard, "The Astrology and Psychology of Aggression", *in* Liz Greene e Howard Sasportas, *Dynamics of the Unconscious* (York Beach, ME: Samuel Weiser, 1988), pp. 1-74.

Schaeffer, B. E., "Lunar Visibility and the Crucifixion", *Quarterly Journal of the Royal Astronomical Society* 31:1 (1990), pp. 52-67.

Schäfer, Peter, *The Hidden and Manifest God: Some Major Themes in Early Jewish Mysticism*, trad. Aubrey Pomerance (Albany: SUNY Press, 1992).

Scholem, Gershom, *Origins of the Kabbalah*, org. R. J. Zwi Werblowsky, trad. Allan Arkush (Princeton, NJ: Princeton University Press, 1987; publicado originalmente em alemão como *Ursprung und Anfänge der Kabbala*, Berlin: Walter de Gruyter, 1962).

_____, *On the Kabbalah and Its Symbolism*, trad. Ralph Mannheim (Nova York: Schocken Books, 1965).

_____, *Kabbalah* (Nova York: Keter Publishing House, 1974).

_____, *On the Mystical Shape of the Godhead: Basic Concepts in the Kabbalah*, trad. Joachim Neugroschel (Nova York: Schocken Books, 1991).

Schwartz-Salant, Nathan, *The Mystery of Human Relationship: Alchemy and the Transformation of the Self* (Londres: Routledge, 2003).

Secret, François, "Sur quelques traductions du Sefer Raziel", *REJ* 128 (1969), pp. 223-45.

Segal, Robert A. (org.), *The Gnostic Jung* (Princeton, NJ: Princeton University Press, 1992).

Seznec, Jean, *The Survival of the Pagan Gods: The Mythological Tradition and Its Place in Renaissance Humanism and Art*, trad. Barbara F. Sessions (Nova York: Pantheon, 1953).

Shamdasani, Sonu, "Introduction", *in* C. G. Jung, *The Red Book: Liber Novus*, org. Sonu Shamdasani, trad. Mark Kyburz, John Peck e Sonu Shamdasani (Nova York/Londres: W. W. Norton, 2009).

_____, "Who Is Jung's Philemon? Unpublished Letter to Alice", *Jung History* 2:2 (2011), www.philemonfoundation.org/resources/jung_history/volume_2_issue_2

_____, *C. G. Jung: A Biography in Books* (Nova York: W. W. Norton, 2012).

Sharman-Burke, Juliet, *Understanding the Tarot: A Personal Teaching Guide* (Londres: Eddison/Sadd, 1998).

Shaw, Gregory, *Theurgy and the Soul: The Neoplatonism of Iamblichus* (University Park: Penn State University Press, 1995).

Smith, H. S. e H. M. Stewart, "The Gurob Shrine Papyrus", *Journal of Egyptian Archaeology* 70 (1984), pp. 54-64.

Smith, Robert C., *The Wounded Jung: Effects of Jung's Relationships on His Life and Work* (Evanston, IL: Northwestern University Press, 1997).

Sperling, Harry e Maurice Simon (trad.), *The Zohar*, 5 volumes (Londres: Soncino Press, 1931-1934).

Spring, Elizabeth, "Obama's Astrological Chart; Jung's Astrological Chart" (12 de novembro de 2008), em http://northnodeastrology.blogspot.co.uk/2008/11/obamas-astrologicalchart-jungs.html.

Stein, Diane, *The Women's Book of Healing* (Nova York: Random House, 2011).

Stein, Murray, "Critical Notice: *The Red Book*", *Journal of Analytical Psychology* 55 (2010), pp. 423-25.

_____, "What Is *The Red Book* for Analytical Psychology?", *Journal of Analytical Psychology* 56 (2011), pp. 590-606.

Stein, Murray e Paul Brutsche, *Window of the Soul: The Red Book Images of Carl Jung*, Asheville Jung Center, Asheville, North Carolina, seminário on-line (10 de maio de 2012).

Stenring, Knut (trad.), *The Book of Formation (Sepher Yetzirah) by Rabbi Akiba ben Joseph* (Nova York: Ktav Publishing House, 1923).

Stern, Allen e Jaqueline Mitton, *Pluto and Charon: Ice Worlds on the Ragged Edge of the Solar System* (Nova York: John Wiley and Sons, 1998).

Swartz, Michael D., *Scholastic Magic: Ritual and Revelation in Early Jewish Mysticism* (Princeton, NJ: Princeton University Press, 1996).

Theodorakis, Michael G., "Apollo of the Wolf, the Mouse and the Serpent", *Kronos* 9:3 (1984), pp. 12-9

Tick, Edward, *The Practice of Dream Healing: Bringing Ancient Greek Mysteries Into Modern Medicine* (Wheaton, IL: Theosophical Publishing House, 2001).

Torijano, Pablo A., *Solomon the Esoteric King: From King to Magus, Development of a Tradition* (Leiden: Brill, 2002).

Trachtenberg, Joshua, *The Devil and the Jews: The Medieval Conception of the Jew and Its Relation to Modern Antisemitism* (New Haven, CT: Yale University Press, 1943).

_____, *The Origins of the Mithraic Mysteries: Cosmology and Salvation in the Ancient World* (Oxford: Oxford University Press, 1991).

Ulansey, David, "Mithras and the Hypercosmic Sun", *in* John R. Hinnells (org.), *Studies in Mithraism* (Roma: L'Erma' di Brettschneider, 1994), pp. 257-64.

Van den Broek, Roelof, "The Creation of Adam's Psychic Body in the *Apocryphon of John*", *in* Roelof Van den Broek e M. J. Vermaseren (org.), *Studies in Gnosticism and Hellenistic Religions* (Leiden: Brill, 1981), pp. 38-57.

Van der Laan, J. M., *Seeking Meaning for Goethe's Faust* (Londres: Continuum, 2007).

Von Franz, Marie-Louise, *The Feminine in Fairy Tales* (Putnam, CT: Spring, 1972).

Von Glinski, Marie Louise, *Simile and Identity in Ovid's Metamorphosis* (Cambridge: Cambridge University Press, 2012).

Walker, C. B. F., *Cuneiform* (Berkeley: University of California Press, 1987).

Wehr, Demaris S., *Jung and Feminism: Liberating Archetypes* (Boston, MA: Beacon Press, 1989).

Wehr, Gerhard, *An Illustrated Biography of Jung*, trad. M. Kohn (Boston: Shambhala, 1989).

Werblowsky, R. J. Zvi, *Joseph Karo: Lawyer and Mystic* (Filadélfia, PA: Jewish Publication Society of America/Oxford University Press, 1977).

West, M. L., *The Orphic Poems* (Oxford: Oxford University Press, 1983).

White, Gavin, *Babylonian Star-Lore: An Illustrated Guide to the Star-Lore and Constellations of Ancient Babylonia* (Londres: Solaria, 2008).

Wili, Walter, "The Orphic Mysteries and the Greek Spirit", *in* Joseph Campbell (org.), *The Mysteries: Papers from the Eranos Yearbooks* (Princeton, NJ: Princeton University Press, 1955), pp. 64-92.

Wolfson, Elliot R., *Through a Speculum That Shines: Vision and Imagination in Medieval Jewish Mysticism* (Princeton, NJ: Princeton University Press, 1997).

_____, "Beyond the Spoken Word: Oral Tradition and Written Transmission in Medieval Jewish Mysticism", *in* Yaakov Elmon e Israel Gershoni (org.), *Transmitting Jewish Traditions: Orality, Textuality, and Cultural Diffusion* (New Haven, CT: Yale University Press, 2000), pp. 167-224.

Wroth, Warwick William, "A Statue of the Youthful Asklepios: Telesphoros at Dionysopolis", *Journal of Hellenic Studies* 3 (1882), pp. 283-300.

Yates, Frances A., *The Occult Philosophy in the Elizabethan Age* (Londres: Routledge & Kegan Paul, 1979).

Zambelli, Paola, *White Magic, Black Magic in the European Renaissance: From Ficino, Pico, Della Porta to Trithemius, Agrippa, Bruno* (Leiden: Brill, 2007).

Websites

http://faculty.indwes.edu/bcupp/solarsys/Names.htm

http://gemstonemeanings.us/black-onyx-meaning/

http://lucite.org/lucite/archive/abdiel/liber_juratus.pdf

http://marygreer.wordpress.com/2008/04/18/carl-jung-on-the-major-arcana/

http:planetarynames.wr.usgs.gov

www.celtnet.org.uk/gods_c/cocidius.html

www.jewelinfo4u.com/Black_Onyx.aspx#sthash.LfzMTVsO.dpbs

www.jewelrynotes.com/heres-what-you-should-know-about-onyx/

www.tairis.co.uk/index.php?option=com_content&view=article&id=125:-the-dagda-part-1

&catid=45:gods&Itemid=8

Índice Remissivo

Números das páginas em itálicos indicam uma figura na página correspondente.

A

Aarão 188
Abraão 156-57, 161
Abramelin, The Book of 163
Abraxas 163, 209, 217-20, 237-246,
   251-52, 261-62
   e Fanes 237-40
   estrelas de 237, 239-40
   Quenúbis e 218, 240
Abraxas astra 237-40
Abu Ma'shar 162-63, 183-84
Adversus haereses (Irineu) 233
Afrodite 102, 247-48, 253
   Afrodite Urânia (celeste) 247, 253
   Afrodite Pandemos (terrestre) 247, 253

Agape (ΑΓΑΠΕ) 242
Agrippa, Marcus 162, 172-73, 185,
   186, 190
Aion de Aquário 281, 286
Aion de Peixes 266
Aions 26, 265-66
Alma do Mundo 229, 235
Al-Qabisi 184
alquimia 132, 218, 252, 276-79, 286
Ammonius, o Anacoreta 50, 63, 64,
   72, 129
   aparição final no *Liber Novus* 131-34
   transformação de Izdubar e 79
anima: *The Anima* 3
   como destino 89-93
   como Sacerdotisa 97-101

anjos de Marte 47
Anúbis 166
Apócrifo de João 46
Apuleio 66-67
Aquário 136, 143-45, 216, 262-65
   Aion de 123, 143, 178-80, 216, 264, 281, 285
Aquino, Tomás de 266
Áries 44, 48, 53
Arquétipos e o Inconsciente Coletivo, Os (Jung) 227
Árvore da Vida 243
astrologia 19, 20
   alquimia e 177, 283
   aplicação teúrgica da 187
   como chave para mitologia 93
   cultura renascentista e 280
   Freud sobre 251
   helenística 233
   hermenêutica 320, 26, 32-34, 159, 230, 282-83
   manuscritos medievais sobre 143
   níveis macrocósmico e microcósmico 219
   paralelos com outros sistemas simbólicos 27
   simbolismo usado por Jung 25-26, 29-31, 44, 52-53, 64-65
   sincronicidade e 185-87
   Sol e Lua em 25, 60, 111-12
   Systema Munditotius e 228-32
   védica 184
   veracidade da 97
   ver também Símbolos específicos
Astrologia Esotérica (Leo) 109
astrologia védica 184
Atmavictu 138-42, 158-59, 211
Ausfürliches Lexikon (Roscher) 66

B

Bacon, Roger 266
Bahir 162
Banquete, O (Platão) 241
Basilides 76, 163
Baumann-Jung, Gret 96
Baynes, Cary F. 156
Bergson, Henri 220
Berthelot, Marcellin 166
Bibliotecário, o 105, 134-36
Binder, Hanni 101, 181
Blackwood, Algernon 23
Blavatsky, Helena 124, 258-61
Boehme, Jacob 231
Bouché-Leclercq, Auguste 233

C

Cabala 27, 98, 230
   Árvore da Vida e 243
cabra: Atmavictu 139-41
   Capricórnio 141, 214
   como signo noturno de Saturno 125-26, 142-43

Pã 141
Príapo 281
camaleão 72
Câncer 237
Capricórnio 125-26, 238
carta da Lua *103*
   carta da Sacerdotisa 97-101
   carta da Torre 40, 44-45
   carta do Eremita 127, 181
   carta do Mago 182-88
   carta do Pendurado 110-12
   carta do Sol *178*, 217-18
centelha divina, Sol como 75-77
Clemente de Alexandria 210
Clube de Psicologia de Zurique 96
Collection des anciens alchimistes grecs (Berthelot) 165-66
Colonna, Francesco 277
composição de lugar" 92, 94, 130
Conferências de Eranos 228
Contra Celso (Orígenes) 168
Corbin, Henry 33
Cordovero, Moshe 161
Corti, Walter Robert 229-30, 231
cosmocrator, Fanes como 213-17
cosmologia órfica 79, 240
   Fanes como cosmocrator em 213-17
Cozinheira, a 105-07, 134-35
   o Bibliotecário e 134-36
criança divina 207-13
Cristianismo 52-53

   Anacoreta e 130-34
   significado da água no 143
   o Sol e 74
Cronos 207, 210
Cronos *ver* Saturno
Crowley, Aleister 23
Cumont, Franz 166

D

daimon pessoal 24, 76-78, 122, 189-90, 240-41, 261
   Filêmon como 174-75, 240-41
   Saturno como 142-43, 170, 178-79
daimon(s) 17, 29, 74, 265
   Sol como condutor da "hoste cósmica" de 77
Dante 277
De antro nympharum (Porfírio) 237
de Kempis, Tomás 105, 130, 134
De mysteriis (Jâmblico) 163
De Occulta Philosophia (Agrippa) 172
Dea Luna Satanas 246
Definições de Asclépio para o Rei Amon (As) 77
Deméter-Afrodite 95
dente-de-leão 242
destino astral 34
destino, *anima* como 90-93
Detailed Lexicon of Greek and Roman Mythology (Roscher) 41, 67
Deus do ano velho 142

Deus Sol 233, 248, 251, 254, 256, 261
di Fiore, Joachim 266, 279
diabo, o 42, 45-48, 50, 246
Divina Comédia (Dante) 277, 278
dor e solidão como atributos de Saturno 125-29
Du 228, 229

E

Eckhart, Meister 266
Eisler, Robert 213
Elias 61-62, 67-68, 140, 211, 240
    Filha do Estudioso e 101-05
    profecia e magia 122-26
    Salomé e 94
    Velho Estudioso e 125-29
Elior, Rachel 22
energia psíquica 59
    centro da personalidade e 227
    como libido 52, 59-60, 69, 80-81
    raiva e 44
    Sol como fonte de 74
Enforcado 111-12
Epopeia de Gilgamesh 65-68
Erikepaios/Erikapaios (Fanes) 210, 222, 236-37, 255, 277
Eros 105, 208, 210, 217, 241-43
escuridão e Lua no *Systema Munditotius* 218-22
Espírito de Lúcifer 42, 46, 49
espírito e matéria no *Systema Munditotius* 231-245

Essays on a Science of Mythology (Jung e Kerényi) 108

F

Fanes 74, 81, 161, 236
    Abraxas e 217-20, 238-39
    como cosmocrator 213-17
    como criança divina 207-13
    na mitologia órfica 34, 80-81, 183, 276
Fausto (Goethe) 106, 154, 165
Ficino, Marsílio 121, 127, 162, 184, 190
Fierz, Markus 186
Fierz-David, Linda 277
Filêmon 76, 122
    aquariano 178-80
    cabalístico 160-63
    como mago 180-88
    como o Velho Sábio 152-57
    gênese de 157-59
    hermético 165-74
    invocação de 163-65
    planetas e processos 189-91
    sobre o mundo divino 256
    solar 175-78
Filêmon aquariano 178-80
Filêmon cabalístico 160-62
Filêmon hermético 165-74
Filêmon solar 175-78
Filha do Estudioso, A 101-05, 109
Filo 31, 242
Fludd, Robert 229
Fortune, Dion 23, 163-64

Freud, Sigmund 93, 251, 259-60
Frey, Liliane 97, 185

G
Gaia 95, 210
gigante Izdubar *ver* Izdubar
Gilgamesh 65-69
glifos planetários 47, 213, 216, 230-32, 249-54
   de Aquário 143
   de Izdubar *1-2*
   de Leão 70-74, 254
   de Saturno 168
   "deuses estelares" 236
   do Sol 61-62, 211, 248
   de Vênus 246
Gnosticismo 46-47, 60, 156
   Basilides e 76, 156-57
   sobre o espírito humano 75
   sobre Saturno como alto arconte 168
   Systema Munditotius e 231
Gnostics and Their Remains, The (King) 239
Godwin, Joscelyn 280
Goethe, Johann Wolfgang von 106, 154, 165, 169, 187, 231

H
Hécate, a Deusa Tríplice 95, 107-12
Heimarmene 19, 35, 81, 220, 231, 259

Heindel, Max 31, 41, 45, 128-29
   sobre Mercúrio 178
   sobre Urano e Netuno 250
Hélios 240, 258
   como deus material 69
   como deus-Sol 53, 77, 173, 218
   como estrela solitária 77
   Mitras 64
   sonho de Jung da ascensão de 59
Hermes Trismegisto, o Três Vezes Grande (Mead) 77
Hermes Trismegisto 166, 182
Hermetica 183, 188
Hermetismo 60, 77
Hesíodo 122, 210
Hipólito 211
Hollandus, Johann Isaac 151, 159
horóscopo de Jung *257*, 261-66
Hypnerotomachia Poliphili (Colonna) 276-83

I
Ialdabaoth 169, 237, 262
imagem de Deus 53, 80
imaginação ativa 19
Imitação de Cristo (de Kempis) 105, 134
Irineu de Lyon 233
Izdubar 64-70, 209, 216, 259, 265
   sunthemata de 70-74
   transformação de 78-80

J

Jaffé, Aniele 264
Jahreshoroskop 97
Jâmblico 141, 153, 155, 172, 181, 190, 280
Jeromson, Barry 230-31
João Batista 92, 180
jornada planetária da alma 20, 283-88
Judaísmo 46-47
    gênese de Filêmon e 157-59
    menorá no 242-43
    O Sexto e o Sétimo Livro de Moisés 47, 160
Jung, C. G.: a criança divina 207-13
    cinza e preto correspondendo a Saturno 121
    como O Pendurado do tarô 110
    destino astral e 34
    e a "estrela solitária" 77
    e Fanes 207-08
    e meditação 17
    estudo de antigas correntes religiosas 18
    horóscopo de 257, 261-66
    horóscopo natal de 68
    sobre a criação do *Liber Novus* 17-8
    sobre a humanidade masculina e feminina 89-93
    sobre a imaginação ativa 19
    sobre a mandala 227-28
    sobre Áries (Marte) 39
    sobre destilação circular 151
    sobre energia psíquica 59
    sobre o *principium individuationis* 275
    sobre o processo criativo 29
    sobre símbolos 22-26
    uso de símbolos astrológicos por parte de 26
Jung, Emma 259
Jung, o Astrólogo (Greene) 19-20
Júpiter 179, 253

K

Kabbala Denudata 76
Kerényi, Carl 108
Key to Your Own Nativity, The (Leo) 42
Khunrath, Heinrich 123, 156
King, Charles William 239

L

Lapis philosophorum 123, 137, 159, 177, 265
Leão (signo do zodíaco) 68, 72-74, 262
    glifos planetários de 47, 249-54
Leo, Alan
    Astrologia Esotérica 109
    sobre Aquário 262
    Sobre Izdubar 68-74
    sobre Jung e o Sol 61-62, 77
    sobre Júpiter 179
    sobre o Sol 74, 258
    sobre os domínios masculino e feminino 91
    sobre Saturno 123-26, 158, 185

sobre Urano e Netuno 250, 254
Leontocéfalo 62
Lévi, Éliphas 47
Levítico 142
Liber iuratus 46
Liber Novus (Jung): *Hypnerotomachia* e 276-83
    análise caracterológica em 30
    camadas do 26-29
    comentários sobre 28
    como obra de magia 22
    como jornada celestial da alma 21, 35, 283-88
    figuras em 27-28, 31-35
    jornada planetária em 20, 32
    matéria-prima para escrever 25
    publicação do 18
    simbolismo astrológico em 26
    sunthemata do 23, 35, 49, 60
Libra 247
Liturgia de Mithra 59-60, 69, 77, 111, 166, 176
Livro Vermelho: Liber Novus, O (Jung) ver *Liber Novus*
Livros Negros (Jung), *Os* 18-20, 31, 139, 157, 158, 179, 180, 276
    Systema Munditotius e 229-30, 248-49
loci (casas astrológicas) 233-35, 254-55
Long, Constance 159
Lua, a 25, 286
    a Cozinheira e 105-06
    anima como destino e 89-93

    Filha do Estudioso e 101-05, 108
    Hécate, a Deusa Tríplice e 95, 107-12
    Plutão e 95-97
    Salomé e 94-95
    Saturno e 127-29, 134, 140
    Systema Munditotius e 250

M

Machen, Arthur 23
Macróbio 239
Mãe Celestial 98, 248, 252
magia 121, 284
    Abraxas e 217-18
    amuletos 236, 240
    astral 190
    cabalística 160-62
    cerimonial 24, 79
    como arte 32-3
    Filêmon e 152-54, 157-58, 173, 174, 180-91
    Hermes Trismegisto e 156, 167
    judaica medieval 46, 159
    Liber Novus como obra de 21, 188
    Mercúrio e 172
    pinturas de Jung e 35
    Profecia e 122-26
    Salomé e 95
    Saturno e 176
    sunthemata como 23
    transformação da consciência e 170
    Waite e 99, 214
Magno, Alberto 266

Maier, Michael 71-72
Mandala 136-38, 143, 227-28
 ver também Systema
Manílio, Marco 123
mapa cosmológico 31, 229, 255, 261, 262
Mappa Mundi (na Catedral de Hereford) 229
Marte 252
 Alan Leo, sobre 41, 42, 48, 50
 anjos de 47
 como Cavaleiro Vermelho 39-45
 como princípio de individuação 78
 ferro e 44
 Jung, sobre 39-53
 o diabo e 42, 45-46,
 Siegfried, o Herói e 51-53
 transformação de Izdubar e 80
 transformação do Vermelho e 47-50
masculino e feminino 89
 anima como destino e 89-93
 como *animus* e *anima* 91
 como Sol e Lua 162
 cor vermelha e 43
 Filha do Estudioso e 101-05
 Plutão como planeta invisível e 96-97
 Ptolomeu sobre 91
 Sacerdotisa e 97-101
 Salomé e 94-95
Mater Coelestis 98, 248, 252-54
Mathers, Samuel Liddell MacGregor 23
Mathesos (Fírmico Materno) 44, 124, 233

Mead, G. R. S. 22, 60, 210, 213
 Hermes Trismegisto 77
 textos herméticos traduzidos por 166
meditação 17
Memórias, Sonhos, Reflexões (Jung) 154-57, 162-64, 228
menorá 242
Mensagem das Estrelas, A (Heindel) 129
Mercúrio (planeta) 169-73, 253
Mercurius 151
 associado a Hermes Trismegisto 168-69
 na alquimia 156-57, 168
 Saturno como 173-74
Metamorfoses (Ovídio) 153
Mithra 59-60, 69, 77, 111
 Aion em 166
 como deus-Sol 175
 como Hélios 81, 240
 nascido de um ovo 80
 nascido de uma rocha 177
Moisés (bíblico) 46, 156, 188
Mylius, Johann 165
Mysterium Coniunctionis (Jung) 93
Mystical Qabalah, The (Fortune) 164

N

Neoplatonismo 23-24, 28-29, 48, 60-61, 240
 imagem henoteísta em 153
 Saturno e 123-26, 165-66
 o Sol e 76-77

Netuno (planeta) 249-52
Nietzsche, Friedrich 134, 140-41, 218
Noll, Richard 60, 263
Nono 215
numerologia 184

O

Obras Completas de C. G. Jung 20, 43, 76, 90, 100, 130, 165, 184, 233, 242
   bibliografia 291-94
oikodespotes 189
Oração ao Sol soberano (Juliano) 258
Oráculos Caldeus 69, 108, 166
Ordem Hermética da Aurora Dourada 23
Orígenes 168
Origens da Cabala, As (Scholem) 162
Ovídio 153-56, 159
ovo do mundo 210, 214, 216, 236

P

Pã 139-43
Paracelso 186, 190
Paraíso (Dante) 277-78
Pardes Rimonim (Cordovero) 161
Parsifal (von Eschenbach) 107, 136
Pedra Filosofal 137, 159, 179
Perséfone 95
Philosophia Reformata 165
Picatrix 46, 121, 158
planeta invisível 95-97
planetas e processos 189-91

Platão 17, 166, 208-10, 241, 248
platonismo judaico 31
Pleroma 277-78
Plotino 61, 162, 190, 227
Plutão 95-97
Plutarco 89
Poimandres 233
Polifilo 279-81
Porfírio 153, 237-39
preto/a (cor): barba de Atmavictu 138-39
   cabelos de Ammonius 211
   cabelos de Fanes 213-14
   correspondência de cinza a Saturno e o mundo maligno 121, 151, 175-76, 178-80, 183, 264-66
   criança divina e 207-08
   Elias e fogos em 124
   em magia negra 181
   estágio de enegrecimento da obra alquímica 252
   Izdubar e 70-71, 72
   Lua 246
   mago Klingsor e 107
   Portador de Água 143
   Salomé e 93-5, 98, 167
   serpentes 93-5, 139, 188, 218-19, 237, 244
   túnicas dessa cor 127, 133
principium individuationis 275
Proclo 162, 190

Professor, o 134-36
Psicologia do Inconsciente (Jung) 52, 68-9, 108, 132, 237, 242, 252, 261-62, 281
Ptolomeu 44, 46, 91, 158

Q
Quenúbis (Chnoubis/Chnoumis) 218, 236, 240

R
Raphael, Alice 155-56
Rapsódias Órficas 207
Rolfe, Eugene 263
Rosarium Philosophorum 173, 281
Roscher, Wilhelm 41, 65-66
Ruland, Martin 39, 41, 49

S
Sacerdotisa (carta de tarô) 97-101, 286
Sagitário 42-43, 152
"Salamandra dos Filósofos" 71-73
Salomão 156, 159
Salomé 62, 67, 92-95, 98, 167, 240, 247
   a Cozinheira e 105-07
   a Filha do Estudioso e 101-05
   o Velho Estudioso e 126-29
   transformação da 109-10
Samael, anjo de Marte 46-47
Sara 161
Sasportas, Howard 44

Saturno 104, 252
   a Lua e 128-29, 134, 140-41
   Atmavictu e 138-43
   Filêmon aquariano 178-80
   Filêmon cabalístico e 160-63
   Filêmon hermético e 165-74
   Filêmon solar e 175-78
   Filêmon, o mago e 180-88
   gênese de Filêmon e 157-59
   invocação de Filêmon e 163-65
   Mandala e 136-38
   o Anacoreta 130-34
   o Bibliotecário e o Professor e 134-36
   o Portador de Água e 143-45
   o Velho Estudioso e 126-29, 179
   portão de 238-39
   profecia e magia 122-26
   Velho Sábio e 152-56, 190
Schmitt, Paul 154
Schmitz, Oskar 52
Scholem, Gershom 162
Schultz, Wolfgang 240
Sefer ha-Raziel 46
self, o 64, 79-80, 260
   Saturno como ponte entre vontade superior e inferior 124
Septem Sermones ad Mortuos (Jung) 156
   "Escrutínios" e 76, 163
   "estrela solitária" 76-7
   Systema Munditotius e 264
Serpente Agathodaimon 239, 241-44

Serpente, A 92
Sexto e o Sétimo Livro de Moisés, O 47, 160
Shamdasani, Sonu 65, 139, 152, 154, 230-32
Shekhinah 98-99, 229
Siegfried, o Herói 51-53
Símbolos da Transformação (Jung) 160, 214
Sinclair, Upton 189, 265
sincronicidade 185-86
Sol (o) 25-7, *178*, 258-59
   anima como destino e 90-93
   como centelha divina 75-77
   como feminino 91
   interior 132
   invocação de Jung ao 64
   na paisagem 60-64
   no *Systema Munditotius* 247-48
   o gigante Izdubar e 64-70
   sunthemata 23, 35, 49, 60
   sunthemata de Izdubar e 70-74
   transformação de Izdubar e 78-81
"Sol espiritual central" 59
   centelha divina 75-77
   gigante Izdubar 64-70
   sol na paisagem 60-64
   sunthemata de Izdubar 70-74
   transformação de Izdubar 78-81
"solidão e sofrimento" 126-29
sono 105-06
Spielrein, Sabina 259

Stein, Murray 28, 155
sunthemata 23, 35, 49, 60, 142, 144, 164-65, 230
   de Izdubar 70-4
   Filêmon cabalístico e 160-62
Systema Munditotius 31, 167, 211, 216, 219
   Aion e 261-66
   estrutura do 227-31
   glifos planetários 249-54
   horóscopo de Jung e 254-61
   Septem Sermones e 264

T

Tanner, pastor 130
tarô 27-8, 31-2, 45, 102, 181-82, 230, 286
Taylor, Thomas 211, 216, 237
Telésforo: Atmavictu e 211-13
   cubo de pedra em Bollingen e 168, 181
   Fanes e 211-12, 215-16, 219-20
Teogonia (Hesíodo) 122
Teosofia 153, 185, 260
Tetrabiblos (Ptolomeu) 46
Thorburn, John M. 22, 178-79, 250
Timeu (Platão) 248
Tiphareth 243
Tipos Psicológicos (Jung) 44-5, 234
Tomer Devorah (Cordovero) 161
Touro 247
Tractatus Aureus 151
tzaddik 161-62

U

Ulansey, David 214
Urano (planeta) 249-51

V

Vagabundo, o 62-63
Valens, Vettius 71
van Ophuijsen, Johan 251, 259
Velho Estudioso, o 126-29, 179
Velho Sábio 152-56, 162, 167-68, 190
Vênus 95, 102, 246-48, 250-53, 278
  ver também Afrodite
Vermelho, O 32, 69-70, 133-34
  Cavaleiro Vermelho 39-45
  como deus planetário Marte 30
  ferro e 43-44
  Siegfried, o Herói e 51-53
  transformação de 47-50
  transformação de Izdubar e 78-81
  Velho Sábio e 152
Virgílio 278
von Rosenroth, Christian Knorr 76

W

Wagner, Richard 107, 136
Waite, A. E. 23, 28, 45, 110-11, 162, 181-82, 217
  como ocultista 286
  Eremita e 127-28, 181
  Lua e *103*
  Mago e 182-84, 214
  Pendurado e 110-12
  Sacerdotisa e 99-101
  Sol e 176-78, 217-18
Wandlungen und Symbole der Libido
  (*Simbolos da Transformação*) (Jung) 65
Weltenmantel und Himmelszelt
  (Eisler) 214
Wolff, Toni 260, 278
Wotan (regente teutônico dos Deuses) 53

Y

Yates, Frances 125
Yeats, W. B. 262

Z

Zeus 153, 209
Zohar 161-62
Zósimo 186, 190